DE PLATÓN A WINNIE THE POOH
BREVE GUÍA DE GRANDES OBRAS DE LA FILOSOFÍA

James M. Russell

DE PLATÓN A WINNIE THE POOH
BREVE GUÍA DE GRANDES OBRAS
DE LA FILOSOFÍA

Traducción de Belén Urrutia

Alianza Editorial

Título original: *A Brief Guide to Philosophical Classics*
From Plato to Winnie the Pooh
Publicado por primera vez en inglés en Gran Bretaña por Magpie Books en 2007, un sello
de Constable & Robinson Ltd.
Esta edición ha sido publicada por acuerdo con Little, Brown Book Group, London.

Copyright © James M. Russell, 2007, 2018
© de la traducción: Belén Urrutia, 2018
© Alianza Editorial, S. A. Madrid, 2018
Calle Juan Ignacio Luca de Tena, 15; 28027 Madrid
www.alianzaeditorial.es
ISBN: 978-84-9181-286-9
Depósito legal: M. 29.631-2018
Printed in Spain

SI QUIERE RECIBIR INFORMACIÓN PERIÓDICA SOBRE LAS NOVEDADES DE
ALIANZA EDITORIAL, ENVÍE UN CORREO ELECTRÓNICO A LA DIRECCIÓN:
alianzaeditorial@anaya.es

ÍNDICE

INTRODUCCIÓN

El objetivo de este libro es presentar introducciones concisas a clásicos de la filosofía. Hemos seleccionado sesenta y siete libros, que se describen brevemente. Esto presenta dos grandes dificultades. En primer lugar, ¿cómo dar una impresión que no sea simplista de una obra filosófica compleja en unas mil palabras? Y, segundo, ¿qué libros podemos considerar «clásicos de la filosofía»?

Al escoger los libros hemos ido intencionadamente más allá del ámbito de la filosofía tradicional. Nuestra selección incluye novelas, libros infantiles, obras de ciencia ficción y tratados políticos, aparte de obras más académicas. Queríamos reflejar el hecho de que muchos libros que proporcionan inspiración filosófica no son obras estrictamente filosóficas. Se podría poner reparos a algunos títulos de esta lista ecléctica e inevitablemente han quedado fuera muchos libros importantes e interesantes. No obstante, esperamos que la lista final contenga libros que sean sugerentes y útiles, además de dar una idea de la extraordinaria variedad de libros en que se puede descubrir ideas filosóficas.

La dificultad de explicar el pensamiento de un autor en un artículo breve a veces ha influido en la selección de los libros. Donde ha sido posible, hemos preferido títulos que pueden resumirse sucintamente. Por supuesto, hay obras indispensables (como la *Crítica de la razón pura* de Kant) que resulta imposible presentar de forma tan condensada. En este caso, hemos intentado centrarnos en varias nociones clave que pueden explicarse en el espacio disponible y que dan una primera idea de cómo es el libro.

Hemos procurado que el libro sea accesible al máximo. Nuestro principio era explicar por qué cada obra es o se la considera importante. Pero también queríamos responder a la pregunta «¿Me gustaría leer este libro?». La sección «Lectura rápida», incluida al final de cada entrada, busca dar al lector una impresión de lo que sería leer a ese autor. También ofrece un resumen muy comprimido (y en ocasiones humorístico) de los principales temas del libro en cuestión.

En conjunto, hemos intentado utilizar un estilo conversacional y comprensible, aun arriesgándonos a que se nos acuse de no ser lo bastante serios. Presentamos los libros como lo haríamos a un amigo interesado, no como un profesor de filosofía se los explicaría a un alumno, y esperamos que esta aproximación contribuya a hacer este itinerario más legible e interesante.

Cada artículo es independiente y nada impide leerlos salteados como referencia o para consultas concretas. No obstante, el libro tiene una estructura que le confiere continuidad narrativa si prefiere leerlo de principio a fin. Está dividido en cinco secciones, cada una de las cuales aborda aspectos distintos de la tradición filosófica.

En primer lugar, hacemos un rápido recorrido por la filosofía occidental, desde Platón hasta Wittgenstein. Después volvemos nuestra atención a algunos de los «extraños» de la tradición filosófica, como Kierkegaard y Dostoyevski. Las secciones «Meditaciones» y «Psicodrama» llegan aún más lejos para incorporar una variedad de libros que examinan el sentido de la vida o nos ayudan a comprender cómo funciona la mente o abordan la cuestión de cómo deberíamos vivir la vida. Después, tras examinar algunas de las obras políticas y filosóficas más destacadas de los últimos dos siglos, incluimos una sección que presenta una muestra de la filosofía occidental más reciente. Por último, examinamos más de cerca la tradición europea continental y la teoría crítica.

Hemos de hacer un par de observaciones generales. En primer lugar, las citas que aparecen al comienzo de cada sección no siempre pertenecen a la obra que se va a tratar. En varios casos hemos encontrado citas en otras obras de un autor que nos parecían mejores encabezamientos porque eran más apropiadas, sucintas o ingeniosas. En segundo lugar, hay libros cuyo título o fecha de publicación se da con salvedades o tienen historias bibliográficas complicadas en cuanto a su fecha de publicación: este es el caso de los libros autopublicados y de otros, como *Ficciones,* de Jorge Luis Borges, que apareció originalmente como dos títulos distintos. En vez de complicar nuestra presentación, hemos tomado una decisión editorial sobre el título y la fecha. Respecto a los títulos, hemos preferido el que se utiliza más comúnmente en las ediciones modernas y que permite encontrarlo con facilidad en una librería o en internet*. No obstante, como norma general, nos pareció que dar unas explicaciones demasiado detalladas sobre la historia de la publicación o sobre el título sería un tanto pedante y distraería de nuestro propósito principal, que es explicar y describir las obras.

Ha sido increíblemente gratificante compilar este libro y me gustaría agradecer a quienes han colaborado escribiendo entradas de títulos en los que estaban especializados, así como a Duncan Proudfoot, de Constable & Robinson, y a Stuart Miller, de Barnes & Noble, por sus ideas e informaciones. La cuestión de qué

---

* En la edición castellana también se utiliza el título más frecuente de las obras tratadas. Cuando estas no están traducidas se intenta mencionarlas por la traducción del título más habitual o más directa. *[N. de la T.]*

obras son clásicos filosóficos es fascinante, y espero que el libro sea tan interesante y entretenido para los lectores como lo fue escribirlo para mí.

JAMES M. RUSSELL

UN RÁPIDO RECORRIDO
POR LA TRADICIÓN FILOSÓFICA

Introducción

En esta sección intentamos compilar un relato breve pero coherente de la principal tradición filosófica occidental. Hemos elegido libros y autores que se pueden considerar hitos o puntos de inflexión de la filosofía, o que son representativos de una determinada forma de pensar.

Inevitablemente hay muchas omisiones, y se han incluido obras y autores que en otros libros quizá se habrían dejado fuera. Cualquier recorrido de esta naturaleza es necesariamente subjetivo, y solo podemos aspirar a ofrecer una breve muestra de las formas en que los filósofos han desarrollado ideas y teorías, con frecuencia en respuesta a quienes les han precedido.

Un sesgo importante que debemos reconocer es que la historia que relatamos en esta sección es en buena medida la historia de la escuela anglo-estadounidense de filosofía. Los filósofos europeos incluidos, como Kant, Hegel y Descartes, se suelen considerar parte de la tradición clásica de la filosofía, a la que pertenecen la tradición anglo-estadounidense y la continental. Nos hemos centrado en ella para que la historia se siga con facilidad. Cuando se llega a los siglos xix y xx, la filosofía occidental se fragmenta más y seguir las distintas líneas de pensamiento posteriores a la era de Kant y Hegel sería extremadamente complejo y confuso. No obstante, presentamos una muestra de la tradición continental posterior en la última parte del libro.

La historia de la filosofía, desde los griegos hasta la tradición moderna, cubre muchas cuestiones filosóficas distintas, pero una de las más importantes, que surge repetidas veces, es el problema del conocimiento. ¿A qué conocimiento seguro podemos aspirar? ¿Podemos saber con certeza que el mundo que percibimos es el mundo real? Desde los habitantes de la caverna de Platón hasta el genio maligno de Descartes, es un problema que ha fascinado a muchos grandes pensadores. Un tema recurrente de esta sección es las numerosas formas en que los filósofos han intentado resolverlo.

Las obras se presentan cronológicamente, con la excepción de *Los problemas de la filosofía,* de Bertrand Russell, que parece un punto de partida apropiado para explorar la historia del pensamiento filosófico, pues ofrece una breve introducción a la mayoría de los problemas filosóficos más conocidos. Después volvemos a Platón, el padre de la filosofía moderna, en vez de a los filósofos presocráticos que, por fascinantes que sean, quedan fuera del ámbito de este libro. Entonces pasamos de Aristóteles y san Agustín al momento en que el pensamiento medieval empezó a transformarse en la filosofía renacentista en la obra de pensadores como Hobbes y Descartes. Contrastamos los intentos racionalistas de construir un sistema perfecto de razón pura con el proyecto empirista de interpretar el mundo exclusivamente a partir de nuestra experiencia.

Entonces abordamos el idealismo de Berkeley (incluida su afirmación, un tanto sorprendente, de que la materia no existe) y el escepticismo de Hume, antes de examinar brevemente la construcción de grandes sistemas por Kant y Hegel. Continuamos con el relativismo y las intuiciones psicológicas de la filosofía moderna en Schopenhauer y John Stuart Mill, para llegar finalmente al siglo xx. Aquí tratamos brevemente si Wittgenstein y Gödel representan el final de la filosofía occidental en su forma tradicional.

En este itinerario tan comprimido no tenemos espacio para muchos grandes filósofos como Bacon, Spinoza o Rousseau. Nietzsche y Kierkegaard se podrían haber incluido en esta sección, pero se abordan en otros capítulos del libro. No ha sido posible explorar tradiciones de pensamiento como los grandes filósofos árabes y persas de la Edad Media, o la tradición judía ejemplificada por Maimónides. Y sobre el pensamiento del siglo xx presentamos necesariamente unas muestras más que una narración coherente.

No obstante, esta sección proporciona un panorama general de las formas en que la tradición filosófica ha progresado: a través de ideas novedosas, debates y la oposición y el aquilatamiento posteriores de las teorías existentes. La historia de la filosofía con frecuencia es como una conversación entre los grandes pensadores del mundo. Esperamos dar una idea de esa gran conversación examinando el desarrollo de varias nociones clave en esta parte del libro.

Los problemas de la filosofía, 1912

Bertrand Russell

«¿Hay algún conocimiento en el mundo que sea tan seguro que ninguna persona razonable pueda dudar de él?»

Si vamos a la sección de filosofía de una librería o biblioteca, encontraremos muchos libros cuya lectura resulta difícil si no se conoce bien el lenguaje especializado y buena parte de las teorías previas. No es fácil encontrar una introducción general a la filosofía para el lector no especializado. Hay pocos libros que expongan los problemas básicos de la filosofía para el lector general sin dar por sentado un gran conocimiento previo ni simplificar el debate.

Más de un siglo después de que se publicara por vez primera, *Los problemas de la filosofía* sigue siendo una de las introducciones básicas a toda la filosofía. Es un libro breve en el que Bertrand Russell explica al lector general los principales problemas que ocupan a la filosofía.

Los mayores logros de Russell en realidad pertenecen al campo un tanto abstracto y complejo de la lógica matemática. Los *Principia Mathematica,* escritos con Alfred Whitehead, todavía son considerados una obra extraordinaria en este ámbito especializado. Constituye un intento de reducir la matemática a una base lógica y rigurosa, pero no resuelve todos los problemas que plantea. De hecho, como veremos, algunos de los problemas que identifica conducen directamente a trabajos posteriores que ponen en entredicho todo el proyecto: Kurt Gödel demostraría que un sistema lógico matemático no puede ser completamente congruente y exhaustivo, como Russell había esperado. No obstante, el trabajo de Russell en este campo fue extraordinario.

Aparte de esto, Russell tuvo una gran influencia como filósofo. Fue un autor prolífico y tan destacado que muchos filósofos de su tiempo se hicieron eco de sus ideas en sus obras. Se le considera el fundador de la filosofía analítica, una rama del pensamiento que intentaba acercar la filosofía general lo máximo posible al sentido común. Criticaba el uso excesivo de ideas complejas y jerga gratuita, y pensaba que un análisis más pormenorizado del lenguaje y la utilización cuidadosa de las palabras resolvería la mayor parte de los problemas. Russell con frecuencia recomendaba emplear la Navaja de Occam (la teoría según la cual cuando hay una explicación sencilla y una compleja para el mismo fenómeno, es preferible la sencilla). En este sentido influyó en la obra temprana de su alumno Ludwig Wittgenstein, aunque estaba en desacuerdo con sus obras posteriores, más complejas. Retrospectivamente, su influencia más allá de la esfera de la lógica matemática a la larga ha sido escasa, excepto en las formas en que otros filósofos de su época reaccionaron a sus ideas. Pero al mismo tiempo fue una figura muy respetada.

Su obra es bastante diversa. No se guardaba sus opiniones y escribió sobre una variedad extraordinaria de cosas. Su elogio de la ociosidad constituye una meditación fascinante; su polémica sobre el pacifismo y el desarme revela a un radical comprometido (a veces está en lo cierto, a veces se equivoca, pero siempre es apasionado), y el resto de sus escritos abarcan temas tan diversos como la ética y la teoría de la relatividad.

Los problemas de la filosofía se publicó por primera vez en 1912 y sigue siendo una guía muy legible. El estilo de Russell a veces es un tanto condescendiente y aristocrático, pero en su mayor parte simplemente se propone exponer los fundamentos de la filosofía de la forma más accesible posible. En este libro se ciñe de forma deliberada a problemas sobre los que puede ofrecer un análisis breve y lúcido. Pero no se limita a describir cada problema, sino que también se aventura a darle una respuesta tentativa, y en parte es esto lo que hace de él una introducción tan modélica a la filosofía. En cada sección presenta un problema y luego argumenta una posible respuesta, haciéndonos copartícipes en su reflexión sobre por qué es tan importante ese problema. Podemos encontrarnos con que no estamos de acuerdo con determinados aspectos de su respuesta, y esto es esencial cuando se empieza a leer filosofía. Porque la filosofía no consiste en aprenderse una serie de problemas y respuestas, sino en el debate entre puntos de vista opuestos y en la conversación a que dan lugar.

El problema del conocimiento es una parte central de este libro, así como de la historia de la filosofía. Russell comienza el libro preguntando a qué conocimiento seguro podemos aspirar. Esta es una cuestión espinosa que han abordado directamente los filósofos desde Platón a Descartes, Locke, Hume y otros. Russell ofrece una guía básica para algunas de las respuestas históricas, además de sus propias opiniones sobre la distinción entre apariencia y realidad.

A continuación examina temas como el idealismo, la existencia de la materia, el problema de la inducción (que puede resumirse en la pregunta de si realmente podemos saber que el sol va a salir mañana) y los límites de lo que se puede descubrir mediante la indagación filosófica.

Los problemas de la filosofía a veces es un tanto irritante por su paternalismo, pero también extraordinariamente lúcido y útil. En algunos puntos es anticuado, en la medida en que la filosofía del siglo xx ha evolucionado considerablemente desde la época de Russell. No obstante, si tuviéramos que elegir un solo libro como texto básico sobre la pregunta ¿de qué trata la filosofía?, seguiría siendo este.

Lectura rápida

La filosofía es extremadamente interesante y en este librito explico por qué de manera que todo el mundo me entienda. ¿Qué podemos saber? ¿Cómo lo sabemos? ¿Qué es la realidad y cómo podemos diferenciarla de la mera apariencia? ¿Qué es la materia? ¿Se parecerá el futuro al pasado? Muchos problemas filosóficos pueden explicarse aplicando el sentido común. (Pero solo con inteligencia.)

La República, siglo V a. C.

Platón

«La necesidad es la madre de la invención.»

La verdadera historia de la filosofía occidental comienza con Platón y su mentor, Sócrates, cuyas enseñanzas inmortalizó. A muchos filósofos presocráticos solo los conocemos por fragmentos y resúmenes de sus principales ideas. Pero con Sócrates Platón nos proporcionó una vívida descripción de lo que es filosofar, que muestra el proceso de dudar y poner en cuestión todo aquello en lo que creemos, a fin de intentar descubrir la verdad.

Lo que interesaba principalmente a los presocráticos era la naturaleza de la realidad: por ejemplo, si el mundo es tan estable y uniforme como creía Parménides, o si se encuentra en un estado de flujo permanente, como enseñaba Heráclito. (Las famosas paradojas de Zenón se formularon para intentar probar que Heráclito estaba equivocado en esto.)

En el siglo v a. C. Atenas era una ciudad-estado próspera y una democracia (para quienes tenían la suerte de ser ciudadanos en vez de esclavos). En esa época florecía una escuela de filósofos conocida como los sofistas, que enseñaba a los ciudadanos a vencer en las disputas: la palabra «sofística», cuyo origen está en el nombre de esa escuela, atestigua que (como muchos abogados modernos) estaban más interesados en ganar la discusión que en los ideales de la verdad o la justicia.

Sócrates chocó frecuentemente con los sofistas, en gran medida porque creía que era importante utilizar la filosofía para descubrir la verdad. Los diálogos que su alumno Platón escribió le presentan debatiendo cuestiones como ¿cuál es la forma de amor más elevada? o ¿qué es la virtud? con sus contemporáneos. En la *Apología de Sócrates* también le describe esperando valientemente su ejecución, después de haber elegido la verdad en lugar del exilio o de renunciar a su filosofía (que inquietaba a los atenienses tanto como para condenarle a muerte).

Los diálogos de Platón muchas veces pueden recordar a un combate de boxeo amañado. Sócrates interroga a sus conocidos sobre sus creencias y poco a poco va demostrando la falsedad de lo que proponen. En este punto generalmente se echan atrás y admiten la derrota con las inmortales palabras: «Ahora veo que tienes razón, Sócrates». Entonces Sócrates procede a exponerles su versión de la verdad. Veinticinco siglos después, sus opiniones en ocasiones nos pueden parecer extravagantes y autojustificativas. Por ejemplo, al final de *El banquete* Sócrates «demuestra» que la forma más elevada de amor es entre un profesor maduro y un joven atractivo (para los atenienses, la homosexualidad era completamente normal).

Entonces, ¿por qué seguimos considerando a Platón fundamental en la tradición filosófica? En primer lugar, porque Sócrates constituye un ejemplo tan fascinante (y malicioso) del filósofo como buscador curioso e incansable de la verdad, que pone en cuestión hasta los aspectos más elementales de la experiencia y la realidad con objeto de conocer mejor el mundo. Y, en segundo lugar, porque su método —la dialéctica socrática—, el proceso de poner a prueba las respuestas posibles a un interrogante, desvelando sus incongruencias lógicas y errores hasta que poco a poco nos aproximamos a la verdad, se halla en el centro de más de dos mil años de filosofía.

En *La República* encontramos la exposición más completa de las creencias de Sócrates (o, al menos, de la versión de Platón de esas creencias). La principal cuestión que aborda es qué significa la justicia. Pero, en el proceso, Platón desarrolla un sistema completo de creencias sobre la realidad y la sociedad humana.

En la «alegoría de la caverna» nos ha legado una de las imágenes más duraderas de la filosofía. Un grupo de personas que viven en una caverna solo conocen el mundo exterior a través de los reflejos y sombras que crea el fuego en la pared de la caverna. Si una de estas personas saliera al exterior y, a su regreso, les contara a los demás lo que había visto, sus descripciones del mundo real serían recibidas con incredulidad y desconfianza. Esta alegoría expresa vívidamente el temor primordial de que el mundo tal y como lo conocemos pudiera no ser el «mundo real». ¿Y si, como Neo, el personaje de *Matrix,* estamos experimentando una realidad falsa? (Esta no será la última vez que mencionamos *Matrix;* más tarde veremos cómo Descartes imaginó una situación muy parecida cuando abordó el problema del conocimiento.)

Platón sostenía que el mundo real estaba constituido por ideas o formas eternas, aspectos esenciales e invariables de la realidad. Nuestra tarea como pensadores es intentar ver más allá de los engañosos fantasmas y sombras de la percepción cotidiana para comprender las formas verdaderas de existencia. Y, al igual que el habitante de la caverna que regresa esclarecido, debemos volver para contar a la gente lo que hemos descubierto.

Al tratar de responder al interrogante de qué es la justicia, Platón sugiere entonces que si pensamos con claridad y percibimos las formas verdaderas de la realidad, naturalmente querremos hacer lo que sea justo en cualquier situación dada. Esta es una teoría cuestionable, pero, suponiendo que fuera cierta, él intenta describir una sociedad en la que las personas serían más capaces de percibir la verdad y la justicia. Aquí es donde el argumento se vuelve un tanto endeble. Rechazando la democracia de su tiempo, Platón propone una sociedad en la que hombres y mujeres reciban la misma educación (una idea escandalosa para sus contemporáneos) y en la que los niños sean apartados de sus padres naturales y educados para el bien colectivo de la sociedad. A pesar de que él mismo había sido poeta, Platón sugiere también que el arte y la ficción en particular sean prohibidos en la república, porque interfieren en la búsqueda de la verdad y la belleza. Por último, las leyes de esta sociedad ideal deben hacerlas los ciudadanos con los conocimientos más elevados. Estos ciudadanos serían, por supuesto, los filósofos.

Así que, a partir de una indagación básica en la naturaleza de la justicia, Platón acaba proponiendo una sociedad más bien represiva gobernada por reyes-filósofos, entre los cuales probablemente él esperaba encontrarse. Esta conclusión arrogante y presuntuosa demuestra uno de los peligros del método socrático: que con persuasión y habilidad es posible presentar aceptablemente argumentos ridículos y especiosos. Platón despreciaba a los sofistas, pero podía utilizar su habilidad dialéctica para llegar a conclusiones tan extravagantes como las que ellos llegaron a enseñar.

No obstante, a pesar de esto, hay ideas fascinantes dispersas en *La República* y en otros diálogos socráticos, y Sócrates siempre es un personaje intrigante y sugestivo. La obra de Platón es decisiva para comprender la filosofía occidental. Según relata, Sócrates declaró en el juicio que una vida que es sometida a examen no merece la pena ser vivida. Si Platón nos enseña algo es que los primeros pasos en el camino del conocimiento son la duda, el debate inteligente y la pasión por la verdad.

Lectura rápida

¿Qué es la justicia? Cuando estemos debidamente educados para buscar la verdad reconoceremos de forma natural la forma de actuar virtuosa y correcta. El mundo que percibimos no es más que una sombra del mundo real de las ideas, que los filósofos pueden aprender a percibir. Por lo tanto, una sociedad ideal es aquella en la que todos estamos educados sobre principios preclaros y en la que los reyes-filósofos dicen qué deben hacer a todos los demás.

Ética a Nicómaco, siglo IV a. C.

Aristóteles

«En cuanto a las cosas que hay que aprender para hacerlas,
las aprendemos haciéndolas.»

Aristóteles era alumno de Platón, pero tuvo un impacto duradero en la filosofía por derecho propio. Con frecuencia se dice que, en términos muy generales, los filósofos occidentales pueden dividirse en platónicos y aristotélicos. Una forma de explicar esta distinción es empleando términos modernos que a ambos les habrían resultado extraños.

Podemos describir a Platón como racionalista: creía que para alcanzar un conocimiento auténtico hay que descubrir la idea o «cosa en sí» que subyace a la realidad que percibimos. Así que utilizó el pensamiento puramente racional para intentar comprender la naturaleza del universo. Por el contrario, podríamos calificar a Aristóteles de empirista, en el sentido de que él prefería partir de la observación del mundo (y no de la razón pura) para llegar a sus conclusiones.

Aristóteles rechazaba la noción platónica de las ideas, pues creía que es imposible separar la idea pura de un objeto de las manifestaciones de ese objeto en el mundo. Dado que nuestra categoría «árbol» se basa en la observación de muchos árboles, Platón diría que cada uno de los árboles que percibimos es un ejemplo de la idea universal «árbol», mientras que Aristóteles diría que los universales no son reales, y que «árbol» no es más que una categoría que hemos creado para describir a los árboles, en vez de un objeto metafísico puro.

La división «racionalista vs. empirista» no capta en su totalidad todo el alcance del pensamiento aristotélico. Aristóteles escribió sobre una amplia variedad de temas, como la biología, la política, la física y el razonamiento deductivo. Sobre todo, fue el gran categorizador: en sus escritos con frecuencia comienza dividiendo su tema en varios grupos y categorías, que después analiza minuciosamente. Por ejemplo, cuando examina el concepto de causación, empieza subdividiendo las causas en *causa material, causa formal, causa eficiente* y *causa final*. Lo cierto es que este método hace que los textos de Aristóteles sean un tanto tediosos. Innovó en muchas áreas, pero al lector moderno le puede resultar un tanto pedante. Sin embargo, siempre podemos admirar la sutileza y el rigor de su pensamiento.

Ética a Nicómaco fue, como sugiere el título, su gran obra sobre la ética. En particular, examina la cuestión de en qué consiste ser una «persona virtuosa». Empieza considerando qué es el «bien», que constituye el objetivo de la vida humana. Plantea la hipótesis de que la felicidad es el fin de la vida, pero matiza esta idea hasta llegar a la conclusión de que la vida humana ha de tender a la virtud para ser verdaderamente buena.

A continuación considera en qué consiste el comportamiento virtuoso. Sugiere que cada virtud es el punto intermedio entre dos extremos. Por ejemplo, el valor se encuentra entre los extremos de la cobardía y la temeridad, mientras que la generosidad radica entre los extremos del derroche y la tacañería. Esta es la noción que conocemos como el «justo medio». También cabría describirla como una suerte de moralidad a lo «Ricitos de oro», donde las cosas no deben ser ni demasiado frías ni demasiado calientes, sino justo en el centro.

Lo interesante de la idea de que las virtudes son un término medio es que hace que la ética de Aristóteles sea mucho más practicable que la de Platón. Según este último, todo lo que hace falta para comportarse virtuosamente es haber sido educado para comprender la virtud. De esta forma, saber qué es lo correcto nos impulsa naturalmente a querer hacerlo.

Aristóteles propone una teoría muy distinta. Piensa que caminamos sobre una cuerda floja ética, y a partir de la experiencia podemos saber cuándo nos hemos desviado del comportamiento virtuoso hacia uno u otro extremo. Es un enfoque mucho más flexible y realista de la ética y constituiría un elemento clave de buena parte de la filosofía cristiana en siglos posteriores.

En la ética de Aristóteles, para actuar virtuosamente, debemos practicar todo el tiempo, aprender de nuestros errores, vigilar continuamente nuestro comportamiento. Esto hace de la ética una disciplina cotidiana: desarrollamos un comportamiento virtuoso comprendiendo nuestros actos en muchas situaciones distintas de la vida cotidiana.

Aristóteles también considera la noción de responsabilidad, señalando que no se puede acusar a una persona de comportarse incorrectamente cuando está actuando bajo presión o si ignora las consecuencias de sus actos. No obstante, si actúa libremente y con conocimiento de las consecuencias, Aristóteles concluye que sí es responsable de estas.

Desarrolla entonces más a fondo la idea de que no siempre actuamos virtuosamente, incluso cuando sabemos lo que sería virtuoso. Señala que hay dos formas de no hacer lo correcto. En primer lugar, están las personas con carácter «incontinente»: saben qué es lo correcto, pero el deseo de placer o satisfacer su capricho se adueña de ellas momentáneamente y frustra sus mejores intenciones. En segundo lugar, están las que son inmoderadas, que no desean hacer lo correcto y solo buscan el placer.

Aristóteles consideraba que el carácter incontinente podía llegar a dominarse, porque quien no hace lo correcto por debilidad de carácter aún puede aprehender la virtud como ideal, mientras que la persona inmoderada no puede corregirse porque, para empezar, ni siquiera busca la virtud.

Por último, Aristóteles examina la felicidad con detenimiento. Aunque piensa que el fin de la virtud no es el placer en sí mismo, reconoce que muchas actividades virtuosas reportan sus propios placeres. Así que en la vida es aceptable una preferencia general por las actividades placenteras, si bien, en último término, la verdadera felicidad radica en las acciones que nos conducen a la virtud.

La *Ética a Nicómaco* es característica de la obra de Aristóteles en el sentido de que puede parecer muy árida y analítica, pero contiene numerosas ideas que constituirían los fundamentos de la filosofía posterior. Sus opiniones resultan mucho más humanas y flexibles que las ideas racionalizadas y un tanto frías de Platón sobre el tema de «cómo ser una persona buena», y eso es lo que hace que sea tan importante en la historia de la ética.

Lectura rápida

Entendemos el mundo analizando nuestra experiencia en vez de mediante la pura razón. En ese caso, ¿qué hace falta para ser una persona buena? Platón se equivocaba al decir que siempre hacemos lo correcto cuando sabemos lo que es. La ética es más bien un ejercicio de equilibrio en el que cada virtud ocupa un lugar intermedio entre dos extremos errados. Podemos no hacer lo correcto porque no nos interesa alcanzar la virtud o a causa de una debilidad momentánea. Pero si deseamos la virtud y la practicamos asiduamente en nuestra vida cotidiana, podemos aprender a llevar una vida buena.

Confesiones, siglo V

San Agustín de Hipona

«Creo para entender.»

Desde un punto de vista moderno, la mayor parte de la filosofía medieval es bastante tediosa. En las religiones cristiana, judía y musulmana, el principal objetivo de los filósofos de este periodo era sintetizar la filosofía con la ortodoxia religiosa. En general los argumentos filosóficos buscaban respaldar y justificar determinados principios religiosos. Una consecuencia de esto fue que se adaptaron elementos angulares de la filosofía de Platón (al menos, tal como la interpretó el filósofo egipcio Plotino) y de Aristóteles para que formaran la base de una metafísica religiosa, por lo que buena parte del pensamiento cristiano moderno estuvo fuertemente influida por los griegos clásicos además de por la Biblia, y la filosofía hizo pocos avances auténticos. San Agustín de Hipona, un pensador norteafricano que se convirtió al cristianismo, sobresale entre los filósofos medievales por una serie de razones. La primera es el hecho de que, en las *Confesiones,* la autobiografía se incorpora a la filosofía. Con frecuencia se le considera el primer libro autobiográfico en sentido moderno. En la primera parte, san Agustín presenta un relato psicológico de su vida antes de su conversión y explica cómo llegó al cristianismo. Especialmente problemática le resultaba la idea de la castidad, y su naturaleza carnal le impidió convertirse durante muchos años, hasta que, cuando, por azar, oyó a un niño que parecía cantar «Tómala y léela», cogió la Biblia. La abrió y leyó un pasaje en el que san Pablo condenaba la lujuria, lo que condujo a su conversión.

Como lectura resulta fascinante y ofrece un interesante relato de una vida en una época completamente distinta de la nuestra. San Agustín había sido adepto al maniqueísmo, un sistema de creencias que se basaba en el dualismo entre el bien y el mal. En las *Confesiones,* afirma que el mal y su propia debilidad habían dominado su vida. Con ello también está sentando la base de sus convicciones teológicas. Para él, la humanidad es esencialmente débil y cree que la única redención que podemos alcanzar es mediante la gracia de Dios. En vez de considerar el mal como una fuerza en sí misma —que era la postura de los maniqueos—, lo describe como la ausencia de Dios.

Por lo tanto, de acuerdo con san Agustín, la filosofía y la racionalidad humana están subordinadas a la fe en Dios. Creía que la filosofía solo era verdaderamente útil para el creyente. En todo caso, aceptaba la importancia de la filosofía como parte de la fe cristiana y muchos de sus escritos fueron relevantes por razones filosóficas además de teológicas. Como Descartes diez siglos después, san Agustín rechazaba la idea de los escépticos de que realmente no podemos conocer nada. Afirmó: «Si fallor, sum» (si me equivoco, existo), que prefiguraba la máxima cartesiana «pienso, luego existo». Y, como Descartes (aunque con una exposición menos detallada), también partía de esta base para concluir que Dios es lo que permite que podamos confiar en nuestras percepciones.

La prueba agustiniana de la existencia de Dios seguía a Platón en el sentido de que veía en las verdades matemáticas la prueba de que podemos percibir verdades inmateriales e inmortales. A partir de esto concluía que tenemos almas inmateriales y que las verdades en que creemos deben emanar de un gran poder, Dios. No obstante, pensaba que incluso las verdades necesarias de la matemática dependen de la voluntad de Dios, lo que significa que Dios puede hacer que sea cierto 2 + 2 = 5, si así lo quiere.

La voluntad infinita de Dios suscita la importante cuestión de la libertad humana. Las *Confesiones* se dividen en dos partes; en la primera, san Agustín escribe sobre su vida. En la segunda, expone sus interpretaciones del Génesis. (En un primer momento se había propuesto comentar toda la Biblia, pero se dio cuenta de que era una tarea imposible.) Cuando considera qué significa la afirmación de que Dios creó al hombre a su imagen y semejanza, decide que no se refiere a un parecido físico. Por el contrario, sugiere que el hombre se parece a Dios porque conoce la diferencia entre el bien y el mal. El hombre nace con el pecado original, pero, mediante la gracia de Dios, puede hallar el camino de la virtud.

No obstante, si Dios quiere todo lo que ocurre en el universo, ¿no significa esto que cuando hacemos el mal es porque Dios así lo quiere? En cuyo caso, ¿cómo se nos puede considerar responsables de nuestros actos?

La respuesta de san Agustín a este interrogante es considerar la naturaleza del tiempo. Como Dios se halla fuera del tiempo, sabe todo lo que ha ocurrido y ocurrirá. Pero los seres humanos no tenemos este conocimiento. Para nosotros, el tiempo solo discurre hacia delante, y en cualquier momento de su transcurso nos encontramos ante decisiones cuyas consecuencias ignoramos. Nuestro libre albedrío es una parte esencial del plan divino, y aunque Dios ya sepa qué decisiones vamos a tomar, aún hemos de tomarlas nosotros mismos, dentro de las limitaciones de nuestra percepción del tiempo.

Tanto si aceptamos la solución agustiniana al espinoso problema de cómo reconciliar el libre albedrío humano con una deidad todopoderosa como si no, el relato de su trayectoria personal desde el pecado a la religión es elocuente y expresa su convicción de la redención por la gracia del poder de Dios.

La otra gran obra de san Agustín, *La Ciudad de Dios,* adopta un enfoque ligeramente distinto. Inspirada en el saqueo de Roma por parte de Alarico en el 410, contrasta el paganismo romano con el cristianismo. Sitúa la historia de la humanidad en el plan de Dios de erigir su reino, y espera confiado la victoria final de los fieles. En ese contexto, aborda numerosos enigmas teológicos y filosóficos, tales como la naturaleza de los ángeles, el significado del pecado original, la constitución de las almas y, de nuevo, la no existencia del mal. Este libro resulta más difícil de leer, aunque también ejerció una profunda influencia en el desarrollo del pensamiento cristiano. (Hay quienes sostienen que *La Ciudad de Dios* ha dejado una herencia problemática, en el sentido de que influyó poderosamente en la concepción del cristianismo como una batalla permanente contra la horda pagana o infiel, una idea muy presente en las Cruzadas y que aún se percibe en los elementos más extremos del evangelismo moderno.)

San Agustín es interesante desde el punto de vista teológico, y su percepción personal del cristianismo sigue reverberando hoy en día. Pero su filosofía también es fascinante y constituye uno de los ejemplos más sutiles de cómo los filósofos medievales se esforzaron por aplicar ideas de los griegos y los romanos al mundo religioso en el que vivían.

Lectura rápida

He llevado una mala vida, una vida marcada por las debilidades y el pecado original. Decepcionado por mis maestros maniqueos, oí a un niño cantar «Tómala y léela», y cogí la Biblia. Me convertí al cristianismo y me di cuenta de que el conocimiento no es nada sin la fe. Aunque dude de todo lo demás, sé que existo. Todo lo que ocurre en el mundo, incluso las verdades necesarias de las matemáticas, obedece a la voluntad de Dios. Pero el plan divino es otorgarme el libre albedrío, en la medida en que debemos elegir entre el bien y el mal, que no es sino la ausencia del bien.

Meditaciones metafísicas, 1641

René Descartes

«Es prudente no fiarse nunca por entero de quienes nos han engañado una vez.»

Como católico devoto, a Descartes le preocupaba el escepticismo de contemporáneos suyos como Montaigne. Para responder a esas ideas, se propuso construir un sistema que proporcionara un conocimiento seguro del mundo. Descartes también era matemático y, como otros filósofos anteriores (san Agustín, entre ellos), veía en las verdades matemáticas, perfectas y necesarias, un posible punto de partida para construir un sistema de conocimiento del mundo.

En las *Meditaciones,* comenzó rechazando todos aquellos conocimientos que no fueran seguros a fin de hallar los fundamentos más básicos de la lógica. Empleando el «método de la duda», razonaba que era posible dudar de nuestras percepciones, habida cuenta de que todo lo que percibimos podría ser un sueño. Las verdades de las matemáticas no dejarían de ser fiables debido a esto, pues son verdades necesarias (en otras palabras, es imposible que $2 + 2 = 4$ sea un error).

No obstante, llevando sus dudas más allá, a fin de partir de una posición más escéptica aún que el escepticismo más extremo, imaginó que podía estar preso de un genio maligno que pusiera todos sus pensamientos en su mente. En este caso, incluso las verdades necesarias que consideraba ciertas podrían ser falsas, pues el genio maligno podría modificar el mundo para hacer que fueran falsas.

Con esta duda extrema Descartes estaba llevando más allá la alegoría de la caverna de Platón, al tiempo que prefiguraba la trama de *Matrix* (donde la mayoría de los humanos han sido encerrados en cápsulas por las máquinas, que inducen en ellos falsas percepciones) unos trescientos cincuenta años antes. Así, se había colocado en una situación límite, pues un escepticismo de este calibre no parece ofrecer salida alguna. Si, en efecto, es posible que un genio maligno nos mantenga en el engaño, ¿cómo podemos estar seguros de nada? Si nos encontramos en una cápsula, donde se nos induce cada sensación y cada idea, ¿cómo podemos saber que esta es nuestra situación?

Sin amilanarse, Descartes saca el primer as de la manga y concluye que hay una cosa de la que podemos estar seguros: «Cogito ergo sum» (pienso, luego existo). Aun si todos los pensamientos que alberga su mente son falsos, al menos puede estar seguro de que los está pensando. (Varios filósofos posteriores han señalado que incluso este paso es dudoso, pues de «hay un pensamiento» a «hay un 'yo' que está pensando» se da un salto en el que se asume la identidad y la coherencia del sujeto pensante. Pero, por el momento, dejaremos esto de lado.)

Ahora Descartes necesita seguir maniobrando para llegar a un sistema de conocimiento seguro. En primer lugar, observa que las ideas en su cabeza son «claras y distintas», y que cabe suponer que esas ideas claras y distintas representan aspectos de la realidad. Estas ideas pueden ser adventicias (proceden del mundo exterior), facticias (las que generamos nosotros mismos) o innatas (inscritas en la mente por Dios).

Descartes examina entonces la idea de Dios. Como es posible imaginar un ser perfecto, sostiene que esta idea solo podría ser innata, habida cuenta de que no podría proceder del exterior (no podemos experimentar directamente a Dios) ni ser autocreada (no podemos percibir la perfección en nosotros mismos). Por lo tanto, Dios existe.

Por último, a fin de consolidar su base del conocimiento, razona que, como concebimos a Dios perfecto y como todas las facetas de su ser han de ser perfectas, no habría razón alguna para que nos engañara. De forma que, sobre esta base, podemos aceptar las verdades básicas necesarias de las matemáticas y la lógica como las piedras angulares del conocimiento.

Estos dos últimos pasos están plagados de problemas, por supuesto, como han señalado muchos críticos desde la época de Descartes. No es evidente en absoluto qué es una «idea clara y distinta». Y el argumento cae en la circularidad cuando Descartes hace supuestos sobre esas ideas antes de probar la existencia y la veracidad de Dios, que a su vez prueban la fiabilidad de las ideas claras y distintas. De hecho, un estudio atento de las *Meditaciones* deja a muchos lectores modernos con la sensación de que en realidad es imposible alcanzar la certeza absoluta en el conocimiento humano. Ello es así porque la «duda metódica» de Descartes es mucho más eficaz para desmantelar la base del conocimiento humano de lo que lo son sus pruebas para reconstruir esa base. Al final, tenemos la sospecha de que Descartes utiliza las pruebas de forma interesada para llevarnos a la conclusión de la veracidad de Dios.

Además, ¿necesitamos realmente una certeza absoluta? ¿Por qué no nos puede bastar que nuestras percepciones sean en general correctas? Para la mayoría de las personas, esto sería suficiente, pero durante siglos los filósofos soñaron con construir un sistema perfecto, matemático, de conocimiento humano, y para ello necesitaban la certeza absoluta. Descartes fue un ejemplo fascinante y elocuente de esta tendencia, incluso si, desde la distancia, vemos cómo sus convicciones religiosas eran un obstáculo en su empeño de llevar la duda a sus conclusiones lógicas.

Retrospectivamente, no consigue construir un sistema de certeza matemática, pero puede verse como el momento de transición de la filosofía medieval a la moderna, aunque solo sea porque Descartes fue tan honesto exponiendo hasta qué punto nuestro conocimiento está abierto a la duda.

Otro aspecto notable de las *Meditaciones* es que desarrolla el dualismo mente-cuerpo. Arguye que, como la mente y el cuerpo se pueden concebir de forma independiente, Dios los puede crear separadamente. Por lo tanto, estamos constituidos por procesos físicos (somos una «máquina cartesiana» en el sentido de que, en nuestros cuerpos, todo puede ser explicado físicamente), al mismo tiempo que existimos como mentes o almas. Descartes concluye que los animales son meras máquinas que carecen de alma, a diferencia de los humanos (un aspecto de su obra que indignaría a los amantes de los animales en nuestro tiempo).

Este dualismo, un tanto paradójico, estuvo en el centro de buena parte de la filosofía ulterior, y desde entonces los interrogantes sobre cómo interactúan la mente y el cuerpo han sido un rasgo fundamental de la filosofía del conocimiento (llamada *epistemología*) y la psicología. Descartes incluso consideró la cuestión moderna de si una máquina de aspecto perfectamente humano podría considerarse humana. Su conclusión fue que, al carecer de alma, no podría interactuar de forma verdaderamente sensible. Este eco temprano de ideas muy posteriores, como el test de Turing, revela lo mejor y lo peor de Descartes. Sus conclusiones de nuevo están encorsetadas en la religión, pero, como en otros momentos, el rigor y la curiosidad que subyacen a sus ideas iniciales son admirables.

Muchos cursos de filosofía académica comienzan con Descartes porque presenta tantos elementos de la filosofía de una forma clara y accesible. Los problemas del conocimiento y de la mente y el cuerpo son temas perennes de los filósofos occidentales y Descartes es un buen punto de partida para comprender por qué esos problemas causan tanta perplejidad.

Lectura rápida

Para vencer a los escépticos en su propio terreno, dudemos absolutamente de todo lo que sabemos, a fin de descubrir de qué conocimiento podemos estar seguros. Si estuviera soñando, o incluso si me engañara un genio maligno, no podría estar seguro de nada en absoluto. Así que ganan los escépticos... Pero incluso en ese caso estaría pensando, por lo que sabría que existo. Y mi idea clara y distinta de Dios solo podría haber sido puesta ahí por Dios, de forma que Dios existe. Y un Dios perfecto no mentiría, por lo que puedo confiar en mis ideas claras y distintas. A partir de ahí puedo construir un sistema matemático perfecto de conocimiento que guarda un parecido asombroso con la ortodoxa cristiana imperante en el siglo XVII.

Leviatán, 1651

Thomas Hobbes

«El elogio de los autores antiguos procede no del respeto
a los muertos sino de la competencia y la envidia entre los vivos.»

A Thomas Hobbes se le recuerda sobre todo por su brutal concepción de la naturaleza humana. De hecho, fue uno de los primeros filósofos británicos que realmente se enfrentaron a la dificultad de reconciliar una concepción física del universo con conceptos tales como el libre albedrío y el alma. También fue influyente por el lenguaje que empleó. Creía que la claridad al expresar las ideas era muy importante para la racionalidad, y por ello naturalizó en el *Leviatán* numerosos términos traducidos del griego y del latín. Autores posteriores incorporarían muchos de ellos a su terminología filosófica.

Hobbes tenía una concepción *mecanicista* del universo. Esto significa que pensaba que todo, incluido el pensamiento humano, podía ser explicado por leyes físicas de causa y efecto. Así, sería posible dar cuenta de pensamientos y sensaciones comprendiendo su acción física, describiendo las formas en que los nervios transmiten los estímulos físicos y provocan reacciones mentales.

Si Descartes proponía una visión dualista, sugiriendo que la mente y el cuerpo eran aspectos separados pero concurrentes del mundo, Hobbes afirmaba que todo tiene una explicación física y desarrolló una filosofía basada en esta perspectiva.

Desde este punto de partida, Hobbes abordó la naturaleza de la voluntad humana. Consideraba que nuestros deseos están motivados esencialmente por la necesidad de librarnos de lo que nos desagrada: por ejemplo, buscamos comida para librarnos de la incomodidad de sentir hambre. De esta forma, la voluntad humana no es más que el intento de satisfacer nuestros deseos y necesidades. Esta concepción ponía de relieve nuestra naturaleza animal. Hobbes también sugirió que esta idea era compatible con el libre albedrío, en la medida en que no estamos obligados a actuar de la forma en que lo hacemos.

Como nuestros actos están gobernados por nuestros deseos primarios, pensaba que la naturaleza humana, sin la sociedad, se encontraba en un «estado de guerra», una existencia que naturalmente sería «solitaria, mísera, desagradable, brutal y breve». Por consiguiente, la única forma de que nuestra vida sea mejor es mediante «contratos» con nuestros congéneres, a fin de intercambiar cosas valiosas y renunciar al uso de la fuerza en determinadas condiciones. El resultado de nuestros acuerdos individuales es que la sociedad se convierte en una Commonwealth en la que cedemos parte de nuestra libertad individual a fin de crear una sociedad que nos beneficia a todos. Renunciamos así a nuestra capacidad de actuar de forma puramente interesada en beneficio del mayor interés de la libertad de no vernos sometidos a las necesidades brutales de otros y para tener la posibilidad de hacer nuestras vidas más ricas y mejores.

Hobbes pensaba que la creación de la Commonwealth da lugar a una nueva criatura, el Leviatán, en cuyas manos dejamos la responsabilidad y el orden social. A fin de que la sociedad funcione eficazmente necesitamos un organismo de toma de decisiones que actúe en nombre del Leviatán. Hobbes no descartaba la posibilidad de que tal organismo fuera un parlamento o grupo. Pero creía que la mejor opción era que una sola persona ejerciera la voluntad del Leviatán, pues así podría elegir a los mejores consejeros y gobernar de forma coherente. Por tanto, concluía que la sociedad ideal era la que estaba gobernada por una monarquía hereditaria.

En la filosofía no es infrecuente que se esgriman argumentos fascinantes en pro del *statu quo* político. Cabe imaginar que muchos filósofos comienzan con el deseo de demostrar que sus convicciones tienen una justificación lógica. No obstante, en muchos casos, los filósofos del pasado habrían corrido el peligro de acabar en la cárcel, o algo peor, si hubieran llegado a conclusiones que fueran demasiado inaceptables política o teológicamente. Ya hemos visto lo difícil que le resultó a Descartes soslayar la ortodoxia católica en su pensamiento. De forma parecida, Hobbes partió de creencias radicales y fuera de lo habitual, pero terminó apoyando el sistema político existente con argumentos totalmente conservadores. De todas formas, la mayoría de las justificaciones contemporáneas de la monarquía comenzaban sosteniendo que el monarca era la manifestación terrena del poder divino, y Hobbes al menos se arriesgó a poner esta visión en entredicho afirmando que el poder del monarca era esencialmente arbitrario y que se lo otorgaba la sociedad en su conjunto.

Un momento especialmente interesante en el *Leviatán* es cuando Hobbes considera cómo se transmite a la sociedad la voluntad del cuerpo soberano. Sugiere que en una sociedad que tenga el tamaño suficiente, el «cuerpo político» deberá trocar la voluntad del soberano en políticas concretas. También examina de qué formas podría fracasar una sociedad: si, por ejemplo, los individuos adquieren una riqueza privada excesiva o si el entusiasmo religioso hace que disminuya la obediencia de la gente al soberano o si hay demasiadas personas que emiten sus propios juicios de lo que es correcto e incorrecto en vez de aceptar la voluntad del soberano. Con esta última observación, Hobbes está señalando que el gobierno del soberano es esencialmente arbitrario, que podemos no estar de acuerdo con él. Pero al mismo tiempo cree que someternos a esa autoridad redunda en beneficio de la sociedad, puesto que esa es la base sobre la que la sociedad ha acordado gobernarse para escapar del «estado de guerra».

Un siglo después de Hobbes, Rousseau presentaría su teoría del buen salvaje, que expresa una concepción opuesta a la del *Leviatán*. Según Rousseau, los seres humanos nacen buenos e inocentes, y es la sociedad la que corrompe y envenena la naturaleza humana. Estas dos perspectivas opuestas siguen estando hoy en día en el origen de muchas divisiones políticas irreconciliables. Los comunistas piensan que la sociedad debe estar organizada para canalizar y contener los instintos de la gente, mientras que los anarquistas sostienen que la sociedad no debe inmiscuirse en la vida de las personas, pues estas serán mejores sin regulación social. Muchos liberales tienden a compartir con Rousseau la idea de que las personas son esencialmente buenas, mientras que muchos conservadores adoptan el punto de vista hobbesiano de que los seres humanos son esencialmente egoístas y necesitamos un sistema fuerte de regulación y castigo para crear una buena sociedad.

Podríamos pormenorizar más aún esta oposición en la medida en que tanto la izquierda como la derecha albergan subcorrientes con visiones opuestas de la naturaleza humana. Pero la influencia de Hobbes a largo plazo ha sido expresar sucintamente la idea de que la naturaleza humana es esencialmente egoísta y la sociedad existe para civilizarnos.

Lectura rápida

El universo puede explicarse en términos físicos. Nuestros deseos primarios son lo que impulsa nuestra voluntad y, sin ningún constreñimiento, trataremos mezquinamente de satisfacer esos deseos, por mucho que podamos perjudicar a otras personas. La forma de superar esta situación es llegar a acuerdos con otras personas, en virtud de los cuales cedemos parte de nuestra libertad en aras del bien mayor de vivir en una sociedad organizada. La Commonwealth así creada constituye un nuevo ser, el Leviatán, y es necesario confiar a alguien su representación. La persona más idónea para representar este papel es el monarca constitucional, aunque también son posibles otros modelos de gobierno.

Discurso de metafísica, 1686

Gottfried Wilhelm Leibniz

«En la manera en que Dios hubiera creado el mundo, este siempre habría sido regular y con un cierto orden general. No obstante, Dios ha elegido la más perfecta, esto es, la que es al mismo tiempo más simple en hipótesis y más rica en fenómenos.»

Siguiendo las huellas de Descartes y de Baruch Spinoza, Leibniz fue el último de los grandes racionalistas del continente europeo. (Un *racionalista* es alguien que, al igual que Descartes había hecho, intenta desarrollar un sistema de conocimiento basado en la pura razón y la contemplación, en vez de a partir de la observación, como haría un *empirista*.)

Leibniz también era matemático (contribuyó significativamente al desarrollo del cálculo) y, al igual que filósofos anteriores como Descartes y san Agustín, veía un paralelismo entre las verdades necesarias de las matemáticas puras y las verdades inmortales de Dios y el alma. Su sistema, basado en el análisis lógico, era un tanto complicado, y el resumen que presentamos a continuación solo puede ofrecer una guía muy breve a sus conclusiones.

En primer lugar, afirmaba que todas las proposiciones verdaderas deben constar de sujeto y predicado, como en una suma en la que las dos partes de la ecuación x + y = z son idénticas. Pero distinguía entre verdades de hecho (hechos contingentes que resultan ser verdaderos, como «mi gato es negro») y verdades de razón (verdades necesarias como «2 + 2 = 4»).

A fin de aplicar esta idea lógica, Leibniz planteaba que todas las proposiciones ciertas sobre el mundo constan de una *mónada* y una cualidad. Con mónada se refería a una sustancia individual única, tal como una persona. El espacio y el tiempo no le parecían aspectos necesarios de la realidad, y describía la mónada como una sustancia individual independiente del tiempo. Así, cualquier cosa que ocurriera en el pasado o que fuera a ocurrir en el futuro para mí es cierta en todo momento, y mi mónada posee todas las cualidades que siempre poseerá. El bebé nacido hace cuarenta años y el anciano del futuro son la misma mónada que la persona que está escribiendo esta página y los tres poseen las mismas cualidades.

Es interesante señalar que mientras que Descartes había descrito un universo mecánico con una visión dualista mente-cuerpo, y Spinoza había descrito el universo como un todo indivisible, para Leibniz el universo consistía en un gran número de mónadas, sustancias individuales separadas unas de otras. Esto es interesante en primer lugar porque los tres afirmaban que su sistema procedía de primeros principios y, sin embargo, llegaron a conclusiones muy distintas. Y, en segundo lugar, porque, en gran medida, simplemente se estaban haciendo eco de debates que los presocráticos habían mantenido dos mil años antes sobre la naturaleza de la realidad.

A continuación, Leibniz abordó la naturaleza del mundo en que vivimos. Tras presentar su idea de que el mundo está definido esencialmente por un conjunto de mónadas con cualidades concretas relacionadas unas con otras, pero que no interactúan entre sí, tenía que explicar por qué vivimos en este mundo concreto y no en otro, así como el papel de Dios en su universo. Resulta interesante que presentara un análisis lógico basado en otros mundos posibles, una idea que David Lewis, entre otros, incluidos muchos autores de ciencia ficción, llevaría más allá en el siglo xx.

Para Leibniz, Dios era el único ser que existía necesariamente y toda la realidad fluía de su ser. Imaginaba que Dios había considerado cada mundo posible con distintas cantidades de mónadas y cualidades. Concluyó que un Dios perfecto elegiría el mundo con el mayor número posible de mónadas (debido al principio de abundancia de Leibniz, que básicamente afirma que es así, aunque sin una razón clara). También afirmaba que un Dios omnipotente y benevolente necesariamente elegiría «el mejor de todos los mundos posibles» y que, por tanto, este debe ser ese mundo. Según esta teoría, sería imposible mejorar este mundo perfeccionando algún conjunto de mónadas y cualidades, porque esto trastocaría el equilibrio del mundo y empeoraría otra cosa. Esta conclusión atrajo la burla de otros autores, en particular de Voltaire, que caricaturizó la idea de que este mundo es el más perfecto posible. Quizá sea incluso más difícil de creer después de las sangrientas guerras y pogromos del siglo XX.

Por último, como la teoría de las mónadas implicaba que estas eran entidades autónomas, sin ventanas, que no tenían efecto unas sobre otras, y Leibniz también había afirmado que el tiempo no era una propiedad necesaria de la realidad, tenía que rechazar el principio de causación mecanicista. Por el contrario, sugirió que, en la creación, Dios formó un mundo con una armonía preestablecida, lo que significa que las mónadas son como relojes perfectamente sincronizados entre sí. Así pues, todas las cosas ocurren de forma que nos parecen insertas en un proceso de causa y efecto, pues vivimos en un mundo temporal. Para Leibniz, esto también resolvía el problema del dualismo: proponía que nuestras percepciones mentales y físicas están sincronizadas gracias a la armonía preestablecida de Dios. Esta teoría del paralelismo puede ser consistente desde el punto de vista lógico; no obstante, resulta muy problemática.

Si fuera cierta, Leibniz habría topado de nuevo con el antiguo problema del libre albedrío, pero lo resolvió suponiendo que algunas mónadas son capaces de tener percepción de sí mismas. Y como vivimos nuestra vida de forma temporal y solo percibimos el movimiento hacia delante a través del tiempo, somos conscientes de nosotros mismos, pero no podemos saber qué va a ocurrir en el futuro. Por tanto, el libre albedrío es genuino, a la vez que una suerte de ilusión benevolente.

Las teorías de Leibniz fuerzan nuestra credulidad, pero hemos de recordar que estaba convencido de que las había deducido exclusivamente de la pura razón. Cuando afirma que el universo funciona como un gigantesco engranaje y que es el mejor de los mundos posibles, sus ideas parecen alambicadas, pero su razonamiento posee congruencia interna. Es matemáticamente brillante y sus argumentos están construidos a la perfección, aunque, como lectores, no podemos evitar la sensación de que no son ni correctos ni útiles.

En todo caso, Leibniz demuestra las limitaciones del racionalismo puro. Por mucho que nos esforcemos por olvidar todos nuestros supuestos e ideas preconcebidas, a fin de descubrir la verdad eterna, absoluta, parece que en el fondo no somos capaces de desprendernos de nuestro bagaje mental. Y el mero hecho de que la pura razón puede utilizarse para descubrir universos que parecen tan distintos como los de Descartes, Spinoza, Leibniz y otros sugiere que el intento de crear un sistema para comprender el universo únicamente a partir de la razón ya entraña serios problemas de partida.

Lectura rápida

El mundo consta de proposiciones verdaderas, que enlazan mónadas y cualidades. Una mónada es una sustancia indivisible tal como el alma humana, y todas las cualidades que posee son ciertas eternamente: el pasado y el futuro están contenidos dentro de la mónada presente. Los mundos posibles están definidos por un conjunto de mónadas y cualidades. El papel de Dios es elegir el mejor mundo posible, que es el que tiene el mayor número de mónadas y cualidades y la menor cantidad de mal. Como el tiempo no es real, la causación entre mónadas tampoco es real. Las cosas

ocurren porque Dios ha preestablecido que todas las mónadas ac-
túen en armonía. Así que las mónadas que componen el mundo
son como una infinidad de pequeños relojes sincronizados, que
funcionan al unísono.

Ensayo sobre el entendimiento humano, 1690

John Locke

*«Si no nos creemos nada, porque ciertamente no podemos
saber todas las cosas, estaremos obrando con la misma sabiduría
que aquel que como no tiene alas para volar, no quiere
usar las piernas, sino que permanece sentado y se deja morir.»*

John Locke, que contaba entre sus amigos a miembros de la Royal Academy como Isaac Newton y Robert Boyle, fue uno de los pilares de la intelectualidad británica. En una época en la que la ciencia estaba realizando grandes avances para ayudarnos a comprender el mundo, su gran proyecto fue proporcionar una base filosófica a la búsqueda del conocimiento.

En su *Ensayo sobre el entendimiento humano* presentó buena parte de sus ideas filosóficas. Su pensamiento partía de la idea de que todo el conocimiento procede de la experiencia. Describió la mente humana al nacer como una *tabula rasa,* una suerte de tablilla en blanco sobre la que se graban todas las experiencias posteriores. Esta perspectiva *empirista* le llevó a la conclusión de que solo somos capaces de alcanzar un conocimiento limitado del mundo, aunque pensaba que ese conocimiento limitado es suficiente.

Concebía el pensamiento humano en términos de relaciones entre ideas (siendo una *idea* aquello que tenemos en nuestra mente en el sentido de impresiones sensoriales, pensamientos o creencias). Para describir el proceso de cómo llegan a nosotros las ideas desde el mundo exterior dividió las cualidades de los objetos del mundo en primarias y secundarias. Cualquier teoría filosófica que supone que las ideas representan objetos del mundo real *(realismo representacional)* se enfrenta a un problema: los objetos pueden percibirse de formas muy diferentes en distintas circunstancias (por ejemplo, una caja roja tendrá un aspecto muy distinto dependiendo de la iluminación, pero también de si hemos estado antes en una habitación oscura o muy iluminada).

Las cualidades reales e invariables de un objeto (tales como el tamaño, la textura y el movimiento) serían las primarias, mientras que el color, el sonido y olor y el gusto las secundarias. Las cualidades primarias de un objeto pueden hacernos percibir las secundarias, pero observando las secundarias no podemos conocer directamente las primarias: solo inferir y deducir la naturaleza real del objeto que estamos contemplando.

Esta forma de describir las cualidades de los objetos en el mundo real ofrecía una solución al problema de cómo los percibimos. Aunque admitía que podemos percibir el mundo real incorrectamente, Locke aseguraba que había una cadena que llevaba del objeto real a nuestra idea de dicho objeto.

Sobre esta base tan sencilla Locke construyó una teoría para explicar todas las ideas que tenemos en la cabeza. En respuesta a los filósofos que habían sugerido que algunas de nuestras ideas (como las matemáticas, el infinito o Dios) debían ser innatas, pues no podían haberse derivado de la experiencia, Locke propuso una teoría en virtud de la cual todas nuestras ideas complejas proceden de la comparación y del análisis de las ideas más simples que recibimos del mundo. Esto significaría que nuestra idea de un unicornio es una idea compleja basada en una combinación de distintos animales reales, el infinito sería una extensión de ideas simples de números, y así sucesivamente. También describió varias formas en que podríamos obtener nuevas ideas de la experiencia. En el proceso refutó la noción cartesiana de que los animales son meras máquinas sin alma, sugiriendo que la única facultad que poseemos nosotros, y no los animales, era la capacidad para la *abstracción,* gracias a la cual formamos nuestras ideas de moralidad.

En su análisis de la moralidad fue más allá todavía, examinando en detalle cómo podríamos formarnos nuestras ideas de volición, voluntad, libertad y poder. Soslayó con habilidad el problema del libre albedrío, describiéndolo como un error de categoría. Según Locke, no viene al caso preguntar si somos libres de hacer lo que queramos, porque la noción de libre albedrío simplemente se basa en si nos sentimos capaces o no de conseguir nuestras preferencias naturales. Esto le condujo a una concepción un tanto hedonista de la libertad humana, según la cual actuamos principalmente para obtener el placer y evitar el dolor. (Este pensamiento recibiría un giro más moral en manos de posteriores defensores del utilitarismo como John Stuart Mill, que sostenía que la moralidad de un acto se puede medir en función de la felicidad o el dolor que causa a los demás.)

Un aspecto interesante de la filosofía de Locke es su trabajo sobre el significado de las palabras. Este se define por la idea que crea en nuestra mente. Los nombres que utilizamos para los objetos del mundo real se establecen por acuerdo general de que estamos refiriéndonos al mismo objeto. Así que, aunque no podemos estar seguros sobre la naturaleza esencial del objeto al que nos referimos, sí podemos estar de acuerdo sobre el significado de las palabras, y el uso cuidadoso de estas nos puede ayudar a evitar confusiones.

Locke prefigura aquí las divisiones esenciales entre la tradición filosófica anglo-estadounidense y la continental en el último siglo. Para ambas, el vínculo entre las palabras, el significado y los objetos a los que se refieren era de gran interés. No obstante, la tradición anglo-estadounidense ha tendido a adoptar una perspectiva más próxima a Locke: una aceptación pragmática de la distancia entre *significante* y *significado,* unida a la determinación de hallar formas basadas en el sentido común de hablar sobre el lenguaje, y a un intento de ser preciso e inequívoco en el uso del lenguaje. Por el contrario, la escuela continental ha tendido a adoptar un enfoque más anárquico, regodeándose en la libertad relativista que se crea una vez aceptamos que el paso del significante al significado es opaco, y entregándose a juegos de lenguaje en vez de intentar avanzar con lo que se tiene. Por supuesto, esta es una división muy simplista de las dos tradiciones, y en ambas hay voces que adoptan cualquiera de los dos enfoques. Pero es interesante ver a Locke enfrentándose a un problema tan moderno mientras formulaba su filosofía, hace más de trescientos años.

Al final, las conclusiones de Locke sobre el ámbito del conocimiento humano son más bien sobrias: esto es, nuestro conocimiento es muy limitado. Más o menos acepta la teoría de Descartes de que tenemos un conocimiento intuitivo de nuestra propia existencia. Y acepta que podemos alcanzar un conocimiento seguro de las verdades necesarias porque son claramente ciertas a la luz de la comparación y el análisis de las ideas que se nos presentan. Pero en lo que se refiere al «mundo real» se ve obligado a concluir que no podemos llegar a un conocimiento seguro, sino que, por el contrario, debemos darnos por satisfechos con un conocimiento probable, tanto más aceptable por el hecho de que compartimos los mismos supuestos y teorías con otras personas. Pero cree que esto nos basta para nuestra vida y que somos capaces de tomar decisiones morales. Asimismo, admite que tengamos fe en Dios porque podemos aceptar una prueba racional de la existencia de Dios basada en las ideas de nuestra mente.

La lectura de Locke no es amena, pero ofrece muchas ideas interesantes. A veces identifica los problemas (como cuando trata el significado de las palabras) con más precisión que la mayoría de sus contemporáneos. E incluso cuando sus soluciones no son completamente satisfactorias, su razonamiento siempre es sugerente y merece la pena reflexionar sobre él. La suya fue una de las exposiciones más claras del empirismo, lo que condujo a que muchos filósofos posteriores tomaran su obra como punto de partida, estuvieran o no de acuerdo con sus conclusiones.

Lectura rápida

Nacemos sin ningún conocimiento, nuestra mente es una *tabula rasa* al nacer. Adquirimos el conocimiento por la experiencia. Las ideas que tenemos en la mente son representaciones de la realidad. Los objetos de los que tenemos conocimiento poseen cualidades primarias y secundarias. Podemos engañarnos sobre las cualidades secundarias y no tenemos ningún conocimiento directo sobre las primarias. No obstante, es posible alcanzar un grado razonable de conocimientos mediante el uso cuidadoso del lenguaje y analizando las ideas simples y complejas en nuestra mente.

Tratado sobre los principios del conocimiento humano, 1710

George Berkeley

«Esse est percipi.» (Ser es ser percibido)

Las ideas empiristas de John Locke fueron muy influyentes en su tiempo. Esto preocupó al clérigo irlandés George Berkeley. Este creía que la concepción *representacionalista,* según la cual los objetos que hay en el mundo están reflejados por ideas en la mente, creaba un problema. Como es imposible dar una explicación fiable del vínculo entre objetos e ideas, Berkeley pensaba que la filosofía de Locke conducía naturalmente al ateísmo y al escepticismo.

En respuesta a las dudas que dejó Locke, Berkeley propuso la teoría radical de que solo existen las ideas, no la materia. Esta teoría (conocida como *inmaterialismo*) parece extremadamente contraintuitiva en una primera lectura, pero en realidad es una idea muy sutil e interesante.

Berkeley comenzó el *Tratado sobre los principios del conocimiento humano* con una crítica de la obra de Locke, centrándose particularmente en su idea de que los objetos reales tienen cualidades primarias y secundarias. Aceptó la descripción que Locke hace de las cualidades secundarias, tales como el color, la temperatura y el olor, e hizo suya su tesis de que estas cualidades no son guías fiables para conocer la realidad, porque están sujetas a ilusiones. Por ejemplo, supongamos que metemos las manos en un cubo de agua tibia. Si una estaba antes sobre un bloque de hielo y la otra en un baño caliente, cada mano nos transmitirá percepciones muy distintas.

No obstante, Berkeley se propuso entonces desmontar la teoría de Locke de que las cualidades primarias son más fiables. Señaló que la forma y el tamaño dependen de la posición del observador, y que la solidez está en función de nuestro sentido del tacto. En consecuencia, concluyó que ninguna de nuestras ideas es fiable para guiarnos sobre la naturaleza de la realidad. Pero en vez de permitir que esto le condujera al escepticismo, tomó una dirección muy distinta. Para Berkeley, el problema del representacionalismo es que da por supuesto que hay una cadena que va desde el objeto a la idea y al observador. Esto sugiere que el objeto da lugar a una idea que entonces se manifiesta en la mente del observador. Pero Berkeley afirmaba que es literalmente inconcebible que las sustancias materiales existan sin ser percibidas. Así que propuso que redujéramos la cadena a las dos cosas de las que podemos estar seguros: el perceptor y lo percibido. Sabemos que somos entidades pensantes y sabemos que en nuestra mente hay ideas. Esto es todo lo que necesitamos saber para comprender el universo.

Esta asombrosa teoría (que es una suerte de *idealismo,* en comparación con el *realismo* de Locke) aún tiene que superar varias consecuencias y dificultades. Por ejemplo, si las ideas es lo único que existe, ¿qué podemos decir sobre un árbol que cae en un bosque lejano, sin que nadie lo haya visto? ¿Es real o no? ¿Desaparece la realidad cada vez que cerramos los ojos?

Hay dos formas de responder al problema del árbol en el bosque. La primera es que en cuanto hacemos la pregunta de si es real o no estamos imaginando el árbol, por lo que existe como idea en nuestra mente. El segundo argumento, más sustancial, se basa en una reflexión sobre la diferencia entre lo que es real y lo que es imaginario. Si imagino algo y después dejo de pensar en ello, desaparece. Sin embargo, un objeto real será percibido por más de un observador, y así, cuando mi atención está ocupada en otra cosa (o tengo los ojos cerrados), otra persona estará observando el objeto. Podemos saber lo que es real comparando nuestras ideas.

Y, sobre todo, el mundo existe debido a Dios, y todo lo que es real en el mundo está siendo percibido por Dios. Por tanto, él es el observador final que da realidad a ese árbol caído en el bosque sin que lo vean ojos humanos. Para Berkeley, la persistencia y la regularidad de los objetos que percibimos es una prueba cotidiana de la existencia de Dios. Como Dios tiene una mente ordenada y ha creado un mundo que sigue reglas, percibimos los efectos de la mente de Dios en el mundo que nos rodea.

Berkeley desarrolló su ataque a Locke pormenorizadamente, prestando especial atención a su concepción de las ideas abstractas. Locke había aceptado que una idea abstracta, tal como el triángulo, pudiera ser percibida por la mente humana. Pero Berkeley señaló que esto suponía no llevar el empirismo a su conclusión lógica. Como solo percibimos un triángulo concreto, únicamente tenemos ideas de triángulos específicos y podemos identificar un parecido entre esas ideas (en vez de percibir la forma «triángulo»).

Al final, Berkeley creía que su idealismo era la única forma de conservar el sentido común y proteger la filosofía del ateísmo. Su sistema coloca a Dios muy claramente en el centro del universo. Sostenía que cuando intentamos comprender el mundo científicamente, solo estamos explorando la mente de Dios.

No obstante, resulta difícil aceptar su afirmación de que las sustancias materiales no son reales. Parece que la ciencia tradicional solo podía progresar partiendo de la base de que en el mundo hay objetos reales y después intentando descubrir la verdad sobre ellos. Berkeley apoyó sus teorías con un argumento congruente, pero ¿es relevante para nosotros hoy en día?

De hecho, el idealismo es una idea bastante moderna. Científicos como Schrödinger y Einstein rechazaron la división entre sujeto y objeto proponiendo que la naturaleza de la realidad depende del observador. El debate sobre si la realidad está compuesta de ondas o partículas, o si estas no son más que metáforas, demuestra hasta qué punto la ciencia moderna ha abandonado cualquier certeza sobre la noción de «sustancia material». Y la solidez, o falta de solidez, de la materia generalmente se considera que está en función de nuestra percepción y constitución física.

Así que, como Berkeley habría sugerido, la física moderna tiende a asumir que nuestras percepciones de la realidad son imperfectas, pero que podemos avanzar haciendo comparaciones entre las percepciones de distintos observadores. Se puede sostener todo esto sin creer en Dios. No obstante, sin la fe religiosa de Berkeley, lo que nos queda es una clase de idealismo en la que asumimos que existe un universo que es independiente de nuestras percepciones... solo que el único conocimiento posible que tenemos depende de nuestras percepciones. De forma que en vez de decir «la materia no existe», ahora podríamos decir que no importa demasiado si existe o no.

Berkeley propuso ideas que son difíciles de aceptar en su totalidad, pero que, en todo caso, son coherentes y útiles. Su crítica de Locke es extremadamente poderosa, y desmonta punto por punto los aspectos más débiles de la filosofía de Locke. Por sorprendente que resulte una filosofía que afirma que la materia no es real y que todo existe únicamente en las mentes de espíritus y de Dios, este texto plantea muchas ideas fascinantes que no son fáciles de refutar, especialmente cuando se consideran a la luz de teorías científicas recientes.

Lectura rápida

La filosofía de Locke está equivocada porque las cualidades primarias no son más fiables que las secundarias. Es inconcebible que la sustancia material exista sin ser percibida. Lo único real son los que la perciben (espíritus y Dios) y las ideas en sus mentes. Cuando percibimos el mundo estamos explorando la mente de Dios, cuya existencia explica la persistencia de los objetos en el mundo. Esta forma de idealismo es la única que puede derrotar a los ateos y los escépticos, pues nos permite explicar el mundo sin recurrir a entidades que no podemos conocer, tales como la materia. Por el contrario, construyendo un sistema sobre el único conocimiento seguro que tenemos —las ideas de nuestra mente— estamos practicando una forma más auténtica de empirismo.

Investigación sobre el entendimiento humano, 1748

David Hume

*«Sé un filósofo, pero, en medio de toda tu filosofía,
sigue siendo un hombre.»*

En la historia de la filosofía es frecuente que los autores reaccionen a lo que perciben como los errores y problemas de sus predecesores recientes. Aristóteles sugirió revisiones del sistema de Platón, mientras que Berkeley estaba respondiendo directamente a Locke en su obra. De esta forma, las teorías filosóficas poco a poco son puestas a prueba y modificadas por quienes vienen después.

Como mejor se puede entender a David Hume es en el contexto de los filósofos que le precedieron. Los racionalistas europeos (como Descartes y Leibniz) habían intentado crear sistemas basados en la pura razón. Locke había sugerido un enfoque empírico, mientras que Berkeley había identificado varias dificultades en el sistema de Locke y, en vez de ceder al escepticismo, propuso un enfoque basado en el idealismo. Hume respondió a esta gran tradición argumentando que el escepticismo es inevitable, pero sugirió que, de todas formas, debemos intentar averiguar la forma de comprender el mundo en el espíritu de un escepticismo moderado.

Hume expuso primero sus teorías en el *Tratado de la naturaleza humana*. Inicialmente esta obra tuvo poca repercusión y Hume solo captó la atención pública con un proyecto muy diferente: una extensa historia de Inglaterra. En 1748 publicó su *Investigación sobre el entendimiento humano*, en la que presentaba sus teorías de forma más concisa. Probablemente sea este el mejor de sus textos para adentrarse en sus ideas.

Su punto de partida fue considerar cómo podríamos conocer el mundo basándonos en nuestra experiencia. Señaló que a partir de nuestras percepciones del mundo no podemos llegar a hacer predicciones sobre el futuro. Esto es así porque, para ello, tendríamos que utilizar razonamientos causales (la idea de que los acontecimientos están relacionados como causa y efecto) o la inducción (la idea de que como algo ha ocurrido siempre en el pasado, seguirá ocurriendo en el futuro). Pero, como él mismo señaló, ni siquiera podemos tener la certeza de que el sol vaya a salir mañana, aunque siempre lo haya hecho en el pasado. Consideraba que nuestra fe en la causa-efecto era básicamente un hábito del pensamiento: estamos acostumbrados a que ciertos acontecimientos vayan siempre unidos, por lo que nos parece que están conectados necesariamente. Pero no podemos saber si en efecto existe esa conexión necesaria.

Considerando nuestro pensamiento racional como una cuestión de hábito, Hume sostenía que no hay una forma básica de distinguir la imaginación de la realidad, aparte del hecho de que creemos en una con más convencimiento que en la otra.

También aplicó su enfoque escéptico al yo. Hume fue uno de los primeros filósofos que dudaron que nuestra idea del yo (o alma) fuera cierta de forma autoevidente. Señaló que siempre que pensamos sobre nosotros mismos («estoy pensando», «estoy actuando», etc.), en realidad solo estamos pensando sobre percepciones e ideas. No experimentamos directamente un «yo» sino una serie de sensaciones y pensamientos, y damos por sentado que debe haber un «yo» que los experimente. Consideraba que la idea de un yo unitario es un error categorial y prefería ver el yo como un conjunto de percepciones. Es interesante que esta línea de pensamiento contradiga el supuesto cartesiano de que «pienso, luego existo» sea un conocimiento seguro. Como no podemos tener la seguridad de que haya un «yo», en realidad lo único que Descartes podría haber deducido es que «hay un pensamiento».

Por último, Hume también aceptó que ni siquiera podemos tener un conocimiento seguro de que exista el mundo exterior. Seguía a Berkeley en su crítica de las ideas representacionalistas planteadas por Locke. De acuerdo con el representacionalismo, en vez de experimentar directamente los objetos externos, experimentamos ideas que son causadas por cualidades de los objetos del mundo exterior. Pero como no podemos saber con certeza cómo suscitan esos objetos las ideas de nuestra mente, no podemos alcanzar ningún conocimiento seguro respecto a dichos objetos.

En este punto, Berkeley se había refugiado en el idealismo y puesto su fe en un Dios omnipotente. Hume no era ateo, aunque en sus *Diálogos sobre la religión natural* sometió a un severo escrutinio varias presuntas pruebas de la existencia de Dios. En otro momento, en ese mismo libro, uno de los personajes dice bromeando que si un escéptico quiere salir de una habitación en el segundo piso suele hacerlo por la puerta en vez de por la ventana. (Hume tenía un humor irónico y un estilo claro que el lector moderno puede encontrar atractivo.)

Este comentario es clave para comprender cómo resolvió Hume los problemas que había identificado. Mostró que un escepticismo riguroso revela lo limitado que puede ser nuestro conocimiento empírico. No obstante, pensaba que no tenemos más opción que creer que es extremadamente probable que el mundo que percibimos es real, y actuar de acuerdo con nuestra forma de entender dicho mundo. Hemos de aceptar que no hay una justificación racional indiscutible para buena parte de lo que creemos, lo que incluye ideas como la causación y la inducción. No obstante, en opinión de Hume, es razonable que actuemos de acuerdo con esas convicciones. Esta suerte de escepticismo suavizado significa que el único conocimiento seguro que tenemos es el de verdades necesarias como las de las matemáticas. Aparte de esto, solo contamos con nuestras observaciones empíricas del mundo y las teorías experimentales que ponemos a prueba de manera científica, sin dar por sentado que nuestras ideas se refieren necesariamente a «objetos y sustancias reales» del mundo exterior.

Al final, el escepticismo de Hume tiene una finalidad positiva: mostrar que debemos olvidarnos de la búsqueda de la certeza absoluta, al tiempo que sugiere que es posible actuar racionalmente basándonos en nuestras ideas sobre el universo.

Hume ofreció una solución a muchos de los problemas que habían surgido en los intentos anteriores de construir un sistema. Si los racionalistas no habían sido capaces de construir sistemas basados en la pura razón y los empiristas no habían logrado explicar por completo cómo podemos confiar en nuestra experiencia para adquirir conocimiento, Hume propuso un enfoque basado en el sentido común que aceptaba que gran parte de lo que sus predecesores habían intentado era simplemente imposible. No todos sus contemporáneos pudieron aceptar su escepticismo, y muchos de ellos pensaban que sus ideas fomentaban el ateísmo. En último término, la sugerencia de que, incluso aunque la certeza absoluta no esté a nuestro alcance, podemos aspirar a aprender de lo que percibimos parece simple y evidente. Pero estaba lejos de ser simple y evidente para muchos de los que, antes que él, habían buscado el santo grial de la certeza absoluta, por lo que Hume merece ser reconocido como una voz de la razón dentro de la tradición filosófica.

Lectura rápida

¿Así que te consideras escéptico? Cuando sales de un segundo piso, ¿lo haces por la ventana o por la puerta? El escepticismo riguroso nos muestra que no podemos saber nada más allá del contenido de nuestras actuales percepciones. Los intentos de razonar a partir de estas no serán fiables porque no podemos dar por sentado que existe la causa y el efecto. Tampoco podemos dar por sentado que el sol se levantará mañana, aunque lo haya hecho siempre. No podemos saber si tenemos un yo o alma, ni tampoco si existe el mundo exterior. Pero debemos abandonar la búsqueda de la certeza y adoptar un enfoque empírico para aprender lo que podamos sobre el mundo, por limitado que necesariamente sea ese conocimiento.

Crítica de la razón pura, 1781, 1789

Immanuel Kant

«La ciencia es conocimiento organizado.
La sabiduría es vida organizada.»

Es extraordinariamente difícil hacer un resumen breve de Kant. Todo lo que podemos hacer aquí es dar una impresión general de su obra. El material al que haremos referencia procede de las tres *Críticas (de la razón práctica, del juicio* y *de la razón pura)*, en las que Kant creó uno de los sistemas más ambiciosos y exhaustivos de la filosofía.

No se puede decir que Kant sea un autor ameno. Su prosa es densa y afectada, y utiliza expresiones filosóficas de nuevo cuño para transmitir sus ideas. Hay quien dice que la filosofía continental nunca se ha llegado a recuperar completamente de su gusto por la jerga. No obstante, es un pensador sutil y complejo que logró captar y describir con precisión muchos de los problemas intratables de la filosofía, aunque no siempre encontró soluciones a dichos problemas. Una de las principales conclusiones de la *Crítica de la razón pura* es la imposibilidad de una verdadera metafísica.

Uno de los autores que influyeron en él fue Hume (de hecho, su entusiasmo contribuyó a consolidar la reputación póstuma del escocés). Distinguía entre fenómenos (nuestras ideas) y noúmenos (el mundo real de las cosas-en-sí), y aceptaba la conclusión de Hume de que no podemos conocer directamente los noúmenos. Pero le interesaba explorar lo que ocurre en los límites de la razón, el punto en el que no podemos traducir lo que sabemos de los fenómenos en un conocimiento preciso y detallado de los noúmenos.

Para ello sugirió una nueva forma de clasificar nuestros juicios (o creencias) sobre el mundo. Antes de Kant, la mayoría de los filósofos había aceptado una simple distinción entre verdades necesarias (que deben ser ciertas, como «2 + 2 = 4») y verdades contingentes (las que no son necesariamente ciertas y que descubrimos por la observación, como «esta hierba es verde»). Kant empleó los términos latinos *a priori* para designar lo necesario y *a posteriori* para lo contingente, a los que incorporó otra distinción entre juicios *analíticos* y *sintéticos*. Juicios analíticos son aquellos en los que el predicado ya está contenido en el sujeto: no añaden nada a nuestro conocimiento porque son meras identidades. Los juicios sintéticos son verdaderamente informativos porque, según Kant, son aquellos en los que el predicado es independiente del juicio: el juicio será verdadero si existe una conexión real entre el sujeto y el predicado. Ahora bien, si Hume había considerado *necesarias* las verdades matemáticas, Kant definió las verdades del tipo «los tres ángulos de un triángulo suman 180 grados» como juicios *sintéticos a priori,* porque el concepto de triángulo no contiene implícitamente información sobre el tamaño de los ángulos.

Si esta distinción es defendible o no ha sido objeto de prolongados debates. Muchos ven aquí una argucia de Kant, pero difícilmente se puede negar el ingenio de sus categorías. Y sobre esta base construyó un complejo sistema que en buena parte se apoyaba en la existencia de los juicios sintéticos *a priori*.

Además de afirmar que la parte más fructífera del conocimiento humano proviene de ellos, Kant se daba cuenta de que el conocimiento solo es posible cuando la mente humana conforma las condiciones de ese conocimiento. Así que, cuando Kant se pregunta cómo podemos obtener un conocimiento sintético *a priori* (que es tanto informativo como necesario), responde que es posible porque la mente humana impone condiciones que lo hacen cierto. Las verdades matemáticas de un triángulo son ciertas debido a la naturaleza del espacio y el tiempo. Pero la mente humana impone un concepto determinado de espacio y tiempo que nos permite hacer ciertos juicios sobre un triángulo.

De forma que si el racionalista Leibniz había afirmado que el espacio y el tiempo no existen, y el empirista Newton pensaba que el espacio y el tiempo son absolutos, Kant sostenía que ambos estaban en lo cierto. Y también presentó el argumento *trascendental* de que sabemos que estamos haciendo juicios sintéticos *a priori,* por lo que sabemos que han de cumplirse las condiciones para que hagamos tales juicios. El hecho de que tengamos una cierta clase de conocimiento demuestra que se satisfacen las precondiciones para tener esa clase de conocimiento.

Esto parece un argumento circular, pero es difícilmente discutible (aunque solo sea porque resulta un tanto confuso pensar en ello...). Encontramos un ejemplo posterior del mismo tipo de argumento cuando, a partir del hecho de que tenemos experiencia del mundo natural, Kant llega a la conclusión de que han de cumplirse las precondiciones de dicho conocimiento (las cuales son que el que piensa pueda imponer orden en las percepciones sensoriales y que debe haber alguien que lleve a cabo esa actividad).

Asimismo, es importante señalar que el sistema de Kant significa que el conocimiento solo es posible dentro del mundo fenoménico de las ideas. Es este aspecto de su obra lo que condujo al idealismo absoluto de Hegel y Fichte. Kant señala este punto cuando considera si es posible algún conocimiento que trascienda el ámbito nouménico. Se plantea si podemos tener alguna intuición de nuestra permanencia como espíritus, si podemos estar seguros de que somos agentes libres actuando en un mundo de determinación causal y si podemos saber algo sobre Dios. En los tres casos concluye que no podemos alcanzar ningún conocimiento seguro.

Nuestros juicios sintéticos *a priori* solo nos pueden llevar hasta los límites de la razón, donde el ámbito fenoménico da paso al nouménico. No obstante, nuestra existencia como seres racionales nos impulsa a actuar como si pudiéramos poseer ese conocimiento trascendental. En otro caso, tendríamos que enfrentarnos a la intolerable posibilidad de que la vida no tenga sentido. (A filósofos posteriores como Kierkegaard y los existencialistas les fascinaba la yuxtaposición kantiana del temor al sinsentido existencial y nuestra decisión razonada de dar un salto de fe.) De forma simplista cabría decir que mientras que Berkeley sugería que el conocimiento humano es una exploración de la mente de Dios, Kant propuso que no es más que una exploración de la mente del hombre.

Kant también extiende su filosofía sistemática a la ética. De nuevo utiliza juicios sintéticos *a priori* para establecer que toda nuestra moral se basa en un único *imperativo categórico:* que hemos de «actuar de acuerdo con la máxima en virtud de la cual puedas desear que tu comportamiento se convierta en ley universal». Desde luego, esto no es más que una reiteración del más sencillo principio de Cristo «haz a los demás lo que quieras que ellos te hagan a ti», pero resulta interesante la laboriosa explicación de Kant de cómo este principio puede derivarse de su sistema filosófico.

La minuciosidad del pensamiento de Kant es impecable. Pero probablemente solo se planteen leer sus libros estudiantes de filosofía. Sin duda, suscitan un pensamiento serio y complejo, aunque para muchos otros lectores resulta inabordable. Pero no se le puede ignorar en ningún intento de compendiar la filosofía occidental y ha ejercido una poderosa influencia sobre las escuelas continental y anglo-estadounidense de filosofía en los dos últimos siglos.

Lectura rápida

¿Una lectura rápida de Kant? Parece absurdo intentarlo siquiera pero...

La posibilidad del conocimiento humano debe presuponer la participación activa de la mente humana. Los juicios sintéticos *a priori* constituyen una nueva clase de conocimiento: son informativos pero también necesarios. Mediante ellos podemos aprender muchas cosas sobre la estructura del mundo fenoménico (de las ideas). No podemos ir más allá de los límites de la razón para obtener un conocimiento seguro del mundo nouménico, pero, como seres racionales, actuamos como si pudiéramos a fin de no creer que el mundo carece de significado. (Ah, y Jesucristo tenía razón en cuanto a la moralidad, aunque él la enunció en una sola frase.)

Ciencia de la lógica, 1811-1816

Georg Wilhelm Friedrich Hegel

«... la visión más profunda... de la naturaleza dialéctica de la razón muestra que todo concepto es una unidad de elementos opuestos...»

Hegel ha ejercido una amplia influencia sobre autores de posiciones muy diversas. Su predecesor, Fichte, señaló que el sistema de Kant significa que solo podemos conocer dentro del mundo nouménico de las ideas y propuso un sistema de idealismo absoluto, en el que los objetos únicamente existen como objetos de la conciencia. Hegel creó una versión incluso más comprehensiva de este enfoque. Si Berkeley se había servido del idealismo para sostener que debemos tener fe en Dios, Fichte, Hegel y otros idealistas absolutos del siglo XIX tenían una visión humanista más positiva, según la cual podemos llegar a comprender el mundo mediante un análisis que se centra más en quien piensa que en el pensamiento.

Una de las influencias duraderas de Hegel fue la forma en que utilizó la idea de progreso histórico en el pensamiento para tratar de salir del círculo de la *philosophia perennis* (la filosofía sempiterna). Asimismo, por primera vez en la historia de la filosofía, habló de la importancia del Otro en la formación de la autoconciencia. (Esta noción fue ampliada en su dialéctica del amo y el esclavo, según la cual el yo generalmente se apropiaba del otro.)

Es notorio que el estilo de Hegel presenta dificultades considerables. Ello se debe en parte a que Hegel, en respuesta al desafío de Immanuel Kant a los límites de la «razón pura», intentó desarrollar una nueva forma de pensamiento y lógica que denominó «razón especulativa». Con ello buscaba superar lo que consideraba las limitaciones tanto del sentido común como de la filosofía tradicional a la hora de abordar los problemas filosóficos y la relación entre pensamiento y realidad.

Hoy en día, se suele denominar «dialéctica» a la «razón especulativa». En la *Ciencia de la lógica,* Hegel veía la filosofía, la cultura y la sociedad modernas plagadas de contradicciones y tensiones, como las que existen entre el sujeto y el objeto de conocimiento, la mente y la naturaleza, el yo y el otro, libertad y autoridad, conocimiento y fe, Ilustración y Romanticismo. Como en la dialéctica socrática, Hegel procedía haciendo explícitas las contradicciones implícitas: cada fase del proceso es producto de contradicciones inherentes o implícitas en la fase anterior. En la *Ciencia de la lógica* se propone tomar esas contradicciones y tensiones e interpretarlas como parte de una unidad racional comprehensiva en evolución que, en distintos contextos, denominó «la idea absoluta» o «conocimiento absoluto».

Según Hegel, la principal característica de esta unidad era que evolucionaba y se manifestaba a través de la contradicción y la negación. Este proceso era la dialéctica. La contradicción y la negación tienen una naturaleza dinámica que, en cada momento y en cada ámbito de la realidad —conciencia, historia, filosofía, arte, naturaleza, sociedad...—, conduce a un nuevo desarrollo dialéctico hasta que se alcanza una unidad racional que mantiene las contradicciones como fases y subpartes elevándolas *(Aufhebung)* a una unidad superior. Para Hegel, esta totalidad es tanto mental como racional. Es mental porque es la mente la que puede incorporar todas esas fases y subpartes como etapas en un proceso propio de comprehensión. Es racional porque es el mismo orden lógico el que subyace a cada ámbito de la realidad y, en último término, es el orden del pensamiento racional autoconsciente.

La teoría se vuelve más compleja cuando Hegel señala que este proceso dialéctico solo se hace plenamente consciente en las fases posteriores de desarrollo. Es importante poner de relieve que la dialéctica es en sí misma un proceso, que no concluye en una conciencia definitiva del yo. La totalidad racional autoconsciente no es una cosa o un ser que radique fuera de otras cosas o mentes. Más bien, solo culmina en la comprehensión filosófica de las mentes humanas individuales que, a través de su entendimiento, llevan este proceso de desarrollo a la comprensión de sí mismo. Entonces, el reconocimiento del yo y del otro confluyen en un único proceso.

Esencial en esta concepción del conocimiento y de la mente (y, por tanto, también de la realidad) era la noción de identidad en la diferencia. Según Hegel, la mente se externaliza en varias formas y objetos situados fuera de ella o bien opuestos a ella, la idea del Otro. Al reconocerse en ellos, la mente está «consigo misma» en esas manifestaciones externas, que se convierten al mismo tiempo en mente y en distintas de la mente. Esta noción de identidad en la diferencia, que está íntimamente ligada a su concepción de la contradicción y la negatividad, es uno de los principales rasgos que diferencian el pensamiento de Hegel del de otros filósofos. Es una idea que, más tarde, retomarían filósofos como Jacques Derrida y el psicoanalista Jacques Lacan.

Hegel estaba intentando introducir un sistema para comprender la historia de la filosofía y del propio mundo, que con frecuencia se describe como una progresión en la que cada movimiento sucesivo surge como una solución a las contradicciones inherentes al movimiento anterior. Por ejemplo, para Hegel, la Revolución Francesa representa la introducción de la verdadera libertad en las sociedades occidentales por primera vez en los anales de la historia. Pero precisamente debido a su novedad absoluta, también es absolutamente radical: de un lado, el estallido de violencia necesario para llevar a cabo la revolución no puede dejar de ser él mismo, mientras que, de otro, ya ha consumido a su oponente. El yo se apropia del «otro». Por lo tanto, la revolución solo puede volverse hacia su propio resultado: la libertad, conseguida con tanto esfuerzo, es consumida por el brutal Terror.

No obstante, la historia avanza aprendiendo de sus errores. Solo después, y precisamente debido a esta experiencia, es posible plantear la existencia de un estado constitucional de ciudadanos libres que incorpora tanto el benevolente poder organizador del gobierno racional como los ideales revolucionarios de libertad e igualdad. En algunas interpretaciones de la dialéctica de Hegel se la describe como un proceso de tres pasos: «tesis, antítesis y síntesis». Esto es, una tesis (por ejemplo, la Revolución Francesa) daría lugar a su antítesis (por ejemplo, el Terror, del que fue seguida) para producir finalmente una síntesis (por ejemplo, el estado constitucional de ciudadanos libres). En realidad, Hegel solo utilizó una vez esta clasificación (sobre la Revolución Francesa) y atribuyó la terminología a Immanuel Kant.

Hoy se reconoce en general que la anticuada descripción de la filosofía de Hegel en términos de tesis-antítesis-síntesis siempre fue inexacta. Se piensa que, en el lenguaje de Hegel, el aspecto o momento «dialéctico» de pensamiento y la realidad en virtud del cual cosas o pensamientos se convierten en sus opuestos o afloran sus contradicciones internas es previo al aspecto o momento «especulativo», que comprende la unidad de esos opuestos o contradicción. El proceso no acaba en una unidad estable sino en momentos inestables de «reconocimiento». Por lo tanto, cabría decir que, en último término, la razón es especulativa, no dialéctica. Como siempre hay un «resto» o anomalía más allá del «momento», la síntesis no tiene lugar.

Hay quien sostiene que Hegel habría dicho que el proceso de la dialéctica conduciría al fin de la historia, idea que, entre tanto, han adoptado otras escuelas del pensamiento, incluidos algunos marxistas, así como algunos neoconservadores. De hecho, probablemente sea más objetivo decir que esta no era la intención de

Hegel. Si la historia aprendiera de sus errores, entonces, al final de la historia no quedaría nada por aprender, lo que parece imposible. No obstante, quizá sea apropiado decir que Hegel tenía una visión un tanto autosatisfecha de su época (y del estado protestante, nacionalista prusiano en particular) como la culminación de toda la historia anterior. Hegel nunca estuvo escaso de confianza en sí mismo (muchos autores posteriores, entre ellos Nietzsche y Schopenhauer, se burlaron de su pomposidad) y desde luego creía que su sistema filosófico era la culminación de todo el pensamiento filosófico anterior.

Su teoría del proceso dialéctico es importante históricamente porque influyó en la obra de Marx y Engels. Marx tomó la dialéctica de Hegel para crear la suya, que, según sostenía, estaba en oposición directa a la de Hegel. Para este, el proceso vital del cerebro humano, el proceso del pensamiento, es un sujeto independiente y el mundo real no es más que la forma externa fenoménica de «la Idea». Mientras que, para Marx, la idea no es más que el mundo material reflejado por la mente humana y traducido en formas de pensamiento.

Lectura rápida

La estructura de la realidad puede conocerse analizando el pensamiento humano. Con independencia del tema de que se trate, la invisible dialéctica aspira a controlar tanto el conflicto como la resolución de las diferencias, y después conducir a todos a un nuevo ciclo de conflictos. La historia es un proceso inexorable en el que la dialéctica conduce a niveles superiores de civilización y grandes logros intelectuales... como la filosofía hegeliana.

El mundo como voluntad y representación, 1818

Arthur Schopenhauer

> *«Si dijera que la supuesta filosofía del tal Hegel*
> *es una colosal mistificación que proporcionará a la posteridad*
> *material inagotable para reírse de nuestra época,*
> *que es una pseudofilosofía que paraliza todos los poderes mentales,*
> *que asfixia el pensamiento verdadero... estaría en lo cierto.»*

Schopenhauer es un filósofo que a veces se omite cuando se habla de la filosofía occidental. Con frecuencia se presenta una imagen falsa de él y se pueden encontrar fácilmente datos anecdóticos que hagan que suene absurdo. Por ejemplo, era un pesimista ascético, misógino y antisemita, y se vio envuelto en un ridículo proceso legal con una mujer porque hacía mucho ruido junto a su casa. También fue un oponente irreductible de Hegel desde que fue nombrado profesor universitario y, cuando puso su clase a la misma hora que el mucho más conocido Hegel, se encontró con que no se presentó nadie. Después de esta experiencia abandonó la enseñanza. Esta clase de anécdotas contribuyen a que pueda parecer una figura tragicómica.

En todo caso, es una figura interesante de la historia de la filosofía, tanto por la influencia de sus ideas sobre estética y psicología como por su sistema de pensamiento. Schopenhauer se opuso a Hegel por diversas razones, tanto personales como racionales.

La política de Hegel le resultaba vacua y «respetable» (en el sentido de que Hegel buscaba más el respeto que la verdad). Por el contrario, él siguió los pasos de Kant, partiendo de la división del mundo en noúmenos y fenómenos. Ambos definían los fenómenos como ideas (o representación), pero si Kant se refería a los noúmenos como «cosas-en-sí», Schopenhauer los definía como «voluntad». Con ello quería decir que las representaciones, nuestras ideas, no son más que la forma en que experimentamos el impulso básico del mundo, que es la voluntad.

Para explicar esto Schopenhauer discutió la afirmación de David Hume de que no experimentamos los cuerpos externos, sosteniendo que sí conocemos de forma directa nuestro cuerpo, lo que nos permite comprender el concepto de cuerpos o de objetos en el mundo real. En nuestros cuerpos experimentamos deseos e impulsos, que interpretamos como ideas, sin llegar a comprender del todo dichos deseos. Para Schopenhauer, vivimos la vida arrastrados por un río de voluntad, racionalizando e intentando comprender nuestros actos.

La voluntad de vivir que experimentamos es para Schopenhauer una causa de sufrimiento y solo podemos escapar de este sufrimiento viviendo ascéticamente (negación de la voluntad), a lo que no están dispuestas todas las personas, o mediante la compasión universal por la condición humana.

Esta última idea condujo a su estética. Schopenhauer veía en la tragedia la forma más elevada de arte porque, en un mundo que esencialmente nos hace sufrir, la tragedia intenta comprender y comunicar la naturaleza de la condición humana universal. Es este un concepto de arte trágico que más tarde se hizo enormemente influyente. Schopenhauer también describió la música como una interpretación directa de la voluntad. Por ello la contemplación estética era para él la tercera forma de escapar temporalmente al sufrimiento impuesto por la voluntad.

El concepto de voluntad de Schopenhauer también subyace a sus fascinantes textos de psicología. Escribió extensamente sobre el amor (su vida amorosa fue bastante desastrosa, lo que pudo haberle influido en esto). Mientras que la mayoría de los filósofos habían ofrecido una interpretación más bien anodina del amor, basada principalmente en consideraciones estéticas de belleza, o en ideas de compañerismo y familia, Schopenhauer adoptó una posición mucho más apasionada. Veía en el amor otra expresión de la fuerza impulsora de la voluntad. En su concepción, los seres humanos son arrastrados por fuerzas que no comprenden plenamente.

En este sentido Schopenhauer fue un precursor de la psicología de Freud, con sus nociones de libido y de motivación inconsciente, y de la idea darwiniana de la selección natural, según la cual nuestro instinto reproductor obedece en buena medida al bien de la especie. También se adelantó a su tiempo en otro sentido: su concepto de que la voluntad crea sufrimiento y que solo podemos aliviarlo mediante el ascetismo es un reflejo directo del pensamiento budista, y Schopenhauer afirmaba que le habían influido los *Upanishads,* además del budismo. En esta época de la historia europea no era frecuente que un autor buscara inspiración en Oriente, aunque sería mucho más habitual en el siglo xx.

Su política era el punto débil de Schopenhauer: despreciaba a las mujeres, a las que consideraba esencialmente inferiores, y describía a los judíos y a las razas no noreuropeas en términos despectivos. Es imposible defender esas opiniones, pero hay que señalar que, en muchos sentidos, simplemente estaba expresando los prejuicios de su tiempo. En cualquier caso, hoy resulta incómodo leer esos aspectos de su obra.

Un filósofo que estuvo muy influido por Schopenhauer fue Friedrich Nietzsche, aunque gran parte de esa influencia consistió en llevarle a adoptar posiciones opuestas. Por ejemplo, Nietzsche proponía que la voluntad de poder era una fuerza psicológica impulsora, pero la negación de la voluntad le parecía una debilidad que conducía al corrosivo pesimismo de Schopenhauer. Nietzsche también desarrolló una teoría de la tragedia que partía de Schopenhauer, pero conducía a una interpretación muy distinta del papel de la estética en la vida. Al mismo tiempo que respetaba las ideas de Schopenhauer, Nietzsche despreciaba su inclinación al ascetismo oriental y la consideraba parte del pensamiento establecido basado en el cristianismo, el resentimiento y la pasividad, a los que Nietzsche se oponía con tanta pasión. Que un pensador del calibre de Nietzsche hallara tanta inspiración —positiva y negativa— en los textos de Schopenhauer debería alertarnos sobre el hecho de que Schopenhauer es un autor más interesante de lo que a veces se piensa.

Nietzsche es más gratificante que Schopenhauer en un aspecto concreto. Mientras que Schopenhauer ve una razón para el pesimismo en la idea de que las fuerzas de la voluntad y el deseo subyacen a nuestro pensamiento consciente, Nietzsche la considera un motivo de satisfacción. En vez de suscribir la autonegación schopenhaueriana, Nietzsche exhorta a sus lectores a buscar la autoafirmación y la autosuperación. El pesimismo es uno de los principales elementos de los textos de Schopenhauer y parece que tiene su origen en una predisposición personal, pero bien merece un estudio serio para comprender el nacimiento de la psicología y la estética modernas.

Lectura rápida

El mundo se compone de voluntad (nuestros impulsos y deseos) y representación (nuestras ideas). Por ello vivimos en un mundo de sufrimiento y miseria, del que difícilmente podemos escapar. Nuestra única salvación radica en la autonegación ascética, en la compasión por la condición humana universal y en la contemplación estética. La tragedia es la forma más cabal de arte porque capta la esencia de la existencia humana y nos proporciona un objeto adecuado para la contemplación.

Sobre la libertad, 1859

John Stuart Mill

«El único fin por el que es legítimo ejercer el poder
sobre cualquier miembro de una comunidad civilizada
en contra de su voluntad es el de impedir que haga daño a otros.»

En términos modernos se podría describir a John Stuart Mill como pensador liberal. Por ejemplo, era un defensor apasionado de los derechos de las mujeres y de las minorías. Y su filosofía utilitaria puede parodiarse como un ideal hedonista de la buena vida. Pero también cabe ver su obra clásica *Sobre la libertad* como un texto libertario en la medida en que es una defensa apasionada de la libertad individual en oposición al estado. Como tal, es un pensador político interesante que representa un periodo lo bastante moderno como para ser pertinente para el pensamiento moderno, pero lo bastante lejano como para ofrecernos perspectivas interesantes sobre la forma en que el pensamiento liberal y conservador, y de izquierda y derecha, ha evolucionado a lo largo del siglo xx.

Mill tuvo una educación un tanto extraña. Su padre, James Mill, fue uno de los primeros defensores, junto con Jeremy Bentham, de la filosofía política conocida como utilitarismo. Le dio una educación muy avanzada en términos intelectuales, pero que le dejó un tanto cohibido y débil físicamente. En consecuencia, pasó por un periodo de depresión severa con poco más de veinte años.

No obstante, se convirtió en un apasionado y elocuente defensor del utilitarismo, que consiste en que todos los actos pueden juzgarse (moral y políticamente) por sus resultados. De forma que los actos que causan la mayor felicidad son, por definición, los mejores: el criterio moral último es que un acto traiga «la mayor felicidad al mayor número de personas» (o, en revisiones posteriores, el menor sufrimiento). En este sentido, Mill definió la felicidad como el resultado de maximizar el placer y minimizar el dolor. Esto parece una idea muy simple, pero deja muchas cuestiones complejas sin resolver. Por ejemplo, ¿cómo juzgamos cuál es la mejor acción? ¿Cómo medimos la felicidad?

En *El utilitarismo,* Mill se esforzó por dar respuesta a esos interrogantes. Depuró un fascinante sistema de pensamiento moral y político derivado del ideal utilitario. Abordó la deficiencia básica de la teoría tal y como se la habían legado su padre y Bentham: que parece irrazonable e imposible esperar que los agentes morales se detengan a hacer complejos cálculos sobre si un acto determinado va a afectar positiva o negativamente a los demás. Seguramente la regla de oro de la conducta humana no puede ser esta clase de «suma total de la felicidad». Mill se daba cuenta de que desarrollamos reglas morales a partir de casos individuales que más tarde nos llevan a emitir juicios basados en ellas, pero insistía en que en los casos difíciles o confusos el cálculo de la mayor felicidad sigue siendo el principio orientador apropiado. (Este es un aspecto interesante cuando pensamos en las dificultades a las que los jueces siguen enfrentándose hoy en día en los casos complicados.) Teóricos posteriores formalizaron este criterio como la distinción entre «utilitarismo del acto» y «utilitarismo de la norma», en la que el segundo tipo significa que la norma se deriva de la observación de un acervo de casos individuales.

El utilitarismo es un principio que hay que tener presente, incluso si resulta difícil vindicarlo como norma general. Pero *Sobre la libertad* quizá sea el libro más interesante para el lector moderno. En él presenta una temprana exposición, muy clara, de la idea de que un gobierno debe limitar al mínimo su intromisión en la libertad de los individuos. Sostenía que eso es especialmente cierto en una democracia, debido al peligro de que esta se convierta en la «tiranía de la mayoría». Afirmaba que las opiniones minoritarias siempre deben tener derecho a expresarse, en primer lugar porque pueden tener algo de verdad y, en segundo lugar, porque el respeto a la libertad de expresión de las personas es un rasgo básico de una buena sociedad. Sostenía que por muy convencidos que estemos de que nuestras opiniones son correctas, no debemos censurar ni prohibir las ideas opuestas, porque, si tenemos razón, la verdad sale reforzada del debate abierto.

Mill sostenía que el estado solo tiene justificación para restringir la libertad de las personas si sus actos pueden hacer daño a otros. Una consecuencia interesante de esto es que el estado no debe intervenir para proteger a los individuos de sí mismos. Así que, según Mill, el estado no debe intervenir para impedir que las personas se hagan daño a sí mismas con las drogas, pero sí debe hacerlo cuando su conducta pueda perjudicar a otras, bien directamente o animándolas a que se hagan daño a sí mismas.

También conviene señalar alguna más de las excepciones que Mill admitía a su liberalismo general. Le parecía razonable un cierto grado de injerencia en los asuntos económicos cuando fuera por el bien social general, aunque en algunos sentidos la economía podría funcionar mejor guiándose por el *laissez-faire*. Y, contrariamente a la opinión general de sus contemporáneos, consideraba aceptable que el estado interviniera en la vida familiar, por ejemplo, para impedir el maltrato conyugal o infantil.

Muchas de las cuestiones que Mill aborda en *Sobre la libertad* siguen vigentes en las sociedades contemporáneas. Tradicionalmente Estados Unidos ha defendido la libertad de expresión en mayor medida que las democracias europeas. No obstante, esta libertad de expresión se ha puesto en entredicho a consecuencia de la «guerra contra el terror». Muchas libertades individuales han sido atacadas por los conservadores, que en Estados Unidos habían sido libertarios, a consecuencia de las nuevas prioridades en el mundo moderno.

Entre tanto, en los países que han desarrollado un sistema democrático de gobierno de carácter más social, es un tema cada vez más controvertido hasta qué punto está justificado que el gobierno intervenga en la vida privada de la gente. Por ejemplo, si los impuestos que paga la mayoría han de destinarse a sostener los gastos sanitarios de una minoría de fumadores, ¿es aceptable que el estado intervenga para restringir la libertad de los fumadores de perjudicarse? Estas cuestiones están directamente relacionadas con ideas que se tratan en la obra de Mill y leyendo este libro ciento cincuenta años después de su publicación se pueden ver paralelos sorprendentes y diferencias obvias entre las preocupaciones del siglo xix y las actuales. No es necesario estar de acuerdo con todas sus conclusiones para que su lectura sea sugerente.

Lectura rápida

Los gobiernos solo deben restringir la libertad de las personas cuando los actos de estas puedan perjudicar a otros ciudadanos. Si se perjudican a sí mismas no es asunto del gobierno. Y cuando algo pueda ser llevado a cabo por un individuo o por un gobierno, es mejor para la sociedad que se respete la libertad individual, pues una sociedad basada en la libertad es más fuerte que una sociedad que permite que aquella se ponga en entredicho.

Sobre las sentencias formalmente indecidibles de Principia Mathematica *y sistemas afines I,* 1931

Kurt Gödel

«Todo sistema formal recursivo lo suficientemente potente es inconsistente o incompleto.»

En general, quedan fuera del ámbito de este libro las obras de lógica matemática, y nuestro examen de este trabajo crucial de Kurt Gödel ha de ser necesariamente limitado en los aspectos técnicos. La oscuridad del título ya transmite una idea de la complejidad de la obra de Gödel. No obstante, representa un momento decisivo en la filosofía del siglo XX, por lo que intentaremos exponer brevemente su significación. Incluso ha habido quienes la han descrito como el final de la filosofía clásica.

El trabajo en sí es una demostración lógica pormenorizada, ininteligible para quien no tenga conocimientos de matemática avanzada. Gödel examina los fundamentos de los sistemas o lenguajes lógicos, en particular un problema que habían suscitado Bertrand Russell y Alfred Whitehead en su monumental obra *Principia Mathematica,* que intentaba proporcionar una base lógica formal al conjunto de las matemáticas. Russell ya había señalado algunos problemas en la obra temprana de Frege, que describió un sistema lógico basado en conjuntos (donde, por ejemplo, el número «3» sería la clase de todas las clases de tres elementos). El problema que Russell vio lo planteaba «la clase de todas las clases que no son miembros de sí mismas». (Ya dijimos que esto iba a ser complicado...) Dicho más simplemente, en las teorías de Frege había inconsistencias y Russell y Whitehead abordaron estas no permitiendo en su sistema lógico construcciones recursivas como «clases de todas las clases».

La minuciosa obra de Russell y Whitehead produjo una base lógica avanzada para la matemática que en su momento pareció crear la posibilidad de que toda la matemática se pudiera probar exhaustivamente a partir de un conjunto limitado de axiomas. Pero quedaban algunas dudas en cuanto a si este sistema sería completo y consistente, esto es, si podría conducir a contradicciones o si existiría una sentencia matemática que no pudiera ser probada o refutada por estos axiomas básicos.

Esta fue la cuestión que abordó Gödel. Sus dos teoremas de la incompletitud (el primero de los cuales enunciamos al comienzo) mostraban que cualquier sistema formal consistente que sea lo bastante potente como para expresar propiedades básicas de los números naturales debe contener al menos una sentencia cuya verdad o falsedad no puede ser probada dentro de ese sistema. Por ejemplo, la sentencia «el sistema de los *Principia* no contiene contradicciones» solo podría demostrarse que es cierta o falsa en el sistema de los *Principia* si hubiera contradicciones en el sistema (en cuyo caso puede demostrarse falsa y cierta al mismo tiempo). Si no hubiera contradicciones, no podría demostrarse ni cierta ni falsa.

En todo caso, ¿por qué un problema que suena tan arcano tiene tanta importancia? La obra de Gödel puede considerarse significativa para los filósofos en dos grandes ámbitos. En primer lugar, buena parte de la historia de la filosofía ha consistido en la búsqueda de verdades seguras, derivadas de primeros principios. La obra de Descartes, san Agustín y muchos otros había empezado con la verdad matemática como verdad necesaria a partir de la cual tendríamos la posibilidad de avanzar hacia más conocimientos seguros de verdades empíricas.

Pero la obra de Gödel representó un golpe decisivo al concepto de las matemáticas como un sistema necesario y completable. De hecho, los matemáticos y los lógicos tuvieron que concluir que cualquier sistema matemático depende de los axiomas de los que decidimos derivarlo, y que nunca podemos probar que cualquier sistema dado es verdadero y completo. Por supuesto, esto no afecta a nuestros cálculos cotidianos. Pero en los confines de los conocimientos matemáticos, distintos axiomas producen distintos sistemas lógicos. Así que la idea de que las matemáticas constituyen un primer principio del que es posible deducir un conocimiento perfecto parece mucho menos sólida desde Gödel. Esta es una de las razones por las que, de la lógica matemática para abajo, la filosofía contemporánea se ha centrado más en el relativismo y la interpretación que en el conocimiento seguro. Wittgenstein fue uno de los muchos filósofos que interpretó las pruebas de Gödel en el sentido de que las matemáticas no podían revelar verdades absolutas.

El segundo ámbito en el que son relevantes los teoremas de la incompletitud es el del estudio de la mente humana. Los teoremas de Gödel solo son válidos para un sistema lógico que pueda computarse a partir de sus axiomas. El matemático Alan Turing se basó en el trabajo de Gödel para desarrollar la idea de las «máquinas de Turing», que son máquinas formales, nocionales. Turing sugirió que podrían resolver cualquier problema matemático siempre que este pudiera representarse como un algoritmo. Al plantear que cualquier máquina capaz de calcular algoritmos sencillos (como, por ejemplo, los cálculos de código binario) podría utilizarse para resolver problemas mucho más complejos, su trabajo fue importante para el desarrollo de la computación. No obstante, por razones que reflejan los teoremas de Gödel, Turing vio que el problema de la parada de una máquina de Turing en un programa concreto era indecidible.

Los filósofos han planteado frecuentemente la cuestión de si la mente humana podría explicarse como una máquina de Turing. Muchos han intentado probar que la mente humana no puede entenderse en términos puramente mecánicos. El propio Gödel consideró las implicaciones filosóficas de su obra en su conferencia Gibbs de 1951. Su conclusión fue que la mente humana no podía ser una máquina consistente finita, pero reconoció que esto no estaba demostrado y que se basaba en una conjetura sobre si había ciertas clases de ecuaciones que la mente no podía decidir si eran verdaderas o falsas. Hay quienes han sostenido que la mente humana no puede ser inconsistente y les resulta difícil aceptar la idea de que pueda explicarse en términos tan mecanicistas. Otros han llegado a la conclusión opuesta. Pero, con independencia de los resultados a que hayan llegado filósofos como Hilary Putnam, J. R. Lucas o Roger Penrose, está claro que la obra matemática de Gödel (y los trabajos relacionados de Alan Turing) han tenido una influencia insoslayable en la filosofía de la mente del último siglo.

Lectura rápida

Las matemáticas no pueden reducirse a un sistema completo y consistente. ¿Significa esto que también es imposible un sistema completo y consistente en la filosofía? Si las matemáticas no son la verdad absoluta, ¿significa eso que la verdad absoluta no existe? La mente humana, ¿puede explicarse en términos mecánicos o es una máquina finita consistente?

Investigaciones filosóficas, 1953

Ludwig Wittgenstein

«De lo que no se puede hablar hay que callar.»

La gran consideración de que goza hoy la filosofía de Wittgenstein, al menos en parte, es resultado de un culto a la personalidad que se desarrolló en torno a él en la primera mitad del siglo xx. En el más bien árido mundo académico de la filosofía inglesa (sobre todo en Oxbridge) de la época, Wittgenstein sobresalía como una figura fascinante y carismática. Después de su infancia en Viena, se presentó ante Bertrand Russell de improviso en 1911 y empezó a estudiar con él y con G. E. Moore. Después de unos años de estudio y de una guerra traumática (luchando en el ejército austriaco), Wittgenstein regresó a Cambridge y publicó su asombroso *Tractatus*. Convencido de que este libro había resuelto todos los problemas de la filosofía, regresó a Viena, donde renunció a su parte de la fortuna familiar. Primero vivió aislado en Noruega y después empezó a trabajar de forma un tanto errática como maestro de escuela y jardinero en un monasterio, además de diseñar y construir una casa para su hermana.

Con algo de retraso descubrió que se había convertido en un filósofo famoso debido a su influencia sobre el conocido Círculo de Viena, y regresó a Inglaterra tras haber llegado a la conclusión de que quizá aún tenía cosas por hacer. Durante muchos años se negó a publicar sus ideas, así que los estudiantes entusiasmados hicieron circular los apuntes de sus clases (en el *Libro azul* y el *Libro marrón*). Si a esto se suman sugerencias de homosexualidad, el suicidio de varios miembros de su familia y su afición a los westerns y las novelas de detectives, tenemos todos los elementos de una figura de culto extraordinaria.

Nada de esto resta validez al hecho de que la filosofía de Wittgenstein es asombrosa e influyente.

A fin de exponerla brevemente resulta útil dividirla en fases temprana y tardía. El *Tractatus Logico-Philosophicus* es un elegante intento de reducir toda la filosofía a un sencillo y lúcido sistema. En una serie de concisas proposiciones Wittgenstein describe un mundo formado por hechos. Las proposiciones atómicas básicas que utilizamos para describir el mundo guardan un parecido con esos hechos, como ocurriría con un retrato. Las proposiciones de la matemática y la lógica son tautologías que se limitan a describir la estructura del pensamiento, mientras que cualquier otra cosa de la que podamos hablar (incluidas todas las cuestiones de estética, ética y metafísica) es simplemente un sinsentido. Al final del *Tractatus* descarta todos esos sinsentidos con la contundente cita que hemos incluido al comienzo, sugiriendo que el silencio es la única respuesta. (En una carta también escribió que «en mi libro he definido todo aquello sobre lo que *muchos parlotean* guardando silencio sobre ello».)

No obstante, hay que señalar que algunas partes del *Tractatus* podrían sugerir que esos sinsentidos, como el arte y la moralidad, son de hecho las cosas más importantes de la vida, y que simplemente no podemos aspirar a hablar de ellas con precisión filosófica. Hasta cierto punto, Wittgenstein no hace más que poner la filosofía en su sitio, reprendiéndola por intentar hablar con certeza y claridad en ámbitos en los que no puede hacerlo.

El *Tractatus* fue muy influyente y condujo a muchos filósofos de la época a rechazar la metafísica y centrarse en el análisis lógico, especialmente en la interpretación del lenguaje, soslayando todo lo que se considerase un sinsentido, aunque muchos lo hicieron con menos brillantez argumentativa que Wittgenstein. Cuando Wittgenstein conoció el positivismo lógico del Círculo de Viena, le pareció una interpretación falseada de su obra, y esto fue lo que reavivó su interés en la filosofía.

Tras su regreso a Inglaterra en 1928 poco a poco desarrolló nuevas ideas que complementaban y sustituían aspectos de sus anteriores trabajos. Aún faltaban muchos años para la publicación de las *Investigaciones filosóficas,* que puede considerarse su obra maestra, aunque algunas partes del libro se compilaron a partir de sus notas y se publicaron póstumamente. En su obra tardía el enfoque es mucho más reflexivo y menos dogmático. Ahora veía los fallos del atomismo lógico y de la teoría del retrato de su obra anterior.

A Wittgenstein aún le preocupaba la imprecisión del lenguaje y la forma en que puede confundirnos. Seguía pensando que muchos problemas aparentes de la filosofía tienen su origen en los equívocos creados por el lenguaje. Pero ahora consideraba el lenguaje *vago,* como una serie de juegos interconectados sin un significado fijo. Las comunidades, grandes y pequeñas, participan en «juegos de lenguaje»: el significado de las palabras lo crea el consenso y puede ser inconstante y variable. Incluso sostenía la controvertida idea de que las reglas matemáticas no son más que un juego de lenguaje, aunque más estable que otros.

Esto le llevó a afirmar que no existe lo que consideramos un lenguaje privado. Señaló que las concepciones tradicionales del significado suelen dar por supuesto que tenemos un lenguaje privado que describe nuestras sensaciones (por ejemplo, el «dolor»), que después «traducimos» al lenguaje público que pueden entender los demás.

Pero las palabras que empleamos para «dolor» no tendrían significado, según Wittgenstein, si no hubieran sido creadas por el consenso de otras personas. Lo único que podemos hacer es observar las reacciones asociadas con el dolor y suponer que responden a una sensación parecida a la nuestra cuando sentimos dolor. El concepto de dolor se crea en el juego de lenguaje, pero es imposible verificar (o incluso interpretar el intento de verificar) que distintas personas tienen exactamente la misma sensación cuando hablan de dolor.

Así que Wittgenstein nos insta a abandonar las ideas tradicionales de significado que se basan en un lenguaje privado y a aceptar que el significado reside en nuestros juegos de lenguaje. Esto es interesante por varias razones. En primer lugar, al negar que podamos hacer coincidir el mundo subjetivo de lo que percibimos con alguna verdad objetiva, Wittgenstein vuelve a socavar buena parte de la tradición occidental. El dolor es simplemente aquello que dispone a alguien a actuar como si estuviera sufriéndolo. Lo mismo se puede decir de otras sensaciones, como ver el color azul o escuchar un sonido. Así que lo único de lo que podemos hablar es de significado subjetivo. Podemos analizar el significado en la medida en que podemos atravesar el hechizo de malentendido y confusión, pero con ello no llegamos a una certeza objetiva, sino a comprender mejor el juego de lenguaje. Esto se acerca mucho al espíritu de los enfoques subjetivos adoptados posteriormente, por ejemplo, por Derrida y los deconstruccionistas. Pero Wittgenstein es mucho más claro y menos intrincado en la forma en que aborda esas ideas complicadas. Aunque tiene que reconocer que la claridad y la certeza absolutas no son posibles, sigue aspirando a la claridad de pensamiento.

Investigaciones filosóficas es un libro complejo, pero también sorprendente y estimulante, y en su mayor parte está escrito en un estilo sencillo y directo que refleja el deseo de Wittgenstein de elucidar el significado y evitar la confusión. Buena parte del libro consiste en exámenes pormenorizados de cómo se emplea el lenguaje y se generan problemas filosóficos a causa de la confusión y la vaguedad, así como de la incapacidad del lenguaje para cumplir la tarea que los filósofos le han asignado. Pero, para ser un libro tan «difícil», al final resulta una lectura bastante agradable.

> **Lectura rápida**
>
> El *Tractatus* no resolvió todos los problemas de la filosofía. La conexión entre el pensamiento y los hechos está mediada por el lenguaje. No obstante, no existe un lenguaje privado; todo significado tiene su origen en los juegos de lenguaje de los que nos servimos para establecer y modificar el lenguaje. Por otra parte, este es vago de forma inherente, por lo que aunque es posible analizar e intentar reducir la confusión, no podemos descubrir la verdad objetiva y segura, como tampoco podemos dar por supuesto que lo que nosotros percibimos como «dolor» es lo mismo que otra persona percibe como dolor.

LOS INCLASIFICABLES:
EXTRAÑOS E INTRUSOS

Introducción

El título de esta sección es un tanto provocador. De todos estos autores se puede decir que, de una forma o de otra, se encuentran fuera de la principal corriente de la filosofía, que hemos visto en la sección anterior. No obstante, nos parece necesario incluir a algunos «extraños». Incluso podríamos llamarlos «intrusos», en el sentido de que no estaban invitados a la fiesta de la filosofía, pero por suerte se presentaron.

A varios de estos autores se les ha considerado algo desequilibrados o, al menos, excéntricos. Nietzsche acabaría volviéndose verdaderamente loco, Huxley puso fin a su vida con una dosis masiva de ácido y, cada cierto tiempo, Philip K. Dick estaba convencido de que vivía en el siglo I a. C. y una inteligencia alienígena le estaba enviando mensajes. Pero como señaló un colaborador, en vez de describir a estos autores como trastornados, podríamos decir que algunos de ellos escribieron sobre un «mundo trastornado».

Kierkegaard y Nietzsche podrían haber figurado en la sección anterior o en la de filosofía continental y conviene tener esto presente al leer los resúmenes. Ambos son filósofos fascinantes, pero tienen una reputación un tanto singular. Hubo un momento en que se les consideró «protoexistencialistas», aunque es improbable que cualquiera de los dos hubiera aceptado esa definición. Pero ya sea por esta razón o porque tienen una concepción de la naturaleza humana más psicológica que algunos filósofos, la corriente principal de la filosofía les mira con recelo.

Asimismo, están incluidos dos autores que escriben ficción y por tanto no pueden describirse en términos de la tradición filosófica. En los textos de autores tan distintos como Dostoyevski, Borges, Camus y Philip K. Dick las ideas filosóficas se tratan de forma fascinante. Estos autores no siempre responden a los interrogantes que se plantean, pero nos desafían a pensar sobre el mundo de formas nuevas e interesantes.

El hecho de que el «objetivismo» de Ayn Rand haya sido visto con recelo por representantes de la filosofía analítica también nos ha hecho incluirla aquí como una «extraña». En conjunto, esta sección constituye el primer paso para mostrar algo que trataremos más pormenorizadamente más adelante, que la filosofía no reside únicamente en obras y teorías académicas. Muchos autores de ficción, psicología o incluso autoayuda han producido obras que abordan ideas filosóficas profundas. En vez de limitarnos a una filosofía académica elitista hemos intentado llegar más lejos para mostrar cómo interacciona la filosofía con otros campos, como el psicoanálisis o el misticismo. De esta forma, esperamos reflejar también en toda su amplitud las indagaciones que se llevan a cabo fuera de la corriente principal de la filosofía.

Temor y temblor, 1844

Søren Kierkegaard

«La angustia es el vértigo de la libertad.»

«Parto del principio de que todos los hombres son aburridos.
Seguramente no habrá ninguno que sea tan aburrido
como para contradecirme en esto.»

Kierkegaard, como Schopenhauer, es un ejemplo de filósofo del siglo XIX que estaba fascinado por la sugerencia de Kant de que escogemos abrazar lo incognoscible y que también reaccionó contra el sistema monolítico de Hegel. Reaccionó a la noción hegeliana de dialéctica señalando que la síntesis solo podría contener lo que ya estaba presente en la tesis y la antítesis. Según Kierkegaard, la aspiración de Hegel de superar los problemas de la filosofía a través de la dialéctica era una promesa vacía: aún habría lagunas inevitables en nuestro conocimiento. Y la única forma en que podemos salvar esas lagunas es mediante un *salto de fe.*

Kierkegaard les pareció a sus contemporáneos un hombre sociable y amistoso, pero en privado estaba atormentado por la depresión. Su historia familiar fue turbulenta, con varias muertes prematuras entre sus allegados y un padre autoritario que «maldecía a Dios» por sus desgracias. Despreciaba el deseo de reconocimiento y respeto, y escribió sus libros con pseudónimos, envolviendo su mensaje en capas de ironía y circunspección. En este sentido su obra es decididamente literaria. Libros con títulos tan sombríos como *Temor y temblor* o *La enfermedad mortal* quizá estén más próximos a las obras de Dostoyevski que a cualquiera de los filósofos que le precedieron.

Tras concluir que era imposible superar todas las lagunas en nuestro conocimiento cuando nos hallamos en lo que Kant describió como los «límites de la razón», Kierkegaard abordó la condición de la libertad humana. El «mundo del espíritu» de Hegel le parecía una proposición sin sentido y, por el contrario, sostenía que la muchedumbre con frecuencia está completamente equivocada y que la única acción humana responsable es la de la persona que actúa a título individual. Pero la consecuencia de esto es que estamos completamente solos y nos tenemos que valer por nosotros mismos en el mundo, lo que es algo terrorífico. En *El concepto de la angustia* emplea el término *Angst* para describir la condición del ser humano enfrentado a su propia libertad.

El mensaje de Kierkegaard está disperso entre sus libros y puede ser difícil discernirlo en una lectura poco atenta. No es fácil escoger un título individual para introducirnos en este autor. Hemos elegido *Temor y temblor* porque es una muestra fascinante y relativamente legible de su estilo. En él Kierkegaard examina la historia de Dios cuando pide a Abraham que sacrifique a su hijo Isaac. Utiliza este texto bíblico como punto de partida para explorar cuestiones de teología y moralidad. Abraham personifica la dificultad (y la angustia) que entraña tomar una decisión en apariencia irracional e inmoral con la única justificación de la fe. Kierkegaard describe al individuo que se plantea dar un salto de fe para superar las paradojas que ha identificado. El título del libro se refiere a la angustia que siente en el momento de tomar la decisión libre de actuar.

En *O lo uno o lo otro*, Kierkegaard escribió sobre distintas esferas de la existencia. La vida estética consiste en vivir el momento presente, en tener como objetivo la belleza y la verdad estética. La vida ética consiste en intentar vivir de acuerdo con las verdades eternas de la moralidad. Kierkegaard especifica las formas en que cada una de esas esferas de la existencia es incompleta, y cómo no pueden fundamentarse o justificarse racionalmente, por lo que son incapaces de satisfacer nuestros deseos.

Kierkegaard era cristiano, pero reflexionó profundamente sobre los fundamentos de la fe. Al proponer la vida religiosa como alternativa a la meramente ética o estética, primero reconoce que el cristianismo no puede ser una elección plenamente objetiva y racional. Es un hecho que hay otras religiones y las formas en que el cristianismo (o cualquier otra religión) salva la distancia entre el ámbito espiritual y el mundo físico no tienen una «lógica racional».

En esta fase de su pensamiento, Kierkegaard establece una distinción entre verdad objetiva y verdad subjetiva. Cuando buscamos la verdad objetiva, lo que estamos tratando de alcanzar es una situación en la que nuestras convicciones internas coincidan con el mundo real. Pero nuestras vidas son subjetivas, así que, para Kierkegaard, hemos de buscar la verdad subjetiva, una verdad interna en la que la relación entre quien conoce y el objeto sea parte del sistema. Para creer en el cristianismo tenemos que aceptar contradicciones objetivas, como la idea de que Jesús es al mismo tiempo Dios y hombre. Con este salto de fe estamos buscando una verdad subjetiva. Pero esta es la única forma que tenemos de escapar de la angustia que nos provoca nuestra libertad. En cierto sentido, aquí de lo que se trata es cómo creemos. Creer en Dios solo porque la sociedad nos dice que así lo hagamos no sería suficiente para Kierkegaard. Tenemos que dar un salto apasionado a esa creencia a fin de acercarnos a la plenitud como individuos.

Esta preponderancia del yo y de la voluntad apasionada ejerció una gran influencia en los existencialistas del siglo xx. Algunos sostenían que es un ideal vacío porque en realidad legitima un relativismo en el que no importa lo que creamos siempre que lo creamos con pasión. Sin duda, esto es un problema al considerar las consecuencias del pensamiento de Kierkegaard. Sus textos casi implican que sería mejor tener una fe apasionada en algo falso o inmoral que un tibio convencimiento racional en algo bueno y justo. Pero la intensidad del pensamiento de Kierkegaard nos permite olvidar provisionalmente esta objeción: su escritura siempre es como mínimo fascinante, aunque a veces resulta arduo seguirla.

Además de su impacto evidente sobre el existencialismo, el aspecto «lúdico» de su escritura fue un importante antecedente de filósofos más enigmáticos que le seguirían, incluido Derrida, en cuya obra el humor y la ironía formaban parte de un proyecto para intentar describir la opacidad del significado. Poco después de la prematura muerte de Kierkegaard en 1855 a la edad de cuarenta y dos años, Friedrich Nietzsche seguiría un camino parecido, empleando un estilo paradójico y en ocasiones contradictorio para derribar la idea misma de verdad como un único sistema monumental. En esta filosofía, el propio acto de escribir, así como los distintos estilos que se emplean para expresar conceptos difíciles, se convierten en parte del proceso de elaborar una idea compleja.

En una primera lectura, Kierkegaard puede parecer un tanto deprimente e introspectivo, pero la complejidad y la profundidad de su pensamiento justifican repetidas lecturas para quienes tienen la paciencia necesaria. En último término, lo que defiende es una forma individual y apasionada de cristianismo, al tiempo que reconoce y describe sin ambages las dificultades que entraña dar el salto de fe necesario.

Lectura rápida

«La vida solo se entiende hacia atrás, pero se vive hacia delante.» Abraham tuvo que tomar una decisión aparentemente absurda, incomprensible para él, al obedecer la orden de Dios de matar a su hijo. Nosotros no podemos comprenderla excepto desde el punto de vista de la fe. Como individuos libres, debemos tomar decisiones, pero, ante el abismo de la libertad, sentimos angustia y temor. Todo aquello que no comprendemos y la naturaleza inevitablemente insatisfactoria de la vida significan que hemos de dar un salto de fe para abrazar una fe religiosa apasionada y personal, aunque escoger esa fe es distinto de buscar la «verdad objetiva». Necesitamos pasión además de razón.

Los hermanos Karamázov, 1879-1880

Fiódor Dostoyevski

«¿Has olvidado, pues, que el hombre prefiere la paz
y hasta la muerte a la libertad de discernir entre el bien y el mal?»

Los hermanos Karamázov probablemente sea la novela más grande de todos los tiempos. Fiódor Dostoyevski era un escritor de una intensidad extraordinaria que abrió nuevos caminos en técnica y estilo narrativos, y esta fue su última novela, la cumbre del trabajo de su vida. No contiene un mensaje filosófico único: todos los personajes de Dostoyevski hablan con voz propia y debaten distintas cuestiones del pensamiento filosófico. Pero es un libro que invita a reflexionar sobre la naturaleza de la fe y la razón y por esto se le puede describir como un clásico de la filosofía.

La vida de Dostoyevski estuvo muy influida por dos acontecimientos: la muerte de su padre, probablemente asesinado por sus siervos, y su propia experiencia cercana a la muerte. (Le vendaron los ojos y le dejaron aguardando su ejecución por traición antes de darle la noticia de que su sentencia había sido conmutada.) Salió de la cárcel con una profunda fascinación por las cuestiones relacionadas con la mortalidad, el castigo y la condición de Rusia.

Con frecuencia se le describe como el primer existencialista, lo que parece erróneo por varias razones. El hecho es que en sus últimos años fue un nacionalista y místico cristiano. Si bien pudo haberse planteado la posibilidad de dudar de Dios y una reacción sensualista a esta duda, no habría defendido una respuesta «existencialista», aunque algunos de sus personajes propusieran ideas que parecen presagiar el existencialismo. También anticipó ideas que propuso su contemporáneo Nietzsche (a quien no pudo haber leído) y la psicología de Freud en los pasajes en los que hay personajes que sufren visiones y alucinaciones a consecuencia de las tensiones que padecen.

Una innovación del libro es la renuncia al narrador omnisciente. Su narrador es una voz en tercera persona, pero que se incluye en la narración y expresa incertidumbre sobre su información hasta el punto de que el narrador es una voz subjetiva en el libro. La trama se refiere al asesinato de Fiódor Karamázov y las reacciones de sus cuatro hijos, uno o más de los cuales pueden estar implicados en el crimen. Sus personajes tienen personalidades «redondas», pero está claro que el padre (junto con su hijo Dmitri) representa una sensualidad promiscua, mientras que los otros hijos, Iván y Aliosha, representan respectivamente la razón dubitativa y una fe ferviente. La fe de Aliosha se ve puesta en entredicho particularmente por la muerte del piadoso padre Zossima, su héroe religioso. La rápida corrupción del cadáver se considera la prueba de que su vida no fue tan perfecta (por la superstición de que los cuerpos de los santos eran incorruptibles). Se podría sugerir que esas opiniones representan facetas del autor examinándose a sí mismo: en cualquier caso, se produce una fricción fascinante entre las distintas ideas.

A lo largo del libro tienen lugar prolongados debates teológicos. Iván expone opiniones sobre teología que casi tienen el efecto de parodias irónicas de la fe. En un momento determinado plantea la idea de que, como Dios no existe, «todo está permitido». En la religiosidad de Aliosha y en el escepticismo de Iván se puede ver una pugna con los problemas del ateísmo incipiente.

Uno de los momentos más intensos del libro es la famosa escena del Gran Inquisidor. Iván relata a Aliosha la historia de un poema que quiere escribir. Dicha historia se desarrolla en la época de la Inquisición española. Iván imagina que Jesús regresa a la tierra el día después de que cien herejes hayan sido quemados por la Inquisición. Cuando el Gran Inquisidor descubre que el Mesías ha regresado le encarcela de inmediato y promete que arderá en la hoguera.

El Gran Inquisidor habla con su prisionero y le explica que la Iglesia no le necesita. Jesús legó a la humanidad la capacidad de elegir entre el bien y el mal, pero esta responsabilidad solo provoca sufrimientos y dolor en las personas: la humanidad no quiere la libertad que Jesús le dio. Es más feliz ahora que la Iglesia totalitaria le ha arrebatado esa libertad y dicta lo que está bien y lo que está mal. Por lo tanto, el Inquisidor quiere mandar a Jesús a la hoguera para que muera una vez más. (Aunque en el final que Iván da a la historia, después de un beso del prisionero, el Inquisidor permite que Jesús escape.) Al Inquisidor se le presenta como un personaje que ha pasado la mayor parte de su vida tratando de seguir el camino de Jesús, pero ha tomado partido por el demonio cuando se ha dado cuenta de que el legado de Jesús es excesivo para la mayor parte de la humanidad.

Esta inquietante historia tiene paralelismos fascinantes con otros clásicos de la filosofía. Se podría decir que, al igual que Jesús, Sócrates murió porque animó a sus conciudadanos a examinar sus vidas y sus conciencias y a escoger entre el bien y el mal. Y el mensaje del Gran Inquisidor se puede comparar con la *Dialéctica de la Ilustración,* de Adorno y Horkheimer, en la que los autores examinan el totalitarismo moderno y la forma en que se emplean nuevos mitos para crear una apariencia de sentido común y arrebatar la verdadera libertad a la mayoría de la población. El Gran Inquisidor afirma que las personas solo pueden ser felices si renuncian a su libertad y se someten «al milagro, al misterio y a la autoridad». Con ello lo que está haciendo es básicamente expresar la idea autoritaria moderna (que también se refleja en la obra de Leo Strauss, que influyó en el pensamiento neoconservador) de que la responsabilidad de gobernar debe estar en manos de una élite que utiliza mitos para gobernar al pueblo y controlar su libertad.

Parte de la fascinación de la obra de Dostoyevski es que se reciben mensajes muy distintos de los diferentes personajes, y como el autor no llega a resolver del todo la tensión, los temas que aborda permanecen en la mente mucho tiempo después de haber leído el libro. Buena parte de *Los hermanos Karamázov* explora la idea de que la humanidad puede redimirse a través del sufrimiento individual. Así, los hijos del padre asesinado sufren cada uno sus propios tormentos a la muerte de aquel, y su culpa colectiva apunta a la redención y la sanación. Es este un mensaje profundamente cristiano, si bien presenta una visión personal y apasionada del cristianismo. Pensadores muy distintos –desde cristianos y ateos hasta existencialistas, psicólogos y teóricos críticos– han descubierto significados y desafíos en la obra de Dostoyevski. Para aquellos a quienes les interesen las cuestiones relacionadas con la fe y la razón en el mundo moderno, este es un libro extraordinario que merece la pena leer varias veces.

Lectura rápida

El hedonista y depravado Fiódor Karamázov sufre una muerte trágica y tenebrosa. Uno o más de sus hijos pueden haber sido culpables de su asesinato. El devoto Aliosha, el frío racionalista Iván y el impulsivo Dmitri, así como el bastardo Smerdiakov, cada uno a su manera, sienten el horror y la culpa por lo ocurrido. El sufrimiento individual puede ser un camino a la redención del pecado. Y si Jesús regresara a la tierra, ¿realmente aceptaríamos la libertad de elegir entre el bien y el mal o preferiríamos dejar que el Gran Inquisidor le quemara en la hoguera?

Más allá del bien y del mal, 1886

Friedrich Nietzsche

«Lo que se hace por amor siempre está más allá del bien y del mal.»

El filósofo alemán Friedrich Nietzsche, cuyas obras datan principalmente de la década de 1880, tiene una reputación controvertida: se le ha acusado de protofascista, lunático, egocéntrico y misógino, y se le recuerda principalmente por haber anunciado la muerte de Dios. Sin duda, fue una persona un tanto extraña, un solitario apasionado y reservado que pensaba sus libros durante agotadores paseos por los Alpes. En 1889 su carrera de escritor acabó en una crisis mental que fue seguida de un comportamiento cada vez más excéntrico. Su último acto antes de la crisis fue abrazarse al cuello de un caballo que estaba siendo golpeado en las calles de Turín. No recuperó la cordura antes de su muerte en 1900.

Leyendo sus libros se descubre a un autor mucho más complejo y fascinante de lo que su reputación podría sugerir: esta experiencia podría compararse con la compañía de un amigo extremadamente inteligente y erudito, pero un tanto errático, que mezclase destellos de genio con afilados comentarios sociales y mofas e insultos llenos de indignación (para ser un filósofo del siglo xix, Nietzsche puede ser asombrosamente divertido).

Nietzsche consideraba *Así habló Zaratustra,* un libro anterior, su obra maestra, pero *Más allá del bien y del mal* quizá sea la más sólida. Subtitulada *Preludio de una filosofía del futuro,* está escrita como una serie de aforismos o ensayos breves con interludios de sucintas máximas que varían entre lo poético extravagante y el humor sarcástico.

Comienza desmontando sistemáticamente casi todos los supuestos de los filósofos anteriores, haciendo que parezcan grises y torpes en el proceso: «Poco a poco se me ha ido manifestando qué es lo que ha sido hasta ahora toda gran filosofía: la autoconfesión de su autor y una especie de *memoires* [memorias] no queridas y no advertidas». De esta forma, sostiene que lo que antes se había definido como moralidad en realidad no es más que una proyección psicológica de deseos individuales. Considera que todos los valores se basan en impulsos humanos, mofándose de cualquier intento de basar la moralidad en la verdad, y se pregunta qué es la verdad, en todo caso, y por qué nos parece tan importante. Su opinión de que las verdades no son más importantes que las interpretaciones ha sido muy influyente en ciertas corrientes de pensamiento del siglo xx, desde el psicoanálisis hasta el posmodernismo, y desde el existencialismo hasta el subjetivismo científico.

Burlándose de cómo Descartes reduce el conocimiento seguro al «pienso», describe esta afirmación como un mero accidente gramatical, afirmando que solo creemos que debe haber un «yo» porque así es como funciona nuestro lenguaje. También ridiculiza, entre otras cosas, el engreimiento de Kant («la tan tiesa como morigerada tartufería del viejo Kant, con la cual nos atrae hacia los tortuosos caminos de la dialéctica, los cuales encaminan o, más exactamente, descaminan hacia su 'imperativo categórico'»).

Por entretenido que sea todo esto, el objetivo de Nietzsche no es simplemente el nihilismo o el sentirse superior a sus rivales académicos. Considera que los impulsos y las psicologías que han formado nuestras ideas sobre la verdad, la belleza y el bien son atributos humanos esenciales. Afirma que se propone revaluar todos los valores, con lo que quiere decir que los espíritus libres como él mismo (la modestia nunca fue su fuerte) habrán de cuestionar, examinar y reinterpretar los valores que hemos heredado del pasado.

En *Más allá del bien y del mal* el objetivo concreto de Nietzsche es la moralidad. En su obra se refiere con frecuencia a los espíritus libres o al superhombre —las personas mejores y más fuertes que son capaces de actuar de acuerdo con sus impulsos y deseos y «superarse a sí mismas». Busca demostrar que lo que hemos considerado el bien y el mal en realidad son fruto de lo que denomina moral de esclavos y que esas «virtudes» de hecho actúan contra los impulsos humanos más naturales. Escribe: «Lo que una época siente como malvado es de ordinario una reacuñación intempestiva de lo que en otro tiempo fue sentido como bueno». Así, los débiles de espíritu, los que sufren y los enfermos («el rebaño») tienen envidia y miedo de los fuertes, por lo que tachan de «malvadas» todas las virtudes de estos y, por lo tanto, la herencia judeocristiana es un legado de culpa, mediocridad y deficiencia. Internalizamos el resentimiento de los débiles y dejamos que nos aplaste su sistema de valores. Nietzsche propone sustituir «lo bueno y lo malvado» por «lo bueno y lo malo», y redefinir como buenas las cualidades que el rebaño condena: fuerza, voluntad, autocreación y nobleza.

Es fácil ver por qué los nazis (animados por la hermana de Nietzsche, que le sobrevivió y expurgó sus libros) pudieron conectar con esta línea del pensamiento de Nietzsche y distorsionarla a fin de que les sirviera para sus propios fines. Pero sus textos están más cerca de la tradición romántica de Blake en su visión de los espíritus libres de un futuro ideal. Y aunque parte de su retórica puede resultar ofensiva, y algunas de sus opiniones políticas trasnochadas, en otros aspectos sus ideas no han perdido vigencia hoy en día: sus caricaturas de la democracia, la religión y el liberalismo a veces son prescientes de forma alarmante.

Con su concepto del «eterno retorno» Nietzsche expuso la idea de que nuestra vida debería ser de tal manera que, si en un momento determinado supiéramos que teníamos que volver a vivirla una y otra vez seguiríamos tomando las mismas decisiones. Su exhortación a llevar una vida de «plenitud creativa» en realidad es edificante y su intento de desprendernos de las cadenas psicológicas de la historia sigue siendo fascinante, aunque no siempre haya tenido el éxito que esperaba.

En *Más allá del bien y del mal* escribe: «La objeción, la travesura, la desconfianza jovial, el gusto por la burla son señales de salud». Sobre todo, Nietzsche despreciaba los sistemas, y la mejor manera de entender su brillante serie de sugerencias, ideas e iconoclastia es como inspiración para reflexionar sobre los fundamentos de nuestros supuestos más elementales de la vida, las ideas que damos por sentadas. Porque, al contrario que la mayoría de los filósofos, lo último que Nietzsche habría querido es que tomáramos sus textos por verdaderos o virtuosos.

Lectura rápida

La verdad, el valor y la moralidad no son más que proyecciones psicológicas malinterpretadas por los filósofos pasados. El «bien» y el «mal» son valores ilusorios en virtud de los cuales el rebaño débil atrapa a los individuos fuertes. Los espíritus libres del futuro deben revaluar todos los valores y convertirse en lo que deseen. De esta forma, los seres humanos pueden llegar a ser más que humanos.

El proceso, 1925

Franz Kafka

«Si el libro que leemos no nos despierta
de un puñetazo en el cráneo, ¿para qué leerlo?»

A Kafka se le suele clasificar como autor de historias absurdas y sombrías. Dos de sus libros más conocidos son *La metamorfosis,* en el que el personaje principal se despierta un día transformado en un insecto gigante, y *El proceso,* en el que Josef K. es acusado de un delito desconocido y a lo largo del libro intenta, en vano, descubrir de qué se le acusa. Es sabido que Kafka pidió que toda su obra fuera destruida a su muerte (solo tenemos sus libros porque su amigo y albacea Max Brod se negó a cumplir su deseo).

Pero Kafka es mucho más de lo que esta breve descripción pudiera sugerir. Sin duda, fue un escritor muy consciente de los problemas filosóficos: como Dostoyevski, que en parte inspiró sus obras, no presenta un solo punto de vista, sino que plantea ideas complejas a través de sus personajes y la trama. También es muy divertido, aunque con humor negro. Al parecer, cuando leía sus textos a sus amigos, era el aspecto humorístico el que ponía de relieve, y si su reputación nos lleva a esperar tristeza existencial, su humor es el aspecto más sorprendente de sus libros.

El proceso relata los intentos frustrados de Josef K. de probar su inocencia, o al menos de evitar las nebulosas acusaciones que se le hacen. En una sociedad extremadamente burocrática, en la que los tribunales y la Iglesia son instituciones misteriosas y autónomas, va encontrando a una serie de extraños personajes, muchos de los cuales afirman que pueden ayudarle. Pero tanto si su reacción es de consentimiento como de rechazo, su situación no deja de empeorar.

Hacia el final del libro, un sacerdote relata la parábola de la ley a Josef, una deprimente historia que presenta paralelismos con su propia experiencia: un hombre acude a los tribunales en busca de justicia y un guardián le ordena que espere fuera hasta que le permitan entrar. Allí se hace viejo y nunca descubre cómo convencer al guardián de que abra la puerta. Se le dice que, en el interior, hay otras puertas que deberá cruzar cuando entre, pero al final nunca llega a pasar más allá de la primera barrera. Cuando se está muriendo el guardián le dice que esta puerta era solo para él y ahora se cerrará.

Al igual que el que busca justicia en la parábola, Josef K. vive en un mundo de pesadilla en el que los obstáculos más absurdos se cruzan en su camino; sin embargo, él reacciona ante todas estas complicaciones como si fueran algo completamente natural. El libro tiene mucho de parábola a pesar del naturalismo del diálogo y las descripciones. La situación de Josef K. refleja la condición de un ser humano en un mundo en el que el significado está oculto, es tortuoso o acaso ni siquiera exista. Aunque sabe desde el principio que su situación probablemente no tiene salida, Josef intenta buscar justicia de distintas formas antes de llegar a una suerte de aceptación y abandonar la búsqueda.

Se han impuesto diferentes interpretaciones a *El proceso*. En el apogeo del existencialismo, a Kafka con frecuencia se le describía como protoexistencialista, y la desesperada situación de su protagonista desde luego coincide con el tono de algunas obras existencialistas. Sartre propuso una interesante interpretación de *El proceso,* basada en la identidad judía de Kafka. De acuerdo con él, el antisemitismo pone a los judíos en una situación que no es muy distinta, pues se les acusa perpetuamente de un crimen desconocido, por el que no saben si se les va a atacar o castigar. También se han hecho lecturas marxistas de *El proceso,* mientras que los sentimientos crónicos de culpa y angustia social de Kafka proporcionan abundante munición a quienes la ven como una obra de exploración psicoanalítica.

En términos filosóficos, Kafka es heredero de Dostoyevski en la medida que representa la lucha entre la religión tradicional y la verdad objetiva, y la pérdida moderna de la fe con la consiguiente subjetividad del significado. ¿Cuál es el lugar del individuo en un mundo que no tiene un significado último o fijo? Como Josef K., nos encontramos ante un mundo complejo cuyas estructuras de significado y leyes nos resultan arbitrarias, aunque es difícil oponerse a ellas. Así que debemos internalizar las normas de nuestra sociedad y, en caso de que no lo hagamos, se nos tratará como transgresores. Kafka utiliza una amenazadora exageración de la burocracia de su sociedad (vivía en Praga en una época en que formaba parte del Imperio Austrohúngaro) para expresar esta sensación de absurdo. Josef K. a veces añora la simplicidad de la verdad metafísica objetiva, pero está condenado a existir en un mundo en el que la falta de sentido es un elemento integrante de una sociedad humana compleja y opresiva.

Para quienes han vivido en regímenes opresivos del bloque del Este y de otros lugares, *El proceso* casi podría ser realismo literario. Desde luego, los personajes que prosperan en el mundo de Kafka son los que consiguen asimilarse ellos mismos y sus identidades en el sistema, mientras que Josef K. no puede hacerlo por una mezcla de rebeldía y mera incomprensión. No obstante, a quienes viven en sociedades menos opresivas, *El proceso* les puede remitir a la aprensión mental que experimentamos cuando nos enfrentamos a obstáculos burocráticos al servicio de normas aparentemente absurdas.

Pese a todo lo que pueda recordarnos a situaciones de la vida real, es el aspecto filosófico del libro lo que perdura. Tanto si leemos la historia como comedia negra o como tragedia, el desconcierto de Josef K. ante el absurdo y ante fuerzas inexplicables puede encontrar eco en cualquiera que se haya preguntado alguna vez si el mundo tiene un significado último o no.

Lectura rápida

«Alguien debió de haber calumniado a Josef K., puesto que, sin haber hecho nada malo, fueron a arrestarlo una mañana.» A pesar de todos sus intentos de descubrir de qué delito se le acusa, Josef K. solo consigue que su situación empeore. Es como si la burocracia del juzgado y de la Iglesia solo existiera para frustrar su búsqueda de la justicia, como le confirma un sacerdote cuando le cuenta la parábola de la ley, en la que se pone de manifiesto que la búsqueda de la justicia y de significado está condenada al fracaso.

El extranjero, 1942

Albert Camus

«Era como si hubiera estado esperando todo el tiempo este minuto
y esta primera hora del amanecer en que sería justificado.
Nada, nada tenía importancia y sabía perfectamente por qué.»

Albert Camus fue un escritor y filósofo franco-argelino. Prefería
que se conociera como hombre y pensador, más que como miembro de alguna escuela o ideología. Daba prioridad a las personas
sobre las ideas. En una entrevista en 1945, Camus rechazó cualquier asociación ideológica: «No, no soy existencialista. A Sartre
y a mí siempre nos asombra ver nuestros nombres juntos...». Camus fue el segundo receptor más joven del Premio Nobel de Literatura (después de Rudyard Kipling), cuando se le concedió en
1957. También es el más efímero hasta el momento, pues murió
en un accidente de coche tres años después.

Su primera aportación importante a la filosofía fue su idea del
absurdo, resultado de nuestro deseo de claridad y significado en
un mundo que no ofrece ninguno de los dos. Explicó esta idea
en *El mito de Sísifo* y la incorporó en otras obras como *El extranjero* y *La plaga*. *El extranjero* es una novela que cuenta la historia
de un hombre encerrado en sí mismo que comete un asesinato y

espera su ejecución. El escenario de la novela es Argelia, donde Camus pasó los años de su infancia y juventud.

Al principio de la novela, el protagonista, Meursault, acude al funeral de su madre, donde no expresa emoción alguna y permanece en la más completa indiferencia. La novela documenta los siguientes días de su vida narrados en primera persona. Acompaña a uno de sus vecinos, Raymond Sintes, y le ayuda a desprenderse de una de sus amantes árabes. Más tarde, los dos se enfrentan al hermano de la mujer («el árabe») en una playa y Raymond resulta herido en una pelea a cuchillo. Meursault regresa a la playa y dispara al árabe una vez en respuesta al resplandor del sol. El árabe muere instantáneamente, pero Meursault dispara cuatro veces más al cadáver.

Durante el juicio, la acusación señala que Meursault no pudo o no quiso llorar en el funeral de su madre y sostiene que por tanto es un hombre insensible. Para Camus, el asesinato del árabe aparentemente es menos importante que si Meursault es capaz de sentir remordimiento. El argumento es que si Meursault es incapaz, debería considerársele un peligroso misántropo y, por tanto, ser ejecutado para impedir que vuelva a matar y hacer de él un ejemplo para quienes piensen hacerlo.

Cuando la novela se acerca al final, Meursault recibe la visita de un capellán, que le encoleriza con su insistencia de que vuelva a Dios. Cree que cada uno se labra su destino y los responsables de nuestros actos y sus consecuencias somos nosotros, no Dios.

Meursault reconoce la indiferencia del universo hacia la humanidad y así acaba la novela. Las últimas líneas se hacen eco de esta idea: «Como si esa gran cólera me hubiese purgado del mal, vaciado de esperanza, ante esa noche cargada de signos y de estrellas me abría por vez primera a la tierna indiferencia del mundo». Su último deseo es que una gran muchedumbre presencie su ejecución y le reciba con gritos de odio.

La novela ha sido clasificada como existencialista o se la ha vinculado a la teoría del absurdo de Camus. En la primera mitad, Meursault es claramente un individuo impasible e irreflexivo. Lo único que le mueve son las experiencias sensoriales (el cortejo fúnebre, nadar en la playa, la relación sexual con Marie, etc.). Camus refuerza así su tesis básica de que la Verdad no existe, sino solo verdades (relativas), y que, en particular, las verdades de la ciencia (el empirismo y la racionalidad) y la religión carecen de sentido en último término. Por supuesto, Meursault no piensa nada de esto conscientemente –como mucho, de forma inconsciente–, pero es lo que traslucen sus actos. En todo caso, lo que Camus muestra es que las únicas cosas reales son las que experimentamos físicamente. Así, Meursault mata al árabe en respuesta al resplandor del sol, que cae a plomo sobre él mientras se aproxima a su «adversario» en la playa. La muerte del árabe no es particularmente significativa en sí misma: solo es otra cosa que le «ocurre» a Meursault. La relevancia de este episodio es que obliga a Meursault a reflexionar sobre su vida (y su significado) mientras se acerca su inminente ejecución. Solo al ser juzgado y condenado a muerte se ve forzado a reconocer su condición mortal que él relaciona con «la tierna indiferencia del mundo». Es interesante que, al final, desee que una muchedumbre llena de odio contemple su ejecución. La muchedumbre imaginada mostraría la emoción de la que él carece.

A pesar de que muchos de sus contemporáneos consideran a Meursault inmoral o amoral, él cree apasionadamente en la verdad y la justicia. Delata esta convicción su sinceridad inquebrantable; nunca muestra emociones que no siente, ni participa en convenciones sociales que le parecen deshonestas. Aunque la aflicción se considera la respuesta socialmente aceptable o «normal», Meursault no exhibe aflicción alguna en el funeral de su madre. Esta convicción de la incorruptibilidad de la verdad cobra una dimensión ingenua durante el juicio: cuestiona la necesidad de un abogado y afirma que la verdad debería hablar por sí sola. Buena parte de la segunda mitad del libro explora este tema de la imperfección de la justicia. Es la fe de Meursault en la verdad lo que le pierde: un funcionario que está investigando el caso le dice que se suspenderá su condena si se arrepiente y vuelve al cristianismo, pero él permanece fiel a sí mismo y se niega a fingir que ha descubierto la religión. En general, el amor de Meursault a la verdad puede más que su instinto de conservación; cree que tiene que ser castigado por sus actos y se niega a intentar evadir la justicia.

El mundo que presenta Camus carece de significado, lo que implica que la única forma de alcanzar algún significado o propósito es crearlo uno mismo. Por tanto, es el individuo y no el acto lo que aporta significado a un contexto dado. Camus sigue explorando esta idea junto a temas como el suicidio y las relaciones humanas en otras obras suyas como *Una muerte feliz* y *La peste*, así como en textos de no ficción como *El hombre rebelde* y *El mito de Sísifo*.

Lectura rápida

El mundo carece de significado. Dios no existe. Nosotros somos responsables de nuestros actos y de sus consecuencias. Cada uno debe permanecer fiel a sí mismo y dejarse influir por los demás, sean cuales sean las consecuencias. El mundo es tan indiferente hacia nosotros y nuestros valores personales como nosotros hacia él.

El manantial, 1943

Ayn Rand

*«Mi filosofía, en esencia, es el concepto del hombre
como ser heroico, con su felicidad como el objetivo moral
de su vida, el logro productivo como su actividad más noble
y la razón como su único absoluto.»*

Ayn Rand es la fundadora de la filosofía conocida como *objetivismo*. Es una figura controvertida por una serie de razones, pero sus
libros han sido influyentes y se han vendido millones de ejemplares. Su novela tardía *La rebelión de Atlas* presenta una exposición
completa de su concepción del objetivismo, pero es una obra larga y difícil de leer y *El manantial*, una novela anterior, probablemente sea mejor punto de partida para quienes estén interesados
en sus ideas.

Rand emigró de la Unión Soviética a Estados Unidos, que en
seguida idealizó como su sociedad ideal. En la década de los veinte y los treinta escribió obras de teatro, novelas y guiones, pero
fue *El manantial* la que le dio verdadera fama. Tiene forma de
novela, pero sobre todo es un vehículo para sus ideas filosóficas.
En su juventud había sido admiradora de Dostoyevski (aunque
no estaba de acuerdo con sus ideas políticas) y de Nietzsche. Ambas influencias se ponen de manifiesto en sus obras, aunque más

tarde repudió la idea, que atribuía a Nietzsche, de que los fuertes debían explotar a los débiles, así como su énfasis en la interpretación, más que en el conocimiento de la realidad. (Es posible que también sufriera la influencia de las ideas contemporáneas sobre la filosofía de Nietzsche, que tendían a subrayar sus vínculos con las teorías nazis en vez de dar una visión más amplia de su obra.)

La trama de *El manantial* gira en torno al héroe, Howard Roark, el hombre idealizado de Rand, un arquitecto que se niega a transigir en su visión de las cosas para conseguir ganancias mezquinas. Rand tenía una concepción un tanto heroica del individuo y creía que el autointerés consciente era la mejor fuerza impulsora de la humanidad. Defendía el libre mercado y el modo de vida estadounidense, y consideraba el colectivismo inmoral y degradante. Muchas de las personas influidas por Rand también defendían ideas libertarias de derecha en la política y la economía, aunque Rand rechazó esa etiqueta.

Como filosofía, el objetivismo parte del rechazo a la metafísica y al escepticismo de Kant. Rand creía que había un mundo objetivo y que la razón humana era perfectamente capaz de comprender ese mundo. Contra la distinción kantiana entre el mundo nouménico y el mundo fenoménico, y contra el escepticismo consciente de Hume, sostiene que podemos alcanzar un conocimiento adecuado del mundo real. Considerada en detalle, esta tesis es menos radical de lo que podría parecer a primera vista, pues Rand es lo bastante inteligente para reconocer que nuestra relación con la realidad reviste cierta complejidad. No obstante, supone un rechazo rotundo de buena parte de la tradición filosófica en la medida en que Rand se niega a aceptar el habitual grado de duda filosófica sobre si verdaderamente podemos conocer el mundo o no.

La reputación de Rand es extraña. Muchos siguen reverenciándola y el objetivismo conserva cierta popularidad, aunque sobre todo circunscrita a Estados Unidos. No obstante, la tradición de la filosofía analítica prácticamente ignora su trabajo. Esto quizá se deba a una negativa remilgada a creer que pueda haber algo interesante en la obra de una mujer que expresaba sus ideas en novelas en vez de en el canal filosófico tradicional de trabajos académicos revisados por colegas y áridos libros de análisis. Pero también puede ser que, hasta cierto punto, el objetivismo esté encasillado como el existencialismo. Ambas son filosofías que tienen un atractivo superficial, en particular para personas jóvenes a quienes, en una determinada fase, les entusiasma una teoría audaz del mundo, expuesta con pasión. Pero ambos tienen deficiencias lógicas evidentes que, al reflexionar un poco, dan algo de vergüenza ajena.

La reputación de Rand también ha sufrido por el culebrón en que se convirtió su vida. Autora famosa y con éxito, difundió la importancia de su filosofía durante toda su vida. Pero el movimiento objetivista experimentó muchas escisiones, algunas de las cuales debidas a que Rand se enemistó con sus antiguos acólitos. Cuando su relación con Nathaniel Branden (una destacada figura del movimiento) acabó mal, le excomulgó sin reconocer públicamente la causa de la pelea.

Pero había algo más. Rand era sexualmente abierta y sus opiniones sobre la naturaleza de la sexualidad eran provocadoras. En el mundo de la filosofía, predominantemente masculino, la idea de una mujer tan fuerte, que no solo no se avergonzaba de su sexualidad, sino que incluso estaba dispuesta a incorporarla a su filosofía, es posible que resultara incómoda. Las feministas también tenían dificultades con Rand, por su culto al «hombre ideal» y por los elementos de sus novelas que parecen mostrar una concepción del sexo basado en el poder (como el pasaje en *El manantial* en el que la heroína habría sido «violada voluntariamente»). Mientras que algunas autoras feministas han estado dispuestas a llevar a cabo una revisión de su legado, la posición de Rand en la cultura es tal que no hay muchas escuelas de pensamiento que la defiendan, aparte de un segmento marginal de los libertarios.

¿Es *El manantial* una buena novela? ¿Es sólida su filosofía? Según la persona, la respuesta es distinta. Una visión personal es que puede resultar una novela interesante a una determinada edad (desde la adolescencia hasta los veintipocos años), pero que en realidad no se sostiene porque los personajes están concebidos para representar determinadas ideas. Así que es probable que *El manantial* solo soporte un análisis como vehículo de las ideas políticas y filosóficas de Rand. Quien esté de acuerdo con ellas es más probable que disfrute de la novela que quien no lo esté. Pero, en todo caso, es una lectura sugestiva desde el punto de vista filosófico, y será interesante ver si el objetivismo es recordado dentro de medio siglo.

Lectura rápida

El libre mercado es el único sistema moral. Las personas deberían actuar movidas por el autointerés. El colectivismo corroe el espíritu humano, y los grandes hombres de la industria son los héroes de nuestro tiempo. La metafísica de Kant era desmoralizante y errónea porque negaba que fuera posible conocer el mundo, mientras que el objetivismo afirma que el mundo es real y que podemos conocerlo. Un egoísmo racional y la racionalidad individual son las piedras de toque de una sociedad sana.

Ficciones, 1944

Jorge Luis Borges

«La realidad no siempre es probable o posible.»

El autor argentino Jorge Luis Borges es una de las figuras más interesantes de la literatura del siglo XX. Resulta difícil clasificarlo: además de escritor de ficción, fue profesor, traductor prolífico, poeta, bibliotecario y autor de no ficción. Su obra más importante son colecciones muy breves de historias cortas. Sus dos principales colecciones originales, *El jardín de los senderos que se bifurcan* y *Artificios,* se reunieron en un volumen en *Ficciones,* que probablemente sea el mejor lugar para empezar a leerlo. (Aunque hay mucho material interesante en colecciones más extensas de ficción y en sus otras obras publicadas.)

Borges escribe en distintos estilos, por lo que resulta difícil resumir su obra. Con frecuencia presenta libros y escritores imaginarios, cuya obra comenta, y muchas de sus historias muestran versiones fantásticas del mundo o laberintos y misterios dentro de una versión de esta realidad. La filosofía le fascinaba y en sus narraciones introduce ideas paradójicas y sugerentes sobre la verdad, los espejos, los laberintos y la locura.

Para dar una idea de su trabajo, probablemente lo mejor sea un breve resumen de la trama de algunas historias. En «Tlön, Uqbar, Orbis Tertius», una versión ficticia del propio Borges se embarca en una historia literaria de detectives. Intrigado por varias referencias fragmentarias en obras oscuras a una región llamada Uqbar, poco a poco va descubriendo una vasta conspiración centenaria de una élite de intelectuales (entre los que se encuentra el filósofo George Berkeley) para insertar informaciones falsas en la literatura mundial. Estas informaciones apuntan a una región llamada Uqbar, en la que toda la literatura habla de un país imaginario llamado Tlon.

Después de haber establecido este complicado vínculo imaginario con Tlon, la historia consiste esencialmente en Borges hablando sobre la lengua y la epistemología de Tlon. Los habitantes de Tlon creen en una versión del idealismo de Berkeley, pues solo creen en la realidad de las ideas, no en un mundo real. Borges describe varios tipos de lenguas que se podrían hablar en Tlon, en las que faltan determinados elementos gramaticales como los nombres. Señala que estas lenguas entrañarían formas completamente distintas de conceptualizar el mundo. La trama de este breve relato se vuelve aún más intrincada con la sugerencia de que objetos reales del Tlon imaginario de alguna manera se están infiltrando en el mundo real. Esta historia experimental, tan increíblemente densa, incorpora abundante especulación filosófica en una trama insólita y apasionante.

En «Pierre Menard, autor del Quijote», Borges explota otro recurso literario. La historia tiene la forma de una reseña de un libro imaginario (un recurso frecuente en la obra de Borges) en el que Pierre Menard, el autor, ha reproducido *Don Quijote* palabra por palabra. Pero en vez de como un mero facsímil, se presenta como la obra de un autor que está tan imbuido del texto de Cervantes que ha producido una versión literal de *Don Quijote* como creación suya. Al explorar el significado de esta idea, Borges ofrece reflexiones fascinantes sobre el significado del texto literario y su interpretación.

En «La biblioteca de Babel» crea otro recurso literario asombroso: una biblioteca infinita en la que aparecen todas las combinaciones posibles de letras. Esta biblioteca contiene todas las obras posibles de la literatura, así como su traducción a todas las lenguas posibles. También hay un número infinito de obras sin sentido o sin valor, aunque es posible imaginar una lengua que otorgue sentido a cada libro que en apariencia es incoherente. Por último, contiene todas las informaciones posibles, incluida la biografía completa y terminada de cada persona.

Rastrean la biblioteca buscadores con la vana esperanza de hallar su propia biografía. Entre tanto, los bibliotecarios, que han enloquecido por la ingente masa de información, se plantean la posibilidad de destruir los libros que en apariencia carecen de valor, aun cuando pudieran tener un gran valor en alguna lengua futura. Por último, Borges juega con la idea de la infinitud regresiva imaginando un único libro oculto que fuera el compendio perfecto de todos los demás.

Solo cabe especular cómo le habría fascinado a Borges internet, pero la invención de una red universal de ordenadores que reproduce infinitamente toda clase de informaciones, verdaderas y falsas, útiles e inanes, seguramente habría sido una fuente de asombro e irónica curiosidad para él.

La obra de Borges ha fascinado a muchos autores que trabajan en la literatura de las ideas: su influencia se puede ver claramente en escritores tan distintos como Salman Rushdie y Paul Auster. En el contexto de este libro lo que nos interesa es la filosofía de su obra. No es que él adopte una perspectiva concreta, pero en muchas de sus historias se trasluce su fascinación con el pensamiento filosófico. Como demuestran los breves resúmenes de las tramas que hemos expuesto, con frecuencia explora las formas en que el significado cambia y se transforma al ser traducido a texto y en que la racionalidad se ve influida por el lenguaje y el contexto. Su escritura es erudita y predominan las ideas sobre la trama, pero es muy grata y en cada página ofrece ideas interesantes y desconcertantes.

Lectura rápida

«Desvarío laborioso y empobrecedor el de componer vastos libros; el de explayar en quinientas páginas una idea cuya perfecta exposición oral cabe en pocos minutos. Mejor procedimiento es simular que esos libros ya existen y ofrecer un resumen, un comentario» (Prólogo de *El jardín de los senderos que se bifurcan*).

Las puertas de la percepción
y *Cielo e Infierno,* 1954, 1956

Aldous Huxley

«Si las puertas de la percepción se purificaran, todo se le aparecería al hombre como es, infinito. Pues el hombre se ha encerrado en sí mismo hasta ver todas las cosas a través de las estrechas rendijas de su caverna.» (William Blake)

Muchos autores han escrito sobre el uso de las drogas para inducir alteraciones en el estado mental. En los años sesenta los hippies acudieron a escritores como William Burroughs, Carlos Castaneda y Timothy Leary, por nombrar solo unos pocos de los que propugnaban o describían el uso de drogas psicodélicas con fines metafísicos o religiosos. Pero Aldous Huxley fue uno de los primeros en escribir sobre el tema (estos dos libros aparecieron en 1954 y en 1956, y normalmente se publican juntos), y en ciertos aspectos es uno de los más interesantes. Ello es así en parte porque aún no existían los tópicos de los años sesenta, por lo que se acercó a la experiencia de las drogas con menos bagaje que algunos de sus seguidores. Huxley era un intelectual y escritor inglés que emigró a California en 1937. Sus primeros textos reflejaban preocupaciones pacifistas y humanistas, así como el efecto del progreso tecnológico (en novelas como *Un mundo feliz,* que presentan una visión distópica de un futuro mecanizado).

Después de trasladarse al oeste le interesaron cada vez más las ideas místicas y las prácticas religiosas (como la meditación) y escribió extensamente sobre temas relacionados. A principios de los años cincuenta un amigo le introdujo en el uso de las drogas psicodélicas. Estos dos libritos combinan la especulación de las posibles consecuencias metafísicas de las drogas con relatos personales de los efectos que tenían sobre él. En *Las puertas de la percepción* habla de sus experiencias con la mescalina, pero para cuando escribió *Cielo e infierno* ya había experimentado con el LSD.

Los títulos de ambos libros son referencias a *El matrimonio del Cielo y el Infierno,* de William Blake. La cita anterior hace referencia a la idea mística de Blake según la cual la percepción del universo de una persona podía intensificarse gracias a la experiencia religiosa, que abría las puertas de la percepción. Por supuesto, una de las imágenes centrales de la filosofía procede de la alegoría de la caverna de Platón, según la cual la mente humana solo percibe sombras de las formas reales que están más allá. Esta idea de que hay una realidad mayor que la que percibimos desempeña un papel decisivo en muy distintas filosofías. Para la filosofía analítica, la cuestión es ¿cómo podemos entender la relación entre nuestras percepciones y esa realidad mayor? Mientras que para una mente más mística como la de Blake o la de Huxley, la cuestión es ¿cómo podemos abrir las puertas de la percepción para arrojar más luz sobre la realidad?

Huxley creía que las drogas podían hacerlo. Basaba su análisis en el supuesto de que las drogas psicodélicas eliminan los «filtros de la realidad» del cerebro. Esto significa que el cerebro recibe gran cantidad de información, pero para procesarla y para funcionar correctamente, adquirimos la capacidad (o la limitación) de filtrar la mayor parte de esta información y dejarla fuera. Pensaba que el uso de las drogas eliminaba esos filtros y que, por lo tanto, nuestra percepción sensorial bajo su efecto era más total y abrumadora. En concreto, en *Cielo e infierno* va más allá y ofrece una interpretación religiosa de esa experiencia en la que sugiere que, en cierto sentido, podemos «ver a Dios» gracias a las drogas.

Huxley es muy honesto cuando escribe sobre sus experiencias con las drogas, y a veces reconoce cierta confusión e incertidumbre. A sus ideas se les pueden hacer muchas críticas, que veremos en seguida, pero lo primero es reconocer que se trata de libros fascinantes, llenos de conexiones entre ideas de percepción mística y física y comprensión religiosa. Estas conexiones serían frecuentes en los años sesenta, pero cuando Huxley escribió estos libros estaba explorando un nuevo territorio.

No obstante, cincuenta años después está claro que esta clase de retórica adolecía de una gran ingenuidad. En primer lugar, Huxley era un intelectual que había pasado muchos años reflexionando sobre ideas místicas. Su experiencia con las drogas se asentaba en sus inclinaciones y facultades mentales, y parece muy distinta de muchos otros relatos de uso de drogas. Segundo, escribía en una época en la que no se conocían los efectos psicológicos potencialmente nocivos de las drogas psicodélicas, las consecuencias del tráfico de esas drogas eran limitadas hasta cierto punto y parecían experimentos inocentes e inocuos. Desde esta perspectiva, su escritura tiene mucho sentido. Pero retrospectivamente algunas afirmaciones de sus textos parecen irresponsables. Asimismo, habría que reconocer que ciertas experiencias que describe pueden ser accesibles por otros medios, como la meditación, mientras que determinados aspectos de la experiencia psicodélica estaban más cerca de inducir o provocar la locura que de permitirnos comprender más profundamente la realidad.

El último gesto de Huxley —pedir que se le administrara una sobredosis de LSD en su lecho de muerte— ahora parece de un mundo muy lejano y distinto. En general, muestra demasiada ligereza cuando dice que a todo el mundo le convendrían unas «vacaciones de mescalina» y otras recomendaciones similares.

Así que estos libros vienen con una advertencia de precaución y han sido más admirados por la contracultura que por el pensamiento ortodoxo. No obstante, siguen siendo fascinantes documentos personales de experiencias poco habituales. Y también contienen ideas filosóficas interesantes, por mucho que no estemos de acuerdo con algunas de las interpretaciones y propuestas de Huxley.

Lectura rápida

Voy a describir qué ocurre cuando tomo mescalina y ácido. Las puertas de la percepción de mi mente parecen abrirse y percibo el universo de forma muy distinta. La realidad soslaya los filtros de la mente y la contemplo con total inmediatez, sin que la hayan configurado palabras y nociones humanas. Puede que incluso viera a Dios de esta manera. Hay que probarlo alguna vez...

¿Sueñan los androides con ovejas eléctricas? 1968

Philip K. Dick

«La realidad es aquello que, cuando dejas
de creer en ello, no desaparece.»

Philip K. Dick es muy conocido por las adaptaciones cinematográficas que se han hecho de sus novelas de ciencia ficción como *Blade Runner* (que se basa en *¿Sueñan los androides con ovejas eléctricas?*), *Desafío total* y *Minority Report*. Pero la acción que predomina en estas películas muchas veces no hace justicia al pensamiento sutil y original que subyace a sus novelas.

Dick fue un autor prolífico. Aspiraba a ser un «novelista serio», pero tuvo éxito en el nicho de la ciencia ficción. Pasó muchos años produciendo cuentos y novelas, escribiendo de noche mientras de día trabajaba en distintos empleos. Por ello su estilo con frecuencia es descuidado, aunque sus novelas siempre contienen ideas fascinantes. Más que ningún otro escritor de ciencia ficción, estaba obsesionado con la naturaleza de la realidad en que vivimos. Le interesaban los filósofos presocráticos como Heráclito, que afirmaba que todo fluye.

En sus libros suelen aparecer alienígenas, naves espaciales y futuros posibles. Pero dentro de este contexto explora cuestiones como si podemos saber si el mundo en que vivimos es real, qué ocurriría si el tiempo discurriera hacia atrás *(El mundo contra reloj)*, y la naturaleza de las realidades alternativas *(El hombre en el castillo)* y de nuestras identidades (por ejemplo, en *Una mirada a la oscuridad*, donde crea un mundo de pesadilla en el que un agente encubierto vigila a su drogadicto *alter ego*, sin ser consciente de que son la misma persona). Crea sociedades en las que la humanidad está organizada en tribus de acuerdo con su condición mental, en las que cada personaje se ve obligado a experimentar el mundo a través de la conciencia de otros, o en las que todos los personajes están muertos, pero todavía no se han dado cuenta de ello. En general, no da respuesta a las cuestiones filosóficas que plantea, sino que prefiere la ambigüedad de crear un escenario que suscite interrogantes, y después desarrolla en la trama las complejidades y los absurdos de la situación.

¿Sueñan los androides con ovejas eléctricas? es uno de sus libros más conocidos por la extraordinaria adaptación cinematográfica que hizo Ridley Scott. La cuestión que plantea es engañosamente sencilla: ¿qué nos hace humanos? Dick imagina una sociedad futura en la que androides orgánicos, robots tan avanzados que son indistinguibles de los humanos, son utilizados para llevar a cabo trabajos duros o como esclavos al servicio de los humanos «reales». Se pregunta cómo podemos saber la diferencia entre androides y personas, y, lo que es más subversivo, si, en último término, existe dicha diferencia. Además, este debate tiene lugar con el trasfondo de un mundo futuro radioactivo y semipoblado, en el que los humanos que permanecen en la tierra pueden ser degradados al estatus de no-personas «especiales» si se contaminan demasiado. Una de las relaciones centrales de la novela se desarrolla entre una androide (Pris) y un especial (J. R. Isidore), dos tipos muy distintos de «no-persona».

El libro aborda directamente algunas de las cuestiones más fundamentales de la filosofía. ¿Qué es una persona? ¿Tienen espíritu los humanos? Como lo concibe Dick, un androide tiene esencialmente la misma constitución física que una persona, se compone de carne y sangre artificiales y tiene un cerebro artificial. Así que, ¿son «humanos» o no?

El filósofo británico Gilbert Ryle acuñó la expresión «el espíritu en la máquina» para criticar la noción de Descartes y otros según la cual el espíritu no es físico. De acuerdo con Descartes, muy bien puede ocurrir que nuestros procesos mentales sean explicables en términos físicos, pero en todo caso debe haber un espíritu no físico: el lugar en el que reside el «yo» que piensa, luego existe. La idea del espíritu es fundamental en la filosofía religiosa: el espíritu es la parte no física del cuerpo de la misma manera que Dios es la parte no física del universo. La idea de que no poseemos un espíritu, sino que todos nuestros procesos mentales tienen una explicación física, representa una amenaza para la religión tradicional y para la filosofía dualista que la sustenta.

En *¿Sueñan los androides con ovejas eléctricas?* el protagonista, Deckard, se dedica a perseguir y matar androides que se han escapado. Los humanos han desarrollado formas cada vez más sofisticadas de identificar a los androides a medida que estos se vuelven más complejos. Sin duda, Dick conocía el test de Turing, la idea expuesta por Alan Turing según la cual un ordenador alcanzaría un nivel de inteligencia humano cuando alguien que conversara con él fuera incapaz de decir si se trata de un ordenador o de un humano. Turing sugirió que esta era una prueba mejor que la pregunta «¿puede pensar una máquina?», con toda su carga emocional.

En el mundo de Dick, los humanos tienen que recurrir a una versión incluso más complicada del test de Turing: un test de empatía que consta de una serie de preguntas y respuestas diseñadas para poner al descubierto la falta de empatía de los androides.

En la película se omitió un elemento del libro de Dick: el de la religión imaginaria del mercerismo. La mayoría de los animales reales se han extinguido en este mundo (quedan unos pocos ejemplares reverenciados, mientras que mucha gente, incluido Deckard, recurre a androides animales) y matarlos es tabú. El culto diario del mercerismo es un extraño proceso en el que los participantes utilizan una «caja de empatía» para contemplar a una figura mítica (Wilbur Mercer) subiendo una montaña y fundirse con él gracias a la empatía religiosa.

El sentido de los test de empatía realizados a los androides es revelar si estos carecen de ella. Por ejemplo, no les repugna la idea de matar animales y no sienten ternura por los niños humanos. Un subtexto claro es que estas son distinciones artificiales. El mercerismo es una religión artificial y el tabú de matar animales no es necesariamente un instinto humano innato. Como el periodo de vida de los androides es muy corto, no pueden procrear, por lo que no reaccionan a los niños como lo haría un humano. Así que, aunque propone la idea de este test, Dick nos anima a plantearnos si lo que prueba es realmente la humanidad o una distinción creada artificialmente entre androides y humanos.

En un momento determinado de la novela, Deckard se pregunta si un cazador de recompensas como él puede ser verdaderamente humano, pues no siente empatía por los androides que mata. Asimismo, no puede evitar cuestionarse si él pasaría el test de empatía, cuando un androide le pide que se lo haga, aunque acaba percatándose de que sí siente cierta empatía por los androides (al menos por una atractiva variedad femenina).

Estas inquietantes reflexiones no llegan a resolverse del todo. Pero, al plantearlas, Dick crea una intensa meditación sobre la identidad humana y el espíritu. Como toda su obra, es fascinante desde el punto de vista filosófico. El hecho de que se catalogue como ciencia ficción no debería ocultar que fue uno de los autores más extraordinarios y sugerentes del último siglo.

Lectura rápida

Deckard es un humano cuyo trabajo consiste en cazar androides. Pero ¿cómo podemos saber la diferencia entre humanos y androides? Si aplicamos un test de empatía, ¿demostramos que los humanos tienen espíritu y empatía, mientras que los androides carecen de esos atributos o solo estamos usando constructos artificiales para crear una identificación poco fiable? Un humano, ¿es una máquina de carne o una máquina de carne con espíritu? ¿Es la religión algo real o un programa de control social? ¿Eres un humano o un androide? ¿Y yo? ¿Estás seguro?

MEDITACIONES: LA CONTEMPLACIÓN COMO FILOSOFÍA

Introducción

Al elaborar la lista de títulos que queríamos tratar en este libro nos pareció importante ir más allá de la filosofía tradicional para incluir libros que son filosóficamente interesantes o inspiradores sin que necesariamente sean los que se estudiarían en un curso académico de filosofía.

Por supuesto, aquí cabría mencionar una amplia variedad de títulos y la selección por fuerza es arbitraria, pero hemos querido incluir algunos de los que se han ganado la reputación de ser filosóficos, tales como *Zen y el arte del mantenimiento de la motocicleta, Juan Salvador Gaviota* y *El principito*. El valor filosófico de estos libros puede ser variable, pero cada uno es interesante a su manera. En esta selección nos hemos inclinado por *best sellers* simplemente porque nos parecía preferible examinar obras que es más probable que los lectores conozcan o hayan leído.

En *El profeta, Aforismos* y *El tao de Pooh* reconocemos la influencia de la religión global (en particular oriental) sobre el pensamiento filosófico. Es imposible abordar todas las tendencias teológicas y místicas del pensamiento que se dejan sentir en el pensamiento moderno, pero cada uno de estos libros muestra cómo pueden asimilarse a la tradición filosófica formas de pensamiento tan dispares.

Papá Mumin y el mar puede parecer a simple vista una opción extraña. Se podría decir que muchos libros infantiles contienen sabiduría. Estamos predispuestos a pensar que un libro filosófico debe ser «difícil» o «maduro» para tener algún valor, pero lo mismo que *El tao de Pooh* se inspira en las obras de A. A. Milne, a muchos lectores adultos les puede dar que pensar la «sencilla» literatura infantil. Los cuentos populares de los Hermanos Grimm, con su concepción cruel y vengativa de la naturaleza humana, transmiten una determinada visión de la humanidad, mientras que los cuentos más liberales de Hans Christian Andersen tienen un mensaje muy diferente. Los libros de Laura Ingalls Wilder ofrecen un contenido político y personal significativo, pues tratan de la niñez y la adolescencia y de los primeros tiempos de una nación. Es sabido que los libros de *Narnia,* de C. S. Lewis, transmiten las ideas teológicas del autor, aunque estas muchas veces se ven eclipsadas por la fuerza de la narración. *Alicia en el país de las maravillas* tiene mucho que decir sobre la imaginación y los sueños.

En vez de examinar cualquiera de estos libros, que son más conocidos, hemos elegido *Papá Mumin y el mar,* por la riqueza de sus observaciones psicológicas y la originalidad de su narración. Con ello esperamos poner de manifiesto que es aceptable hallar significado filosófico en libros que normalmente no se consideran como tales.

También incluimos aquí el extraordinario *Si esto es un hombre,* de Primo Levi, en el que se pregunta qué es la humanidad, dado que los humanos fueron responsables de los terribles hechos del Holocausto. No obstante, comenzamos la sección con *El matri-*

monio del Cielo y el Infierno, la influyente obra de William Blake. De nuevo, es el mero peso de sus interesantes ideas lo que hace que queramos incluir esta obra. Como en el caso de los demás libros de esta sección, lo mejor quizá sea considerarlo una meditación o contemplación de la existencia que invita a la reflexión, en vez algo más prescriptivo.

Si estos libros tienen algo en común es que todos ellos nos animan a pensar por nosotros mismos, en vez de decirnos lo que tenemos que pensar.

El matrimonio del Cielo y el Infierno, 1793

William Blake

«*Todas las Biblias o códigos sagrados han sido la causa de los Errores siguientes:*
1. Que el Hombre posee dos principios reales de existencia: un Cuerpo y un Alma.
2. Que la Energía, llamada Mal, solo nace del Cuerpo y que la Razón, llamada Bien, solo nace del Alma.
3. Que Dios atormentará al Hombre en la Eternidad por seguir sus Energías.

Mas los Contrarios siguientes son Verdaderos:
1. El Hombre no tiene un Cuerpo distinto de su Alma; pues lo que llamamos Cuerpo es una porción de Alma discernida por los cinco Sentidos, las puertas principales del Alma en esta edad.
2. La Energía es la única vida y nace del Cuerpo; y la Razón es el límite o circunferencia periférica de la Energía.
3. Energía, Eterno Deleite.»

Místico, poeta, artista y escritor espiritual, William Blake fue una de las figuras extraordinarias de su época, aunque sus contemporáneos le consideraron un excéntrico y su fama no comenzó a difundirse hasta después de su muerte.

El matrimonio del Cielo y el Infierno es uno de sus textos más densos y expresa algunas de sus ideas más interesantes en una asombrosa mezcla de poesía y prosa. Mientras que sus obras proféticas presentaban grandes ideas en narraciones complejas, y su poesía más sencilla, como los *Cantos de Inocencia y de Experiencia,* podría considerarse más lograda en términos puramente poéticos, *El matrimonio del Cielo y el Infierno* es una poderosa exhibición de ideas complejas e inesperadas. Basada en predecesores como el *Inferno* de Dante y *El Paraíso perdido* de Milton, narra la historia del encuentro del autor con un demonio y un ángel, y sus visitas a los mundos celestial e infernal. A Blake le fascinaba el cristianismo, pero se oponía decididamente a la religión organizada. Hasta cierto punto, su demonio está expresando la idea de que la Iglesia ha pervertido la espiritualidad auténtica. Blake sostiene que todos los dioses y normas morales se crean en el corazón humano, pero que los ángeles (o la iglesia organizada o las figuras de autoridad como el clero) con el tiempo han cooptado las ideas de religión para crear una moralidad opresiva.

Blake incluye una selección de «proverbios del Infierno» en el poema, así como algunas referencias un tanto incendiarias al hecho de que el mundo acabará por adoptar la «biblia del Infierno». El ángel con el que habla en el poema al final se convierte en un demonio y buen amigo.

Blake escribía en una época de gran agitación, en los años inmediatamente posteriores a la Revolución Francesa (1790-1793). Hay un cierto fervor revolucionario en la forma en que considera la posibilidad de un «mundo boca abajo». La imprenta infernal que visita en el poema podría considerarse semejante a las pequeñas imprentas que por toda Europa producían panfletos con ideas radicales por aquella época.

En el centro del pensamiento de Blake está la idea de que el Infierno es una fuente de energía creativa y subversiva, no un lugar en el que se castiga a los pecadores. En la extensa cita que hemos puesto al principio habla la voz del demonio y expresa varias ideas fascinantes basadas en esta noción. En primer lugar, el Infierno se considera una fuente de energía dionisiaca (en el sentido de salvaje o primaria), que desafía el sistema opresivo de la Iglesia y el Estado. (Nietzsche escribiría más adelante sobre un contraste parecido entre los ideales dionisiacos y apolíneos en obras como *El nacimiento de la tragedia*.) Como ya hemos señalado, en el contexto de la época de Blake esto era un argumento teológico y político. Blake sostiene que gran parte de lo que se considera el Mal no es más que aquello que se opone al orden actual o que resulta difícil de asimilar por este. Por tanto, el bien y el mal son construcciones de la sociedad en vez de valores absolutos.

En segundo lugar, Blake está exponiendo una tesis filosófica relevante cuando afirma que el dualismo cuerpo-alma no solo es falso, sino también engañoso. En su opinión, los filósofos del pasado han establecido una división errónea entre cuerpo y alma. En consecuencia, la razón y el alma parece que van unidos y que son naturalmente buenos. Por el contrario, la energía (aunque también podríamos decir la voluntad, los instintos primarios o el deseo) ha quedado relegada a un concepto meramente físico y, como tal, maligno. Blake identifica a Dios como el ser pasivo que siempre obedece a la Razón, mientras que el Mal se identifica con la Energía, que es «Eterno Deleite». (Aquí también hay un eco del poema clásico de Blake «El Tigre», que comienza: «¡Tigre! ¡Tigre!, luz llameante».)

En esto Blake prefigura una serie de ideas filosóficas importantes. El modo en que Schopenhauer y Nietzsche hablarían posteriormente de la voluntad guarda una clara relación con el enfoque de Blake. La unidad de cuerpo y alma contradice el dualismo de los racionalistas como Descartes. La sugerencia de que la Energía y la Razón son inseparables constituye un primer paso hacia una concepción más psicoanalítica de la racionalidad, en la que nuestros deseos e impulsos también han de considerarse como «pura razón». Asimismo, la atención de Blake a la idea de que el hombre debe seguir sus energías está relacionada con la idea freudiana de la represión, según la cual los impulsos frustrados simplemente son redireccionados dentro de la psique, a menudo de forma dañina.

Y avanzando más en el futuro, cabe ver un cierto espíritu común entre Blake y los artistas abstractos y situacionistas del último siglo en la creencia de que la creatividad y la energía puras son en sí mismas impulsos revolucionarios capaces de cambiar el mundo. Por supuesto, Blake escribía bajo la influencia de una revolución muy diferente, y también estaba fascinado por movimientos de su tiempo como el misticismo y el romanticismo. Pero sus ideas encuentran un eco genuino en muchas ideas filosóficas interesantes de los dos siglos posteriores.

Hay mucho más en este breve poema de lo que podemos mencionar aquí: solo los Proverbios del Infierno poseen una densidad de ideas extraordinaria. En sus mejores momentos la escritura de Blake es de una intensidad febril. En *El matrimonio del Cielo y el Infierno* da la impresión de que va desgranando ideas al mismo tiempo que consigue hallar una forma memorable de expresar algunos de sus pensamientos espirituales y filosóficos más profundos.

Lectura rápida

Todos los dioses son concebidos en el corazón humano como ideas poéticas. Pero el clero ha formalizado las deidades y reprimido el deseo y la pasión. La energía que llamamos el Mal en realidad es el genio creativo y el eterno deleite, como me dijo mi amigo el diablo mientras caminaba por el fuego del Infierno. Los débiles reprimen el deseo hasta que se convierte en pasividad y lo llamamos el Bien. Pero, al final, prevalecerán la Biblia del Infierno y la Energía pura... «Pues todo lo que vive es Sagrado».

El profeta, 1923

Kahlil Gibran

«El maestro que es verdaderamente sabio no te invita a entrar en la morada de su sabiduría, sino que, por el contrario, te conduce al umbral de tu mente.»

Kahlil Gibran nació en el Líbano en 1883, pero su familia emigró a Nueva York en 1895. (A instancias de un maestro americanizó su nombre de Khalil a Kahlil.) Primero se le conoció como artista; estudió en Boston y con Auguste Rodin en París, y expuso en Nueva York y en otros lugares. Poco a poco también fue conocido por sus escritos, además de por su arte, y *El profeta,* de 1923, sigue siendo su obra más popular.

El libro es una compilación de ensayos poéticos. El aspecto narrativo se refiere a un poeta llamado Almustufa que durante muchos años ha vivido lejos de su hogar en una ciudad llamada Orfalese. Entonces decide volver a casa y en el camino para coger el barco conoce a un grupo de personas y se detiene para hablar de sus ideas con ellas.

Gibran había reflexionado profundamente sobre la religión y la espiritualidad. Estaba especialmente interesado en cuestiones concretas de la religión como el cisma entre la Iglesia ortodoxa oriental y el catolicismo, en el bahaísmo, las ideas ecuménicas y las semejanzas entre las distintas religiones del mundo. Las enseñanzas de Almustufa en el libro abarcan una amplia variedad de ideas, desde la religión y la condición humana hasta intereses más cotidianos como el amor, el trabajo y el matrimonio. Sus pensamientos son a todas luces una versión condensada de las ideas de Gibran sobre el mundo. Es un libro profundamente reflexivo, pero también poético e intrigante.

El profeta se hizo muy popular en décadas posteriores. Una de las razones es que parece encontrar formas de sugerir verdades espirituales, pero sin el dogma objetivo de la religión organizada. Algunas de las observaciones de Gibran tienen su origen en las Escrituras (o son reacciones a estas), tales como «ojo por ojo, y todo el mundo sería ciego», en lo que coincide con la reacción de Jesús a la doctrina del Antiguo Testamento.

En otros lugares hace explícita la conexión entre distintas religiones con frases como: «Te amo cuando te postras en tu mezquita, te arrodillas en tu templo, oras en tu templo. Pues tú y yo somos hijos de una religión, y es el espíritu». Declaraciones como esta dan al libro el tono de una nueva escritura poética que podría derivarse de cualquiera de las religiones del mundo.

Gibran también sugiere una forma de entender el mundo más sensual, recordándonos que «no deberíamos olvidar que la tierra goza al sentir tus pies descalzos y que el viento ansía jugar con tus cabellos». La mezcla de esta concepción poética del mundo en que vivimos y un enfoque semirreligioso es fascinante y otorga al libro el carácter de una extensa meditación sobre la existencia humana. El hecho de que Gibran también hablara de la importancia decisiva del amor en nuestra existencia contribuyó a su popularidad entre los partidarios de «amor y paz» de la década de los sesenta: en esos años, su libro experimentó una renovada popularidad, que ha conservado hasta ahora. John Lennon adaptó un verso de *El profeta* en su canción *Julia* («La mitad de lo que digo no tiene sentido...») y otros artistas y poetas se han inspirado en su obra, como Sting, cuando utiliza el verso de Gibran de que si amas a alguien debes dejarle en libertad.

Desde el punto de vista filosófico, ¿cuál es el mensaje de Gibran? Es difícil reducir *El profeta* a unas cuantas proposiciones sencillas. Lo mejor es leerlo como una meditación. Contiene muchos pensamientos inspiradores y provocativos, sin plantear un conjunto concreto de creencias prescriptivas. Su intento de condensar las verdades esenciales de distintas religiones se podría considerar un desafío filosófico. Asimismo, sostiene que la perplejidad es el primer paso hacia el conocimiento. Esto implica que nuestro desconcierto ante el mundo debe tomarse como un incentivo para buscar la verdad y el conocimiento. De forma que al meditar sobre el mundo, con toda su confusa complejidad, estamos dando un primer paso hacia la comprensión y la iluminación.

Para Gibran, los fines más altos de la vida son «la verdad y la belleza». La filosofía en general siempre ha buscado la verdad, pero su relación con la belleza es más compleja. Aunque la estética es un tema difícil, los filósofos pocas veces han estado tan inequívocamente del lado de la belleza como Gibran. Sin embargo, la creación de belleza y orden en nuestra vida cotidiana es sin duda uno de los objetivos a los que aspiramos en la vida. Quizá la mejor forma de entender *El profeta* sea como recordatorio de que la verdad no es el único fin posible de la investigación filosófica. La belleza y el amor también son importantes, y sería lamentable si olvidáramos esto en nuestros empeños intelectuales.

Lectura rápida

El profeta Almustufa se detuvo de camino a casa para compartir con nosotros la sabiduría de su corazón... «El amor... rodea cada ser y se extiende poco a poco a abrazar a todo lo que existe». «De los dos mayores premios de la vida, la belleza y la verdad, he encontrado la primera en un corazón bondadoso y la segunda en la mano de un trabajador.»

El principito, 1943

Antoine de Saint-Exupéry

«... 'decididamente, las personas mayores son muy extrañas', se decía.»

El principito es una fábula agridulce que puede leerse a los niños (o que estos pueden leer por sí mismos), pero que también tiene un atractivo duradero para los lectores adultos. Después de una decepcionante carrera en los negocios durante su juventud, el autor Antoine de Saint-Exupéry se convirtió en un apasionado de la aviación. En los años veinte y treinta fue piloto de aerolíneas postales y de carga en el norte de África y en Sudamérica, participó en muchas proezas de la aviación durante la guerra y desapareció en un vuelo en 1944. La mayoría de sus textos tratan de la aviación. Tuvo varios accidentes, uno de ellos en el Sáhara en la década de los veinte, tras el cual tuvo que caminar durante varios días por el desierto. Esta experiencia le proporcionó el trasfondo de *El principito.*

En el libro, un piloto ha sufrido un accidente en el desierto y está perdido. El personaje del piloto se nos presenta en los primeros capítulos. De niño, le desilusionó la incapacidad de los adultos para comprender las cosas verdaderamente importantes de la vida (como darse cuenta de que un dibujo que parece representar un sombrero en realidad es una boa que se ha tragado a un elefante). Ya de mayor pasó mucho tiempo con «personas serias», que le parecieron decepcionantes y sin imaginación.

En el desierto conoce a un niño encantador que resulta ser un principito que ha venido a la tierra desde un pequeño planeta lejano. La historia del principito va revelándose en una serie de conversaciones curiosas y humorísticas. En su planeta tiene varios volcanes y una flor que cree que es única y especial. Su relación con la flor es conmovedora para un niño, pero a un lector adulto le parece un romance en el que la flor es descrita como una diva caprichosa. La única nota un tanto desagradable del libro es la de las connotaciones misóginas en la descripción de la flor. No obstante, hay un humor sarcástico en la descripción de cómo embruja al príncipe y le hace correr a su alrededor para contentarla.

Deprimido por este romance, el principito se marcha de su planeta y visita una serie de pequeños planetas donde residen distintos estereotipos de adultos. Por ejemplo, conoce a un bebedor, a un hombre de negocios que está obsesionado con poseer las estrellas, a un rey sin súbditos, a un geógrafo que no sabe nada sobre los lugares que representan sus mapas y a un farolero que cada día sigue sin falta las instrucciones para encender y apagar el farol en su planeta. El principito aprende muchas cosas sobre lo extraña que es la naturaleza humana. Por último, visita la tierra y aterriza en el desierto. Aquí conoce a una serpiente y, en un jardín, descubre que la flor que le parecía tan especial no es más que una rosa común.

Entonces conoce a un zorro, que le pide que le domestique. A raíz de esto se crea un vínculo entre ambos, que se entristecen cuando tienen que separarse. Esta experiencia enseña al principito que su relación con la flor en efecto es especial. Él ha atendido a sus necesidades y se ha preocupado de ella y, por lo tanto, su amor es especial. Se da cuenta de que aunque no sea única, aún quiere volver con ella.

Aunque sin revelar el final, sí queremos señalar que las últimas páginas son profundamente ambiguas y dejan una impresión triste y conmovedora de la marcha del principito, al tiempo que el narrador por fin logra reparar su avión y vive para contar la historia.

El mensaje filosófico más evidente de *El principito* está relacionado con la forma en que nuestra percepción del mundo cambia a medida que nos hacemos mayores. La historia sobre su dibujo de un elefante y una serpiente que es confundido con un sombrero resulta cómica, pero también nos dice mucho sobre cómo la imaginación infantil construye el mundo que perciben los niños. Y en el principito Saint-Exupéry nos deja un retrato inolvidable de una criatura inocente que ve todo en la vida con nuevos ojos. Hay escenas en las que el narrador consuela al principito en las que le vemos como un niño. Pero otras veces hay auténtica sabiduría en sus ingenuos comentarios sobre el mundo, y nos damos cuenta de lo absurdos que muchos adultos resultan a sus ojos.

Así que *El principito* es un recordatorio de cuántas percepciones y creencias que damos por supuestas son acumulaciones de ideas recibidas, y nos sugiere que de vez en cuando deberíamos reconsiderar nuestras vidas con los ojos de un niño. En el libro también hay numerosos comentarios de pasada que parecen profundos cuando los leemos (aunque en una primera lectura la emoción de la historia puede hacerlos parecer más profundos de lo que son realmente).

La historia del zorro demuestra dos cosas. Primero, que gran parte de lo que es importante en nuestras vidas no es visible de forma inmediata, pues se desarrolla con el tiempo a través de nuestros vínculos emocionales. Y, segundo, que el principito se da cuenta del poder transformador del amor. Se percata de que su amor por la flor no es la molestia que pensaba que era, sino un aspecto importante de su vida y que debe valorarlo.

Resulta difícil saber por qué una fábula tan sencilla ha permanecido durante tanto tiempo. El libro se sigue vendiendo actualmente, más de sesenta años después de su publicación y ha sido traducido a muchas lenguas. Su verdadero poder quizá radique en el hecho de que, incluso en una narración muy sencilla, el autor deja margen para la ambigüedad y la incertidumbre. Recuerdo que, de niño, ciertos aspectos de la historia me frustraban y entristecían, pero, en vez de alejarme de ella, hacían que quisiera volver a leerla y «debatir» esas cuestiones en mi cabeza. Cuando nos hacemos mayores, especialmente si tenemos hijos, este libro cobra una nueva vigencia. Los niños siempre hacen preguntas así de inesperadas y urgentes sobre el mundo, y el libro lo refleja muy bien en el carácter del principito. Si lo que caracteriza a un clásico filosófico es que nos obliga a interpelarnos y a reconsiderar nuestras ideas sobre el mundo, *El principito* merece ser considerado como tal, lo mismo que otros textos de mucho más peso.

Lectura rápida

De niño me di cuenta de que a los adultos les falta imaginación y les cuesta entender las cosas. Me hice piloto, un viajero solitario. Después de un accidente en el Sahara, conocí al principito, un maravilloso niño inocente que me mostró cómo veía el mundo. Había abandonado a su querida flor en su planeta para ir a otros planetas y conocer a los adultos insensatos que pueblan el universo. Al final, un zorro y una serpiente le ayudaron a descubrir la mejor forma de amar a su flor. Si te cruzas con él alguna vez, dímelo, porque le echo mucho de menos y me acuerdo de él cada vez que miro las estrellas.

Si esto es un hombre, 1947

Primo Levi

*«El futuro de la humanidad es incierto, incluso en los países
más prósperos, y la calidad de vida se deteriora; sin embargo, creo
que lo que se está descubriendo sobre lo infinitamente grande
y lo infinitamente pequeño es suficiente para absolver a este fin
de siglo y de milenio. Lo que unos pocos están adquiriendo
en conocimiento del mundo físico tal vez hará que este periodo
no se juzgue como un retorno a la barbarie pura.»*

Primo Levi sobrevivió a Auschwitz. En un siglo de barbarie generalizada, sufrió uno de los episodios más terribles de la historia de
la humanidad. A partir de ello creó unas memorias reflexivas que,
en vez de caer en la ira y la acusación, se centran en el significado
filosófico del tratamiento que unos seres humanos sufrieron a
manos de sus congéneres en el Holocausto.

Nacido en Turín en 1919, Levi se graduó en Química en 1941,
en un momento en que en Italia el título de graduación le identificaba como judío debido a los edictos del gobierno de Mussolini.
Ya con la guerra muy avanzada, Levi intentó luchar contra los fas-
cistas, pero fue capturado y, como era judío (aunque no particularmente religioso), deportado a Auschwitz.

Tuvo la fortuna de sobrevivir. Su formación científica le ayudó, pues le enviaron a un laboratorio que trabajaba con caucho sintético. También tuvo la perversa suerte de contraer la escarlatina cuando las fuerzas soviéticas se aproximaban en 1944 y los guardias del campo abandonaron a quienes estaban demasiado enfermos para caminar, mientras se llevaban a los demás en la notoria Marcha de la Muerte en la que fallecieron tantos presos.

Los campos de concentración nazis están lejos de ser el único crimen contra la humanidad del último siglo. Pero son icónicos y asombra la magnitud y el grado del mal que representan. Tenemos bastantes fuentes de información sobre lo que ocurría en los campos, todas ellas sobrecogedoras. Primo Levi publicó sus memorias *Si esto es un hombre* poco después de la guerra, y más tarde se reeditaron y tradujeron a muchas lenguas.

En cierto sentido, *Si esto es un hombre* es una narración sencilla y honesta del tiempo que Levi estuvo en Auschwitz. A este nivel, es una lectura desoladora pero valiosa. Levi no pone en la picota a toda la nación alemana en general, pero está claro que no puede perdonar lo ocurrido. Presta mucha atención al comportamiento de los propios presos entre sí y a lo difícil que es mantener la humanidad cuando se es tratado de forma inhumana.

Y aquí es donde resulta evidente el contenido filosófico real de *Si esto es un hombre*. En otros capítulos de este libro examinamos obras que abordan la cuestión: ¿cómo deberíamos vivir la vida?, pero Primo Levi hace una pregunta sutilmente distinta: ¿qué es un ser humano? En otras palabras: ¿cómo reaccionamos a la inhumanidad?

Este libro trata tanto el comportamiento de los guardias del campo —que actúan de forma inhumana, con independencia de cómo y por qué llegara a suceder— como la experiencia de Levi en Auschwitz entre personas a las que se ha privado de todos los aspectos básicos de la vida que crean un sentimiento de humanidad. Y examina en detalle de qué formas esto afectaba a su comportamiento a través de los pequeños triunfos y desastres diarios que resultaban tan importantes para ellos a fin de afrontar el tratamiento inhumano que recibían.

El siglo xx no es el único periodo sangriento y violento en la historia de la humanidad, pero los horrores de las dos guerras mundiales y de los numerosos conflictos locales que han destrozado tantas vidas en todo el mundo suscitan muchos interrogantes sobre el significado de ser humano. ¿Es la violencia y la degradación una parte natural del ser humano o es una aberración abominable? ¿Hay alguna forma de conseguir que el futuro sea menos terrible que el pasado reciente? Cualquiera que reflexione sobre la historia del siglo xx debe concluir que estas preguntas son importantes y reales.

El texto de Primo Levi es tanto más poderoso por cuanto tiene autoridad moral para abordar estas cuestiones sin ambages. Pero, además, consigue tratarlas con cierto optimismo e incluso humor. *Si esto es un hombre* es un libro extraordinariamente poderoso porque se niega a regodearse en la miseria de las experiencias de Auschwitz y describe de manera honesta y rotunda en qué consiste ser tratado como no-humano.

Lamentablemente, la muerte de Levi en 1987 deja dudas sobre si se suicidó o no. (Cayó por la escalera de su casa de una forma que también pudo deberse a un momento de debilidad causado por su medicación.) A muchas personas les resulta difícil reconciliar sus aparentes optimismo y actitud positiva (tanto en este libro como en el resto de su extraordinaria obra) con la idea del suicidio.

Pero incluso si Levi realmente hubiera elegido la muerte, ¿por qué iba esto a restar validez al mensaje de su vida? Conoció de primera mano terribles horrores y consiguió transformar esta experiencia en un enfoque filosófico e incluso positivo para el resto de su vida. Sin duda, su escritura tiene su origen en la negativa a ceder al nihilismo y la depresión que podrían haberle provocado sus experiencias. Personalmente, creo que Levi no se suicidó, pero incluso si lo hubiera hecho, no puedo aceptar que un momento de autodestrucción deba pesar más que la obra de toda una vida. Después de la guerra, Levi dedicó toda su vida a intentar traducir una experiencia terrible en enseñanzas y a fomentar las facetas de la humanidad que le parecían válidas, a pesar de haber experimentado las peores.

En el plano filosófico nos ha dejado un registro de sus meditaciones sobre algunas de las cuestiones más difíciles que quepa plantearse. Y en el humano es una figura extraordinaria sencillamente por cómo transformó una experiencia terrible en textos magníficos e inspiradores.

Lectura rápida

Un relato honesto de lo que viví en Auschwitz... Si el hombre puede hacer a otros hombres lo que hizo allí, ¿qué es la humanidad?

Papá Mumin y el mar, 1965

Tove Jansson

*«A veces había cosas en la vida en familia que a Papá Mumin
no le gustaban. Su familia no era lo bastante sensible
en esos momentos, aunque vivía con él desde hacía tanto tiempo.»*

Papá Mumin y el mar es uno de los libros infantiles más extraños
y fascinantes que se han escrito nunca. Durante la década de 1950
las creaciones de Tove Jansson ya tenían su personalidad característica, que al parecer guardaba un marcado parecido con la de la
familia de la propia Jansson, y este fue el último libro completo de
la serie. Los Mumin tienen mucho de bohemios y acogen en su
casa a una serie interminable de parientes, visitantes y, en general,
vagabundos marginales que se acercan para disfrutar de la cocina
de Mamá Mumin, estabilidad doméstica y los útiles objetos que
guarda en su sempiterno bolso. A Mamá Mumin le gusta cuidar
de la gente y parece satisfecha en su mundo doméstico. Papá Mumin, del que no sabe muy bien de qué vive, alterna entre escribir
sus memorias y caprichos repentinos. En *Papá Mumin y el mar* de
repente traslada a toda la familia porque está deprimido.

Como historias infantiles, las novelas de los Mumin son diver-
tidas y están maravillosamente escritas con narraciones y persona-

jes sólidos. Pero también encuentran eco en los adultos. Jansson presenta una poderosa evocación de la vida en la naturaleza, con la recolección de comida y las fiestas (en particular, las excursiones) y los efectos de las estaciones sobre las emociones. *Papá Mumin y el mar* comienza con los habituales días ajetreados y veladas en torno a la casa familiar en el Valle de los Mumin. Mamá Mumin está cuidando el jardín y preparando el té. El Pequeño Trol Mumin juega con la Pequeña My, la criatura adoptada por los Mumin (uno de los mejores personajes infantiles jamás creados: «Ella no era más que un atisbo de algo, decidida e independiente... algo tan independiente que no tenía necesidad de mostrarse»). Pero incluso aquí, la Buka, un extraño y temido personaje solitario, se cierne sobre la dicha doméstica de la familia Mumin, proyectando su sombra sobre su felicidad. Fascinada por la luz (y la calidez) de su lámpara, es atraída hacia la casa. El miedo que despierta se debe más a la leyenda que a alguna razón concreta: adonde quiera que vaya, el suelo se congela y allí no crece nada; no obstante, en todo momento es atraída de forma irresistible por la calidez de la familia Mumin. Por su parte, Papá Mumin está deprimido: parece que todos tienen una función excepto él y siente que está de más. Mamá Mumin sugiere que trabaje en su maqueta de faro, pero a él le resulta demasiado infantil. Lo que quiere es ir a un faro real en una isla lejana. También quiere sentirse importante por una vez. El verano ha pasado, el otoño se acerca y, con él, llega la estación melancólica del deseo y la añoranza de cosas que uno quisiera haber hecho. Se da cuenta de que la rutina cotidiana tiene que cambiar.

Lo que sigue es un cuento extraño en el que estos cuatro personajes navegan durante dos días por el océano y conocen a un peculiar y silencioso pescador antes de alcanzar la isla del faro. En cuanto llegan, los personajes se separan como antes solo lo había hecho la Pequeña My. La primera noche duermen en la playa. El Pequeño Trol Mumin y Mamá Mumin pasan la noche en una tienda hecha con las velas de la embarcación. Al Pequeño Trol le asombra que Mamá Mumin se vaya inmediatamente a dormir sin ninguno de sus rituales domésticos, ni tan siquiera hacer café. Papá Mumin se queda fuera para guardar la tienda, feliz de tener por fin muchos proyectos. Como suele hacer, la Pequeña My se marcha para explorar por su cuenta. Al día siguiente, cuando llegan al faro, la puerta está cerrada y no saben dónde está la llave. Entonces envían al Pequeño Trol al otro extremo de la isla para que pregunte al pescador dónde está, pero solo encuentra una pequeña herradura plateada que pertenece a un caballito de mar. Papá Mumin por fin descubre la llave bajo un pequeño saliente de una roca, donde se sienta y contempla el mar en solitario.

Todos empiezan a aislarse en su propio mundo, física y mentalmente. En una isla extraña y desconocida, la soledad les proporciona seguridad. Papá Mumin se ha desligado de su antigua casa y está entusiasmado por las perspectivas que se le abren y su recién descubierta independencia. Entre tanto, los demás están desorientados al faltarles la familiaridad de su antiguo hogar en el Valle de los Mumin.

Papá Mumin intenta varias veces encender el faro. No permite que nadie más intervenga. En la sala que se halla arriba del todo, que considera suya, descubre unos extraños poemas escritos en las paredes, con toda probabilidad por el antiguo farero.

En esta desolada isla Mamá Mumin se retira para intentar cultivar un jardín, mientras que el Pequeño Trol Mumin encuentra un claro en el bosque y decide que quiere vivir solo. Todos los personajes descubren lugares secretos en la isla. La Pequeña My se dedica a seguir al pescador solitario y duerme a la intemperie, mientras que Mamá Mumin desea tanto un jardín que empieza a pintarlo en la pared. El tormentoso clima de la isla no permite que crezcan flores, a pesar de sus esfuerzos para acolchar el suelo con algas y plantar sus amadas rosas. Mamá Mumin insiste en que la pintura de la pared es su jardín y no permite que nadie lo toque.

El aislamiento se aborda en muchos temas del libro. Cada personaje busca un lugar propio apartado de los rigores de la isla y, sin que lo sepan, la Buka los ha seguido. Canta canciones sobre lo sola que está, que los demás solo perciben como un misterioso lamento. Es como si los personajes estuvieran buscando una nueva identidad en este extraño lugar, una identidad conformada por su alejamiento de su acogedor hogar. Están coartados por los nuevos límites, que refuerzan temores de su vida anterior pero que, al mismo tiempo, les desafían a vencer las dificultades y readaptarse. El incesante movimiento del mar define su horizonte y los árboles del bosque se van apartando del mar para rodear el faro. La arena de la playa tampoco está nunca igual y la Pequeña My atrapa hormigas con una pared de azúcar para matarlas con parafina en cuanto entran, un signo de los peligros que entraña dejarse encerrar. La Buka, cada vez más cerca, les desafía a enfrentarse a sus demonios cuando tratan de encontrarse a sí mismos. Ella es la conciencia del libro: puedes correr, pero no puedes esconderte.

El aislamiento de los personajes se hace más profundo cuando Papá Mumin se cansa de intentar hacer funcionar el faro, descubre un lago donde puede pescar y decide estudiar el mar, todavía en busca de su idea de respeto y estima. Mamá Mumin empieza a desaparecer en su pintura de un jardín, donde puede perderse entre sus flores y manzanos. Cuando entra en el jardín, su familia no la ve, su tamaño «no es mayor que el de una cafetera». Deja los cacharros sucios debajo de la cama y no vuelve a decir nada sobre renovar el faro. Ha abandonado su vida doméstica cotidiana. Parece que solo el Pequeño Trol Mumin se ha percatado del cambio de personalidad de quienes lo rodean, que están tan ensimismados que apenas se dan cuenta de que él ahora vive fuera. Mamá Mumin achaca sus quejas a «dolores de crecimiento» y parece que el Pequeño Trol por fin se ha hecho mayor.

De noche se lleva su lámpara a la playa para contemplar los caballitos de mar y hablar con ellos. Son pequeñas criaturas nerviosas que siempre llegan en parejas, nunca revelan de quién es su herradura y en general sueltan risitas y bromean a sus expensas. No obstante, como un adolescente, está enamorado de la idea del caballito cuya herradura ha devuelto, imaginando que se lo agradecería y que sería su amigo del alma. Durante esas noches se da cuenta de que la Buka está cada vez más cerca de la orilla. Al final, se enfrenta allí a su peor pesadilla: el hermoso caballito de mar le rechaza y se encuentra ante la terrible presencia de la Buka. Por fin se percata de que la Buka parece buscar la amistad, y que en realidad aquí se halla tan sola y aislada como él. Su canto ya no es solo triste, sino también «desafiante». El Pequeño Trol Mumin deja de temer a la Buka y empieza a comprenderla. En toda la isla parece que él es el único que siente empatía por los demás.

Al final, Papá Mumin empieza a desanimarse de su estudio del mar, que es cruel y difícil de conocer. La isla también tiene vida propia. Los árboles siguen avanzando hacia el interior para alejarse del mar. Los árboles se apartan de lo que les asusta de la misma forma que la familia del Pequeño Trol huye o niega lo que le da miedo o inquieta. Al cabo, Papá Mumin empieza a darse cuenta de que su familia está fragmentada y va a ver al Pequeño Trol en su hogar en el claro. Papá Mumin habla sobre el mar como si se tratara de una persona y, de hecho, a lo largo del libro, el mar está representado como otro personaje que simboliza la naturaleza fluida, inestable y en ocasiones cruel del comportamiento y las emociones. El mar representa nuestra necesidad de comprender esto, que no siempre estamos de acuerdo con los demás o los comprendemos, que a veces simplemente tenemos que aceptarlos. Papá Mumin y su hijo empiezan a darse cuenta de la dificultad de estar con otras personas y comprenderlas. Mamá Mumin también acaba por percatarse de que debe dejar de intentar cambiar la isla y aceptarla como es. Después de esto, descubre que ya no puede entrar en el jardín que tiene pintado en la pared porque ya no siente añoranza.

El Pequeño Trol Mumin supera su miedo a la Buka y baja a la playa para verla pero sin la lámpara, que ahora está vacía. Sin embargo, ella está allí, con aspecto feliz y bailando. Ya no da miedo y el Pequeño Trol está asombrado. Después de que ella regrese al mar, la arena sobre la que había estado no se ha helado, sino que está normal. Cuando el Pequeño Trol piensa en la Buka comprende que ella había dejado de tener miedo a desilusionarse. Desde el principio había albergado en su interior la luz y la calidez que buscaba, y se acaba de dar cuenta de ello.

El mar se pone bravo y destruye la cabaña del pescador. Los Mumin están preocupados por él y van a ver cómo está. Aunque se ha quedado sin hogar, se niega a ir al faro, pero les dice que mañana es su cumpleaños. Mamá Mumin insiste en organizarle una fiesta. Al pescador le aterra la idea de ir al faro y la Pequeña My tiene que gritarle que se comporte para que entre. La familia Mumin ya casi es como solía. Mamá Mumin incluso utiliza sus últimas velas para la tarta de cumpleaños del pescador. A este le sorprende su amabilidad y le dice que es la primera persona que se ha acordado de su cumpleaños en su vida. Poco a poco nos damos cuenta de que el pescador en realidad es el primer farero y autor de los desolados poemas que están escritos en las paredes de la habitación más alta del faro. Ha superado su miedo y la soledad para volver a su puesto. Dentro del faro se vuelve más asertivo, pide más café y se pregunta qué ha pasado con el nido de pájaros que debía haber en la chimenea. La familia casi se siente intimidada. Propone intercambiar su sombrero por el de Papá Mumin (y, por tanto, sus roles), y así lo hacen. El farero sube a lo alto del faro para dormir y asegura a los Mumin que no hay ningún problema con el mar y la isla. Cuando Papá Mumin se dirige a su embarcación para pescar se da cuenta de que el farero por fin ha conseguido que funcione el faro.

Papá Mumin y el mar es un viaje de autodescubrimiento, de afrontar nuestros demonios internos y externos, y de darnos cuenta que no podemos huir para ser felices porque lo que nos hace infelices nos seguirá si no somos capaces de superarlo. El libro también trata de cómo trascender los límites y las barreras percibidas, tanto aceptando las limitaciones propias y las de los que nos rodean como yendo más allá de lo que nos creemos capaces. Nos muestra que a veces debemos aceptar una situación difícil a fin de mejorarla y, de la misma forma, tolerar las limitaciones de los demás para sacar a la luz lo mejor de ellos.

Lectura rápida

Los Mumin son pequeñas criaturas muy graciosas que, como nosotros, tienen afectos, pensamientos y miedos. Si queremos a alguien, podemos soportar los fallos de su carácter, pero si no lo queremos, no tenemos que soportar nada. Aceptémonos, con todas nuestras imperfecciones, y aceptemos lo que es distinto en los demás. A veces no podemos cambiar lo que no nos gusta, pero lo que no nos gusta no debería cambiarnos.

Juan Salvador Gaviota, 1971

Richard Bach

*«No creas lo que te dicen tus ojos. Todo lo que muestran
es limitación. Mira con tu entendimiento, descubre
lo que ya sabes, y verás cómo volar.»*

Juan Salvador Gaviota fue un gran éxito cuando se publicó en
1971. Se vendieron dos millones de ejemplares en los dos primeros años y sigue reimprimiéndose hasta hoy. Fue un éxito popular, así como en la cultura alternativa de estudiantes y radicales.
No obstante, hoy suele causar sonrojo en el *establishment* literario, que lo considera un libro un tanto ridículo y sin valor. Así
que, ¿por qué tuvo semejante éxito de entrada y por qué ha sufrido tanto su reputación con el paso del tiempo?

A primera vista es una simple fábula sobre el héroe epóni-
mo y sus experimentos en el arte de volar. A Juan Salvador Gaviota le encanta volar y quiere llegar más alto y zambullirse a más
profundidad que las demás aves de la bandada. Estas no comprenden su entusiasmo y están más interesadas en la lucha diaria
por conseguir comida. Así que Juan se convierte en un marginado que vive solo y se dedica a perfeccionar su vuelo y sus zambu-
llidas.

Hasta aquí la obra es bastante sencilla e incluso realista, siempre que aceptemos que las aves pueden hablar. Pero entonces el texto se vuelve un tanto estrambótico cuando dos gaviotas de otro plano de la existencia se acercan a él y le llevan adonde habitan. Le dicen que su entusiasmo por volar hace de él «una gaviota en un millón» y que por eso se han dirigido a él. Da la impresión de que la relación entre esas gaviotas y las gaviotas normales es como la que hay entre los ángeles y los seres humanos o entre quienes han alcanzado la «iluminación» y los que no. Las gaviotas tienen su propio dios —la Gran Gaviota—, y las nuevas gaviotas parecen más cercanas a esta que las de la antigua bandada de Juan.

En esta nueva sociedad, a todas las gaviotas les gusta volar de la misma forma que a Juan, que con su maestro Chiang se dedica a estudiar cómo alcanzar nuevas alturas de entendimiento y habilidad. Descubre que, siguiendo su consejo —«empezar por saber que ya has llegado»—, puede volar a cualquier parte del mundo en un instante.

En la última sección del libro Juan está insatisfecho con su vida y decide volver con su antigua bandada para transmitirle los conocimientos que ha obtenido. Reúne a un grupo de gaviotas marginadas como alumnos y les enseña que una de las cosas que deben hacer es perdonar a la bandada por no comprenderles.

El libro tiene muchas lecturas. La más básica de todas es una alegoría de los marginados que forman su propio grupo en la sociedad. Bach decía que el libro se basaba en una serie de visiones (aunque también reconoció que en parte se había inspirado en John H. «Johnny» Livingston, un aviador de competición de las décadas de 1920 y 1930). Pero en la medida en que hay un mensaje, parece que es que, en último término, quienes buscan la iluminación solo consiguen algo realmente si vuelven a la gente corriente e intentan transmitir su conocimiento en vez de excluirse por completo de la sociedad.

Aparte de esto, el libro es una extraña mezcla de ideas cristianas, proto-*New Age* y orientales. En este sentido, es representativo de su tiempo. En la década de 1960 y principios de 1970 la idea de alcanzar la iluminación estudiando con un gurú o maestro ejercía una gran fascinación. Los Beatles tenían a su Maharishi; Castaneda, a su Don Juan. Y en la obra de Hermann Hesse, tan admirado en los sesenta, tenemos las figuras de Narciso y Goldmundo, arquetipos de alumno y maestro. Juan tiene su gurú en Chiang y, a su vez, se convierte en el gurú de las gaviotas jóvenes a su regreso a la bandada.

Esta puede ser una de las claves para comprender cómo ha cambiado la reputación del libro a lo largo de los años. Vista desde la distancia, la idea de que los marginados de la sociedad busquen gurús para que los guíen a la iluminación resulta un tanto fácil y autocomplaciente. Se basa en la idea de que el alumno es un individuo excepcional, alguien a quien los demás no comprenden porque es demasiado profundo. Esta idea, un tanto adolescente, ejerció gran influencia en los años sesenta, cuando muchas personas, por lo demás razonables, tenían una fe exagerada en la capacidad de la juventud y la rebelión para cambiar el mundo y traer una nueva época de paz y amor. Al final, resultó que muchos de aquellos gurús eran falsos o menos fiables de lo que en su momento habían parecido.

Asimismo, muchos libros y canciones de la época empezaron a considerarse reliquias de tiempos más ingenuos. (Por poner un ejemplo, T-Rex cantaba «No engañaréis a los hijos de la revolución» precisamente cuando muchos jóvenes estaban perdiendo la fe en la idea de revolución.) *Juan Salvador Gaviota* quizá corrió la misma suerte. Y también parece un libro que podría impresionarnos como adolescentes de catorce años, cuando nos sentimos únicos («una gaviota en un millón»), pero acaso sea demasiado ingenuo para que le entusiasme a un adulto.

Hay algo de verdad en esas críticas, y no quisiéramos sobrevalorar este libro. Con todo, es más interesante y atractivo de lo que sugiere su reputación actual. En el núcleo de la historia hay pensamientos sugerentes sobre el concepto de abandonar la sociedad normal en aras de algo más sublime. El mito de los años sesenta descansaba en parte sobre la confusa noción de que quienes «veían más allá» y «rompían con el sistema» podrían construir una sociedad alternativa viable. Y se suponía que los miembros más iluminados y atrayentes de la sociedad tenían derecho a despreciar y rechazar a los «cabezas cuadradas» y «estrechos de miras».

Básicamente, el libro de Bach acepta parte de ese elitismo mostrando que los marginados pueden alcanzar la iluminación y situarse en otro plano espiritual. Pero al mismo tiempo, se enfrenta al hecho de que a todas luces este comportamiento exclusivista no es sostenible y sugiere que el conocimiento obtenido por Juan solo significa algo cuando vuelve a participar en la sociedad normal (la bandada) para transmitir sus conocimientos.

Así que el libro puede leerse como un revelador testimonio sociológico de la mentalidad de la época en que se escribió o como una fábula amable que difunde ideas interesantes pero confusas al abordar algunos problemas filosóficos reales.

Lectura rápida

Juan era una gaviota. Lo que más le gustaba en el mundo era volar y zambullirse. Era especial, al contrario que la aburrida bandada, que solo se preocupaba de necesidades cotidianas como buscar comida y refugio. Se convirtió en un marginado porque la bandada no le comprendía. Dos gaviotas de otro plano espiritual se dieron cuenta de que era único y lo llevaron con ellas. Aprendió muchas cosas asombrosas espirituales —y un poco simplonas— con su maestro Chiang. Pero, al cabo, se dio cuenta de que tenía que perdonar a la bandada y regresar para enseñar a los demás marginados a ser tan especiales como él.

Zen y el arte del mantenimiento de la motocicleta, 1974

Robert M. Pirsig

«La metafísica es un restaurante donde te dan un menú de 30.000 páginas y ninguna comida.»

Si aceptamos que debe considerarse un libro de filosofía (y no una novela), *Zen y el arte del mantenimiento de la motocicleta* es un gran *best seller* filosófico, pues ha vendido más de cinco millones de ejemplares. Es una lectura interesante que reúne elementos de autobiografía, investigación filosófica y narrativa. Ya al comienzo, el autor nos advierte que el libro no trata realmente sobre el zen ni sobre el mantenimiento de la motocicleta. Así que, ¿de qué trata? Para empezar a explicarlo, lo más útil será relatar brevemente la vida del autor antes de que escribiera el libro.

Robert Pirsig era un joven muy inteligente que, según explicó más tarde, desde que empezó a pensar, había sentido el imperioso deseo de disponer de una teoría que pudiera explicarlo todo. Combatió en la Guerra de Corea (durante la cual se entusiasmó con el budismo), estudió en la India y, más tarde, enseñó filosofía en una universidad estadounidense. Fue un profesor estimulante, aunque excéntrico, que desarrolló una teoría compleja a partir de ideas orientales como el tao para salvar los dualismos de la filosofía occidental. Después de lo que podría describirse como un episodio de esquizofrenia catatónica o acaso un momento de intensa «iluminación» (Pirsig ha dicho que utiliza los términos de forma intercambiable cuando habla de aquella época), su inestabilidad no dejó de aumentar, y fue hospitalizado y sometido a terapia electroconvulsiva. Su esposa se divorció de él y su relación con sus dos hijos se hizo cada vez más difícil. En 1968 emprendió un viaje en motocicleta con su hijo Chris, en parte para reconducir su relación. Más tarde, utilizó este viaje como punto de partida para *Zen y el arte del mantenimiento de la motocicleta,* basado vagamente en sus experiencias e ideas, que fue rechazado por más de cien editoriales antes de ser un gran éxito.

En el libro, el narrador y su hijo Chris viajan en motocicletas, al principio con una pareja de amigos. Las reflexiones y conversaciones filosóficas que están diseminadas por todo el libro al principio se centran en cuestiones relacionadas con la tecnología, tomando como modelo el mantenimiento de la motocicleta principalmente. Pirsig utiliza las actitudes de la gente hacia la maquinaria para demostrar una división fundamental entre las perspectivas *clásica* y *romántica,* así como para empezar a explicar cómo la filosofía occidental ha estado definida por el dualismo de subjetividad y objetividad.

Esta narración alterna con la historia de un misterioso personaje llamado Fedro, que es un profesor de filosofía un tanto maniático y rebelde que a todas luces se basa en el propio Pirsig. El nombre está tomado de un diálogo socrático y buena parte de su búsqueda de la verdad comienza con un análisis de la filosofía occidental, a partir de los griegos.

La última reflexión de Fedro es que la Calidad (o *areté* en griego) es el principio unificador que vincula la subjetividad y la objetividad. Entonces identifica la Calidad con el Tao o Zen y de esta forma reconcilia las tradiciones oriental y occidental. Pero Fedro, al igual que Pirsig, tiene un episodio de crisis mental que culmina con un tratamiento a base de electroshocks. La conclusión del libro constituye un giro dramático para resolver las dos líneas de la historia.

Así que, ¿estamos ante un libro de filosofía? Y, si es así, ¿es bueno? Sin duda, se trata de una novela interesante y convincente, y su éxito es comprensible, aunque haya elementos que están muy ligados a su época. Pero ¿es sólida su filosofía?

Sobre esto hay distintas opiniones. Se ha sostenido que Pirsig exagera la importancia del descubrimiento de Fedro, pues el sistema que describe está próximo al trinitarianismo de la Iglesia cristiana primitiva (donde el Espíritu Santo desempeña un papel de puente de unión semejante al de la Calidad de Pirsig), o a autores islámicos y judíos místicos del mismo periodo. Asimismo, se ha dudado que el nexo que establece entre el Tao y la Calidad realmente sea tan consistente como piensa. Su insistencia en que es imposible definir la Calidad es muy zen, pero resulta frustrante para la mentalidad filosófica occidental. En todo caso, Pirsig ofrece argumentos que, como mínimo, son interesantes y, para un lector sin formación filosófica, consigue presentar (y debatir) numerosas ideas tradicionales mientras relata una historia amena.

Los detalles del libro a veces son más persuasivos que la teoría general de la Calidad. Algunas de las reflexiones filosóficas que la acompañan son fascinantes, aunque otras resultan un poco anticuadas. En sus explicaciones de las ideas orientales hay momentos relacionados con la *New Age,* y oponer en nuestra era digital, como hace él, tecnofobia y temperamento clásico resulta irrelevante. Pero en otros lugares hace observaciones interesantes sobre autoritarismo, educación y celebridad, y buena parte de la pormenorizada exposición de sus ideas sobre la Calidad es sugerente.

En último término, como obra filosófica, quizá se resienta por la forma en que está escrita. Se intuye que a Pirsig le habría gustado publicar sin más sus ideas sobre la Calidad, pero no pudo hacerlo, por lo que escogió la forma de la novela para introducir su filosofía de forma más o menos solapada. Esto lo consigue, pero tiene un precio. Cuando leemos sobre los descubrimientos de Fedro no estamos seguros de si la apresurada descripción de sus procesos mentales ha dado a esas ideas un aire espurio de autoridad y certeza. Mientras se lee el libro es difícil tomar un poco de distancia y valorar los méritos del pensamiento de Fedro porque estamos fascinados con su evolución psicológica. Hasta cierto punto, Pirsig resolvió el problema adoptando un enfoque más mesurado en la continuación, *Lila,* en la que todavía emplea una forma seminarrativa y semiautobiográfica, pero consigue dar a sus ideas una expresión más calmada.

En conjunto, *Zen y el arte del mantenimiento de la motocicleta* es una lectura problemática pero agradable. Aún no está claro si la filosofía de Pirsig debería haber sido más valorada de lo que fue, pues los filósofos académicos suelen ignorarla. Pero al menos tiene el mérito de haber suscitado interés en ideas filosóficas complejas entre un público de masas que, de otra forma, quizá nunca habría leído filosofía.

Lectura rápida

En el mantenimiento de la motocicleta las personas nos dividimos entre las que muestran más afinidades con el pensamiento clásico o con el romántico. Cuando la desmontamos y la volvemos a montar, muchas veces queda un tornillo en el suelo. La Calidad es el puente entre la objetividad y la subjetividad y por lo tanto constituye la base de un sistema filosófico unificador. Y la Calidad es más o menos lo mismo que el tao o el zen.

El tao de Pooh, 1982

Benjamin Hoff

«Ves, Pooh —dije—, parece que hay mucha gente
que no sabe lo que es el taoísmo.»

El tao de Pooh fue un *best seller* inesperado. Básicamente es un intento de explicar una religión oriental como el taoísmo con los personajes de los libros de Winnie the Pooh, de A. A. Milne, como arquetipos de distintas formas de pensamiento. Dicho así, no suena muy prometedor, pero el libro es divertido, bonito y revelador.

Es debatible si su representación del taoísmo es adecuada. Hoff compara y contrasta el budismo, el confucianismo y el taoísmo en el libro, identificando a los budistas como aquellos para quienes las tribulaciones de la vida son como requisitos por los que hay que pasar en el camino al nirvana, mientras que a los confucianos se les parodia como burócratas atados a las reglas. Por el contrario, en la descripción de Hoff los taoístas llevan una vida sencilla de contemplación, en armonía con el universo.

Utiliza a Winnie the Pooh como arquetipo del camino del tao. Pooh es el «bloque sin tallar», lo que significa que es una *tabula rasa* que se limita a aceptar el mundo tal como lo encuentra, sin intelectualizarlo en exceso ni vivir en desarmonía con él. Por el contrario, al Búho se le describe como un intelectual por el mero gusto de serlo —«demasiado inteligente»—, mientras que el Conejo se precipita a la hora de resolver problemas e Ígor es demasiado pesimista para aceptar el mundo que le rodea.

Hoff da a sus tesis cierto respaldo académico y cita la obra de taoístas clásicos como Lao Tse, así como poetas chinos. No obstante, algunos expertos en religiones orientales han cuestionado la exactitud de su enfoque de estas religiones, en particular su valoración, en buena medida negativa, del budismo y del confucianismo. En todo caso, parece justo decir que en este libro ha captado algo del espíritu del taoísmo, y que lo ha hecho de una forma ligera y humorística. Esta es la razón principal por la que lo hemos incluido en nuestra selección. Hay que tener en mente que las ideas filosóficas pueden proceder de fuentes muy distintas, tanto «serias» como «informales». Está claro que el libro de Hoff tuvo un amplio público y que ha hecho pensar a muchos lectores sobre las formas en que perciben y comprenden el mundo. No cabe duda de que sus análisis de los distintos tipos de racionalidad suenan auténticos. Cuando dice que otros personajes que no son Pooh «piensan demasiado» y buscan los aspectos negativos de la vida, encuentra eco en muchos lectores y les hace detenerse a considerar cómo opera su mente.

Cuando nos hacemos adultos, nos aferramos a determinadas maneras de pensar, y leer de vez en cuando un libro como este, o los textos taoístas originales (los pensamientos de Lao Tsé serían un buen comienzo), puede impulsarnos a volver a un modo de pensar más abierto, incluso «infantil».

En *Las puertas de la percepción,* de Huxley, se hace referencia a la idea de que en nuestra mente hay filtros que excluyen muchas percepciones e ideas. Hasta cierto punto, esto es inevitable (pues no podemos procesar toda la información que recibimos), pero también es verdad que aprendemos a procesar la información.

Dejamos de reaccionar a la información tan inocente y abiertamente como hacíamos de niños. El libro de Hoff nos recuerda una forma más inocente de comprender el mundo en que vivimos y también que nuestra manera de pensar actual sobre el mundo no es necesariamente la única posible.

En este sentido es un libro filosófico. Quizá cabría sostener que solo lo es en la medida en que también lo son los propios libros de Winnie the Pooh. Todo lo que Hoff describe sobre los procesos del pensamiento ya está presente en los libros de A. A. Milne de una forma sucinta y humorística. Y, desde luego, una de las consecuencias de leer *El tao de Pooh* puede ser el deseo de revisitar aquellos libros de la infancia.

En la introducción a esta sección se afirmaba que los libros infantiles pueden contener perlas inesperadas de sabiduría, en parte porque tratan las formas en que percibimos el mundo antes de convertirnos en adultos que han perdido la espontaneidad. Por consiguiente, puede ser revelador e interesante volver a los libros infantiles más reflexivos como adultos. No hay una razón de peso para considerar que Kant, Descartes y Wittgenstein son filosofía auténtica y negar que libros como *Winnie the Pooh, Alicia en el País de las Maravillas, Los sueños de Marianne* o *El ratón y su hijo* puedan contener sabiduría filosófica igual de auténtica. Incluso un libro de ilustraciones como *Donde viven los monstruos,* de Maurice Sendak, puede tocar lo esencial de las ideas psicoanalíticas sobre cómo percibimos el mundo a través de la fantasía y la proyección.

Así que las historias originales de Pooh pueden ser por sí mismas una fuente de ideas interesantes para muchas personas, pero el libro de Hoff ha dado a esas obras y personajes un giro interesante y los ha acercado a un público más amplio. Este libro puede expresar o no la esencia del tao, pero, al menos, es una lectura sugerente que invita a pensar.

Lectura rápida

Winnie the Pooh es el bloque sin tallar, lo que significa que tiene una visión elemental del mundo y vive en armonía con su entorno, mientras que sus amigos, cada uno a su manera, intelectualizan el mundo en exceso o son incapaces de vivir en armonía con él. Así, representa el verdadero camino del tao.

Aforismos: un pequeño manual para una vida espiritual, 2002

Ram Dass

«No te tomes a ti mismo de forma tan personal.»

Ram Dass nació en 1931 y su nombre original era Richard Alpert. A principios de los años sesenta era un renombrado psicólogo que enseñaba en Harvard, pero cada vez le fascinaban más los aspectos espirituales de su investigación y las drogas alucinógenas como el LSD. En los comienzos del LSD a muchos intelectuales les atraían las visiones de la conciencia que parecía ofrecer la experiencia alucinógena. Alpert colaboró con Timothy Leary, Aldous Huxley y Allan Ginsberg, entre otros, en una serie de libros y trabajos de investigación. A consecuencia de este controvertido trabajo, fue expulsado de Harvard.

En los años siguientes estudió meditación, yoga y otras disciplinas espirituales, y adoptó el nombre de Ram Dass después de viajar a la India para ser discípulo de un gurú. Dass estaba interesado en cuestiones medioambientales, políticas y sociológicas, además de en las espirituales, y fue un prolífico escritor sobre muchos temas. Su libro *Aquí ahora* captó el espíritu de la época: relata su historia de una forma estilizada y poco convencional y elogia las virtudes de la espiritualidad oriental con un tono un tanto irónico que da al libro un equilibrio y una capacidad de permanencia que muchos de sus contemporáneos no podían igualar.

No obstante, *Aquí ahora* es una obra muy ligada a su tiempo. En textos posteriores Dass ha mostrado su verdadera sabiduría cuestionando sus propias creencias y afirmaciones, y estando admirablemente dispuesto a reconocer sus deficiencias y errores. Tiene una refrescante capacidad para examinar su personalidad sin autoengaños, y esta honestidad es lo que da fuerza a su obra. A los setenta años publicó un libro encantador sobre los problemas de envejecer y del temor a la muerte con el escueto título *Aquí todavía,* en un guiño a su obra más conocida. Dass puede ser errático en sus consejos concretos y bascula entre una sabiduría genuina y prédicas más flojas, pero siempre resulta interesante y sugerente.

Hemos seleccionado *Aforismos: un pequeño manual para una vida espiritual* porque ofrece una introducción muy clara y concisa a su obra. Y también porque quizá más que ningún otro libro suyo este aborda una de las cuestiones filosóficas clave: cómo deberíamos vivir la vida.

Consiste en una colección de aforismos: expresiones breves y precisas de ideas y pensamientos. La tradición de los aforismos en filosofía incluye a autores tan consagrados como Montaigne, La Rochefoucauld y Nietzsche. Estos autores compartían la capacidad para compendiar un pensamiento en una sola frase o párrafo que invita a los lectores a pensar por sí mismos.

Los aforismos son la quintaesencia de las lecturas y de los textos de Dass a lo largo de su vida. Por mencionar unos pocos ejemplos del libro: «El envejecimiento representa el fracaso en nuestra sociedad, por lo que todos nosotros miramos hacia delante y vemos un fracaso inevitable», «El humor es la capacidad de ver la realidad desde la perspectiva de otro» y «No te tomes a ti mismo de forma tan personal».

Son ejemplos de cómo Dass es capaz de condensar un razonamiento serio en una sola frase, sin caer en la trampa de la banalidad o el simplismo. De hecho, Dass nos invita a reflexionar sobre nuestras propias actitudes, nuestros supuestos sobre la vida cotidiana y nuestras acciones consiguientes.

La mejor manera de leer *Aforismos* es en pequeñas dosis, con pausas frecuentes para reflexionar. Dass pensaría que no ha logrado su objetivo si no consiguiera que quisiéramos aplicar a nuestra vida un nivel de escrutinio y honestidad que, como mínimo, se aproxime al que él aplica a la suya. No es necesario compartir todas las inquietudes espirituales de Dass para reconocer el valor de sus textos.

Para que llevemos una vida verdaderamente filosófica, Dass nos anima a interpelarnos a nosotros mismos y nos ofrece el ejemplo de un maestro que no cree tener todas las respuestas. Desde Sócrates en adelante, los filósofos han pensado que el verdadero conocimiento comienza con el conocimiento de uno mismo. *Aforismos* es una provocación, un amable recordatorio de que debemos reexaminar nuestras vidas diariamente. Al recordárnoslo en un libro tan delicioso y accesible, Dass nos endulza el mensaje. No obstante, el hecho de que sea un libro ameno y breve no debería llevarnos a creer que no es profundo y sabio.

Lectura rápida

En las palabras de su autor, Ram Dass, *Aforismos* es «una suerte de brandy espiritual, un destilado de las conferencias que he dado en el transcurso de la última década aproximadamente». Sus aforismos captan «los breves momentos 'ajá'», los pensamientos sencillos pero profundos que cristalizan alguna parte de la existencia humana. El propio Dass recomienda leer el libro en breves pausas o trayectos de autobús, en pequeñas dosis para reorientar la forma en que pensamos sobre la vida. Una meditación agradable al tiempo que honda de un hombre honesto y sabio.

PSICODRAMA: PAUTAS PARA LA VIDA

Introducción

En la época de Platón y Aristóteles existía la convicción generalizada de que uno de los objetivos de la filosofía era ayudarnos a saber cómo hemos de vivir. Pero en los siglos siguientes la filosofía tradicional se interesó más por las cuestiones metafísicas y epistemológicas: ¿qué es el universo? y ¿qué podemos saber sobre él? Por supuesto, muchos autores seguían escribiendo sobre temas éticos o morales, pero lo que se entendía por filosofía estaba más centrado en cuestiones de racionalidad, significado o certeza que en la búsqueda de una vida buena o en meras recomendaciones sobre cómo comportarse en la vida cotidiana.

De distintas maneras los libros incluidos aquí tocan esos temas desde ángulos distintos de la perspectiva filosófica más ortodoxa. *El arte de la guerra* y las *Máximas* de La Rochefoucauld son libros que dan consejos básicos sobre cómo hemos de considerar nuestras vidas y a nuestros congéneres. El clásico de Sun Tzu es un tratado militar, pero se ha utilizado en campos muy distintos como guía de las acciones humanas en situaciones de conflicto, mientras que la perspectiva de La Rochefoucauld sobre el comportamiento humano se basa en sus años de tortuosas maniobras políticas en la corte francesa del siglo XVII.

Los cuatro títulos siguientes se centran más en interpretaciones psicoanalíticas del comportamiento. La nueva ciencia del psicoanálisis ha complementado a la filosofía de formas extremadamente interesantes en el siglo XX. Mientras muchos filósofos todavía luchaban con la idea de que el yo pudiera ser complejo o escindido, la psiquiatría tomaba el yo escindido como punto de partida e intentaba averiguar las consecuencias de esto para interpretar el comportamiento humano. Cuando se trata de comprender ideas como el autoengaño, la mala fe o la locura, parece que el enfoque racionalista de la filosofía con frecuencia necesita algo de ayuda de la teoría psicoanalítica para dar cuenta de la mente humana.

He roto el orden cronológico de los libros al colocar a Carl Jung después de Sigmund Freud, aunque *Recuerdos, sueños, pensamientos* se publicó después que los libros de Erich Fromm y Carl Rogers. Como secuencia de lectura tiene más sentido así, porque las teorías de Jung en general eran bien conocidas para cuando Fromm y Rogers estaban escribiendo, y el hecho de que sus memorias se publicaran póstumamente es lo único que hace que dé la impresión de que no aparecen en orden cronológico. También hay que mencionar que la obra de Lacan (incluida más adelante en este libro) habría sido pertinente en esta sección. Por supuesto, hay un amplio corpus de textos psicoanalíticos que no podemos mencionar aquí, pero con la inclusión de estos libros esperamos mostrar la importancia de la teoría psicoanalítica para la filosofía.

El arte de amar, de Erich Fromm, también es un libro interesante porque es una de las pocas obras teóricas incluidas que abordan explícitamente el tema del amor. Por último, veremos

Las consolaciones de la filosofía, de Alain de Botton, un libro en el que el autor intenta explícitamente volver al principio platónico de que la filosofía debería ser una guía para nuestra conducta y ayudarnos a comprender nuestras vidas y a decidir cómo hemos de vivirlas.

El arte de la guerra, siglo VI a. C.

Sun Tzu

«Conoce a tu enemigo y conócete a ti mismo.»

El arte de la guerra es un tratado militar chino del siglo VI a. c. Como tal, podría parecer una decisión extraña considerarlo un «clásico de la filosofía». Lo incluimos aquí en gran medida por su duradera influencia en el pensamiento moderno, no solo en aplicaciones militares sino también en ámbitos tan diversos como los negocios, el deporte e incluso las relaciones amorosas. Clásico reconocido en Oriente durante más de dos mil quinientos años, esta obra entró en el canon occidental a través de traducciones del siglo XVIII y en la esfera militar ha influido en la planificación de campañas tan distintas como las guerras napoleónicas, Vietnam y la primera Guerra del Golfo. Después de que Gordon Gekko, el personaje que interpreta Michael Douglas en la película *Wall Street,* se refiriera a esta obra, cobró una renovada popularidad como clásico de los negocios. En esto hay cierta sorna, pues el tipo de empresario implacable y egocéntrico que la película satirizaba se atenía a *El arte de la guerra* como una nueva autoridad, sin ser consciente de la ironía de la referencia.

El libro consta de trece capítulos de observaciones breves y congruentes en su temática. Incluyen secciones sobre estrategia y táctica, el uso de espías, los planes, la planificación técnica y las armas, etc. En una primera lectura, recuerda a autores clásicos de las religiones de Oriente como Lao Tse o Confucio. (La filosofía de Sun Tzu estaba directamente influida por el taoísmo.) Como esos autores, Sun Tzu expresa sus pensamientos de la forma más simple y sucinta. Lo mismo que las obras de los maestros zen, con frecuencia una sola frase puede dar lugar a una larga reflexión, pero una de las razones del impacto duradero de esta obra es su aparente simplicidad. Adoptando la perspectiva más elemental sobre cómo dos fuerzas opuestas podrían burlarse y derrotarse mutuamente, Sun Tzu parece aproximarse al meollo de algunas de las situaciones más básicas que los seres humanos afrontamos en la vida.

Algunas de sus máximas son claramente aplicables en situaciones militares y no militares. Por ejemplo, «el mejor comandante es el que vence evitando la batalla» y el consejo sobre conocer a tu enemigo son pertinentes en una variedad de conflictos. Es interesante que buena parte de los consejos de Sun Tzu se centran en la idea de que el conflicto no es la única forma de triunfar. Por el contrario, subraya la importancia de vencer sin llegar a luchar, así como de conocer a fondo una situación antes de arriesgar los recursos propios en la lucha.

No es que Sun Tzu fuera pacifista. Consideraba el conflicto inevitable y una práctica honorable. Simplemente adopta la postura de que el comandante prudente juzga cada situación concreta por sus propios méritos y con frecuencia prefiere evitar un conflicto a arriesgarse a sufrir pérdidas innecesarias. En este sentido, la obra de Sun Tzu también anticipa técnicas analíticas modernas como la teoría de juegos y el dilema del prisionero. Con esto en mente, presta mucha atención a la necesidad de controlar las apariencias: con frecuencia puede ser necesario convencer a un enemigo de que tenemos objetivos comunes o fingir que estamos del lado de aquellos a los que en secreto nos oponemos. Al defender un análisis desapasionado de las posibles ventajas y desventajas de cualquier acción, Sun Tzu se adelanta varios siglos a Maquiavelo en considerar las maniobras del estado bajo una luz fría e intelectual en la que la victoria es el principal objetivo de la acción.

Como las obras más espirituales de Lao Tse o Confucio, la de Sun Tzu es rica en sabiduría. Sobre la influencia moderna del libro hay quienes aducen que no todas las situaciones humanas gravitan sobre el conflicto. En efecto, es importante recordar que muchas empresas humanas se basan en la cooperación y en la comunidad de objetivos. Considerar los negocios, las relaciones amorosas o incluso la diplomacia exclusivamente desde el prisma del enfrentamiento puede ser peligroso y degradante. Pero si aceptamos, como seguramente no podemos por menos de hacer, que las situaciones conflictivas constituyen una parte inevitable de la existencia humana, entonces una obra como esta seguirá siendo de gran valor. Al centrarse en principios tan básicos de las circunstancias de la guerra, sigue siendo comprensible y pertinente, por más que su autor viviera en un mundo muy diferente del nuestro. Y aunque solo fuera por la amplia influencia que ha ejercido a lo largo de la historia, el estudio de este libro es extremadamente interesante.

Lectura rápida

El arte de la guerra es de vital importancia para el estado. Es una cuestión de vida o muerte, una vía para la catástrofe o para la seguridad. Por tanto, es un tema que en ningún caso se debe ignorar. Lo más hábil no es conseguir cien victorias en cien batallas. Es vencer al enemigo sin luchar. Si el enemigo está firme en todos los aspectos, prepárate para el enfrentamiento. Si su fuerza es superior, evítale. Si el oponente es temperamental, trata de irritarle. Finge ser débil para que se vuelva arrogante. Si está relajado, no hay que darle tregua. Si sus fuerzas están unidas, sepáralas. Si el soberano y los súbditos están en armonía, siembra desavenencias entre ellos. Atácale cuando no esté preparado; aparece donde no se te espera.

Máximas, 1665

La Rochefoucauld

*«Nos parece que hay pocas personas sensatas en el mundo,
excepto quienes comparten nuestras opiniones.»*

François, duque de La Rochefoucauld (al que generalmente se
llama La Rochefoucauld), vivió en un periodo fascinante de la
historia francesa. Era contemporáneo de Racine, La Fontaine y
Molière. Fue uno de los numerosos actores en las complejas intrigas de la corte de Luis XIII y conoció de primera mano las ma-
quinaciones de Richelieu y Mazarino. Sobrevivió a la Fronda (un
largo periodo de guerra civil a mediados del siglo XVII), una breve
estancia en la cárcel de la Bastilla y unos años de destierro. También tuvo una complicada vida amorosa y mantuvo varias relaciones apasionadas que se fueron a pique en las maniobras de la vida
cortesana antes de encontrar la felicidad platónica con la escritora
Madame de La Fayette en sus últimos años.

En la década de 1660 había regresado a París y, en un ambiente más pacífico, se convirtió en un miembro regular de uno de los
salones literarios de la ciudad. Fue en esta fase de su vida cuando
escribió el libro que se dio en conocer como las *Máximas* de La

Rochefoucauld. Los salones de París eran aficionados a los retratos verbales de figuras conocidas, así como al arte de la máxima. Se consideraba una máxima cualquier comentario escueto que contuviera una enseñanza aplicable de forma general (a diferencia de un comentario más específico sobre un individuo o acontecimiento).

Por poner un ejemplo, una de las máximas de La Rochefoucauld dice «Con frecuencia hacemos el bien para poder hacer el mal con impunidad». Esta escueta línea está deliberadamente desprovista de cualquier referencia personal o histórica a fin de que exprese lo que La Rochefoucauld considera una verdad universal. Pero también demuestra una de las razones por las que sus escritos han conservado su vigencia tanto tiempo después de su muerte, lo que no ocurre con muchos escritores de su época. En esta sencilla máxima hay una sutileza que nos obliga a reflexionar sobre lo que el autor quiere decir. ¿Está dando a entender que utilizamos conscientemente la bondad para encubrir injusticias? ¿O está sugiriendo que inconscientemente nos permitimos actuar de forma caprichosa como «recompensa» de buenas acciones previas? Esta máxima se podría leer de varias maneras y tendría significados muy distintos en nuestra propia experiencia.

Esto es típico del texto de La Rochefoucauld. Escribe sobre una variedad de temas —por ejemplo, la vanidad y las emociones humanas, las intrigas y las empresas políticas, el amor y el conocimiento de uno mismo. En todos los casos (la mayoría de las ediciones modernas contienen más de 600 máximas, aunque las publicadas en vida de su autor eran más breves) las máximas son engañosamente simples. (La Rochefoucauld pasó muchos años puliéndolas y reduciéndolas a su esencia, al tiempo que eliminaba sin miramientos todo aquello que le pareciera falso o demasiado específico.) Pero es su simplicidad lo que las hace tan elocuentes. A pesar (o a causa) del hecho de que La Rochefoucauld nunca desperdicia una palabra, con frecuencia se aproxima a verdades universales sobre la condición humana. E incluso cuando no es así, la humildad y el humor de sus opiniones son como mínimo de agradecer.

Varios ejemplos más nos pueden dar una idea del estilo de La Rochefoucauld:

> Se ha instituido que la moderación es una virtud para refrenar la ambición de los grandes y consolar al pueblo llano por su falta de fortuna y de mérito.

Esta máxima demuestra por qué en el siglo XIX Nietzsche era un gran admirador de La Rochefoucauld. Aunque alude a motivos psicológicos en el elogio de la moderación (que Nietzsche describiría como *ressentiment*), el autor también señala cómo la sociedad se constituye en un modelo que aplaca la ira de los desfavorecidos creando una narración que les permite sentirse virtuosos. En una escueta frase esta máxima alude a distintas formas de interpretar la idea de moderación como virtud, y a las consecuencias que esto tiene tanto para los grandes como para el pueblo llano.

> En ocasiones somos tan distintos de nosotros mismos como lo somos de los demás.

De nuevo, esta máxima sugiere ideas de complejidad psicológica. ¿Nos está diciendo el autor que adoptamos distintas personalidades en diferentes situaciones o que vivimos en un estado de autoengaño o mala fe? ¿Está anticipando la idea hegeliana de que el yo se constituye en el «otro»? ¿O se está limitando a señalar el hecho de que somos menos congruentes de lo que nos gusta creer? En cualquier caso, es un comentario interesante sobre la naturaleza humana.

> Es posible encontrar mujeres que nunca han tenido una relación amorosa, pero difícilmente que solo hayan tenido una.

Las primeras máximas de La Rochefoucauld a veces eran un tanto ácidas en su visión de las mujeres, seguramente por cómo habían acabado sus relaciones amorosas. (Esto fue antes de que la relación con Madame de La Fayette le hiciera moderar sus opiniones, y revisara algunas de sus máximas más cáusticas en posteriores ediciones del libro.) Pero incluso si algunas de sus observaciones se pueden considerar misóginas, a veces arrojan luz sobre la naturaleza de las relaciones entre hombres y mujeres. Aunque esta máxima es un comentario sarcástico y un tanto desabrido sobre cómo (en su opinión) la idea del romance atrae a las mujeres, al menos es ingenioso. Y no hay duda de que La Rochefoucauld era muy amante de las mujeres, aunque a veces le dejaran desconcertado, enojado o destrozado.

En algunos aspectos las máximas de La Rochefoucauld son comparables al *Libro de la almohada* de Sei Shonagon, los pensamientos de una cortesana de Japón seis siglos antes. En ambos casos los autores escriben desde una perspectiva relativamente privilegiada —apenas tenemos reflexiones desde la perspectiva del pueblo llano de esas épocas simplemente porque las clases acomodadas eran las únicas que estaban instruidas y disponían del lujo del tiempo libre. Pero la inmensa mayoría de los escritos de cortesanos y aristócratas de esas épocas es de poco interés hoy en día, y ocasionales joyas como el *Libro de la almohada* de Sei Shonagon o las *Máximas* destacan entre la multitud porque expresan enseñanzas e intuiciones universales sobre la vida y el pensamiento humanos. La Rochefoucauld puede ser divertido, sabio, mordaz y lúcido, pero en este librito nunca deja de ser interesante.

Lectura rápida

«La hipocresía es un tributo que el vicio paga a la virtud.» La vida humana se parece a la vida cortesana. Hay intrigas, locos que se creen sabios y relaciones amorosas que parecen maravillosas hasta que naufragan inexorablemente. Lo que se toma por sabiduría con frecuencia no es más que la locura del momento. La generosidad muchas veces es egoísmo disfrazado. Somos vanos, débiles o necios, pero sobresalimos en perdonarnos nuestras faltas y desmanes. Pocas veces somos tan afortunados o desafortunados como creemos.

Tres ensayos sobre teoría sexual, 1905

Sigmund Freud

«Viendo a un niño que ha saciado su apetito y que se retira
del pecho de la madre con las mejillas enrojecidas
y una bienaventurada sonrisa, para caer en seguida en un profundo
sueño, hemos de reconocer en este cuadro el modelo y la expresión
de la satisfacción sexual que el sujeto conocerá más tarde.»

Sigmund Freud fue un neurólogo austriaco y cofundador de la escuela psicoanalítica de psicología. Por lo que más se le conoce es por sus teorías relacionadas con el inconsciente, en particular las que se refieren al mecanismo de represión y su redefinición del deseo sexual, que considera móvil y dirigido hacia una amplia variedad de objetos. Su obra ha sido tremendamente influyente en la popularización de nociones como el inconsciente, los mecanismos de defensa, los actos fallidos y el simbolismo de los sueños. También se reconoce que sus ideas han tenido un impacto duradero en campos tan diversos como la literatura, el cine, las teorías marxista y feminista, la crítica literaria, la filosofía y la psicología.

Numerosos autores afirman que la aportación más significativa de Freud al pensamiento occidental fue su argumento sobre la existencia del inconsciente. Durante el siglo XIX, la tendencia dominante en el pensamiento occidental era el positivismo, que suscribía la idea de que las personas podían adquirir un conocimiento verdadero de sí mismas y de su entorno, y por tanto ejercer un control juicioso sobre ambos. No obstante, las teorías de Freud sugerían que esas afirmaciones de libre albedrío en realidad eran ilusorias. No somos completamente conscientes de lo que pensamos y con frecuencia actuamos por razones que tienen poco que ver con nuestros pensamientos conscientes.

El concepto de inconsciente propuesto por Freud fue completamente innovador, pues postulaba la existencia de varios niveles de conciencia y que había pensamientos que discurrían «bajo la superficie». Y, lo que es más importante, que no somos del todo conscientes de esos pensamientos y por tanto no podemos controlarlos de forma automática. Para Freud, cualquier clase de positivismo y racionalismo exigía comprender, transformar y dominar el inconsciente, no negarlo o reprimirlo. La noción de «represión» es crucial para su concepción del funcionamiento del inconsciente.

Freud distinguía entre dos conceptos de inconsciente: el descriptivo y el dinámico. El primero se refería a todos aquellos rasgos de la vida mental de los que no somos conscientes subjetivamente. El inconsciente dinámico es un concepto más específico, que se refiere a los procesos y contenidos mentales que son eliminados (o reprimidos) defensivamente de la conciencia como consecuencia de fuerzas o dinámicas conflictivas.

En *Tres ensayos sobre teoría sexual,* Freud sostenía que la sexualidad infantil ha de considerarse parte integrante de una teoría más amplia del desarrollo de la mente humana, consciente e inconsciente. Sugirió que los seres humanos nacen siendo polimórficamente perversos, lo que quiere decir que objetos muy distintos pueden ser una fuente de placer. A partir de esta concepción de los instintos o pulsiones, Freud sostenía que lo que impulsa los actos del niño desde que nace es el deseo de placer físico/sexual. Al principio, los bebés obtienen ese placer del amamantamiento, que Freud denomina fase oral de desarrollo.

Esta fase oral va seguida de una fase en la que el centro de placer o liberación de energía es el ano, particularmente en el acto de defecar, por lo que Freud la denominó fase anal. Después, el niño desarrolla el interés por sus órganos sexuales como fuente de placer (la fase fálica). En esta época Freud sostenía que los niños pasaban por una fase en la que tenían una fijación en la madre como objeto sexual (conocida como *complejo de Edipo,* véase más adelante), pero que al final la superaban y reprimían este deseo por su naturaleza tabú. Este conocimiento da lugar a sentimientos de culpa (de origen social) en el niño, que se da cuenta de que nunca podrá ocupar el lugar del progenitor más fuerte. En el caso del varón, también pone al niño en peligro, porque percibe que la atracción sexual por su madre podría abocarle a un enfrentamiento con su padre. En concreto, teme ser castrado. Es lo que se denomina *complejo de castración.*

Este periodo represivo o de latencia en el desarrollo psicosexual precedía a la fase genital de la madurez sexual. Freud quería demostrar que su modelo era universalmente válido y por eso tomó materiales de la mitología antigua y la etnografía contemporánea. Freud denominó a su teoría complejo de Edipo por la famosa tragedia griega *Edipo rey,* de Sófocles. «Sentía un amor constante por mi madre y celos de mi padre. Ahora sé que esto es un hecho universal en la infancia.»

Freud trataba de fundamentar esta pauta de desarrollo en la dinámica de la mente. Cada fase está inserta en una progresión hacia la madurez sexual adulta, que se caracteriza por un yo fuerte (autoidentidad) y por la capacidad para posponer la gratificación. Tanto la atracción por la madre como el odio suelen reprimirse, y el niño normalmente resuelve el conflicto del complejo de Edipo identificándose con el progenitor del mismo sexo. Según Freud, eso suele ocurrir a la edad de cinco años, tras lo cual el niño entra en un periodo de latencia en el que la motivación sexual es mucho menos pronunciada. Esto dura hasta la pubertad, cuando comienza el desarrollo genital maduro y el placer se vuelve a focalizar en la zona genital. Freud creía que esta era la secuencia o progresión implícita en el desarrollo humano *normal.* En el niño, los intentos instintivos de satisfacer el impulso del placer con frecuencia son reprimidos por el control parental y la coerción social, por lo que el proceso de desarrollo del niño consiste esencialmente en pasar por una serie de *conflictos,* cuya correcta resolución es crucial para la salud mental del adulto.

Aunque las teorías de Freud fueron muy influyentes, también han sido ampliamente criticadas tanto durante su vida como después. En algunos casos se ha censurado su tesis de que los niños de corta edad son seres sexuales e, implícitamente, su noción ampliada de sexualidad. En otros, aun aceptando esa noción ampliada de sexualidad, se ha sostenido que esta pauta de desarrollo no es universal ni necesaria para el desarrollo de un adulto sano. Por el contrario, se ha hecho hincapié en las fuentes sociales y ambientales del desarrollo, y se ha llamado la atención sobre las dinámicas sociales, sosteniendo que Freud minimizaba o ignoraba cuestiones como las relaciones de clase y el entorno social.

Para algunas feministas, la teoría de Freud presenta a la mujer como una especie de varón mutilado que debe aprender a aceptar su «deformidad» (la «falta» de pene) y por tanto sostienen que Freud contribuyó al vocabulario de la misoginia. No obstante, también hay teóricas feministas para quienes la teoría psicoanalítica guarda una relación esencial con el proyecto feminista y, como otras tradiciones teóricas, debe ser adaptada por las mujeres para depurarla de sus vestigios de sexismo. Shulamith Firestone (en *Freudianism: The Misguided Feminism*) analiza cómo el freudianismo es esencialmente correcto, a excepción de un detalle crucial: donde Freud escribe «pene» la palabra que se debería poner es «poder».

Lectura rápida

La mente y, por tanto, la identidad humana son producto de una conflictiva serie de pensamientos y pulsiones, no siempre conscientes. La identidad es masculina, y a las mujeres solo se las reconoce como mujeres porque no tienen pene. Si las mujeres desafían la cultura masculina dominante, se les acusa de tener envidia del pene. De forma parecida, se dice que los hombres que temen a esas mujeres dominantes y polemistas tienen complejo de castración. Todo lo cual recordaría mucho a lo que ocurre en el patio del colegio, exceptuando el momento de «te enseño el mío si...», porque las mujeres, por definición, no tendrían nada que enseñar.

Recuerdos, sueños, pensamientos, 1971

Carl Gustav Jung

*«Tu visión solo será clara cuando puedas mirar
en tu corazón. Quien mira hacia fuera, sueña;
quien mira hacia dentro, despierta.»*

Carl Jung es una figura fascinante en la cultura del siglo xx. Algunos lo consideran un sabio oráculo, mientras que a otros más bien les parece un charlatán. Su legado quizá esté un tanto oscurecido por su popularidad entre los elementos más excéntricos de la nueva era por su interés en los mitos y sus textos sobre temas tan variados como la leyenda artúrica, los platillos voladores y la filosofía oriental. Por ejemplo, Sting aludió a su ridículo libro sobre *Sincronicidad* (la idea de que las coincidencias revelan una estructura mística subyacente en el mundo) en un tema y un álbum del grupo The Police —una entre muchas otras referencias aleatorias a Jung. Su aparente colaboración (o al menos aquiescencia) con el régimen nazi durante la Segunda Guerra Mundial también ha contribuido a empañar su imagen.

No obstante, a pesar de su ocasional misticismo y otras debilidades, es una figura importante. Se dio a conocer en la nueva ciencia del psicoanálisis a principios del siglo xx. Freudiano y amigo de Freud en los comienzos, ambos escenificaron una sonada ruptura en 1913 a raíz de la cual Jung sufrió una crisis nerviosa durante varios años. Gran parte de su trabajo ulterior aborda su estado mental en aquel periodo.

Es difícil describir sucintamente las diferencias de Jung respecto a Freud, pero hay un par de aspectos que nos interesan desde el punto de vista filosófico. En primer lugar, mientras que Freud había descrito la personalidad en términos de yo, super-yo y ello, Jung adoptaba otro enfoque: creía que la mente de una persona podía contener más de una personalidad. A partir de observaciones de sí mismo, su madre y otras personas, como una joven supuestamente vidente que parecía canalizar distintas personalidades, concluyó que había que considerar la personalidad individual una entidad mucho más fragmentada de lo que se admitía tradicionalmente. El proceso de individuación a lo largo de la vida permitía que esas personalidades interaccionaran y se desarrollaran, y esos conflictos inconscientes podían desembocar en momentos críticos, como la crisis de la madurez.

Esto es filosóficamente interesante porque representa un gran paso para acabar con la habitual identificación del yo como una unidad simple y evidente. Cuando Descartes dijo: «Pienso, luego existo», daba por sentado que estaba claro quién era el sujeto de la oración. La obra de Freud y de Jung en particular buscaba mostrar lo complejo que podía ser el «yo», y el desarrollo de las teorías del inconsciente complicaron aún más el panorama. Al presentar nuestra personalidad como un constructo relativamente arbitrario, sujeto a personalidades escindidas y cambios radicales a través de la individuación, Jung describió un yo muy distinto del que Descartes había supuesto. Esto tiene otras implicaciones interesantes. Los filósofos se han esforzado por comprender la idea del autoengaño. Como daban por supuesto un yo coherente, interpretaban el autoengaño como «mentirse a uno mismo», en otras palabras, engañarse a pesar de conocer la verdad. Sin embargo, en lo que Jung escribió sobre su madre encontramos una definición más sutil de autoengaño. Percibía en ella al menos dos personalidades: una convencional y sensata, y otra más rebelde y atrevida. Ambas podían mantener convicciones distintas y opuestas, por lo que su madre se hallaba en un estado de autoengaño a todos los efectos.

Una segunda diferencia entre Jung y Freud era cómo hablaban del inconsciente. Freud lo interpretaba en gran medida en términos de represión: lo describía como el depósito de pulsiones, ideas y creencias que han sido reprimidas por la mente consciente. Así, la teoría del inconsciente de Freud es fundamentalmente negativa, y hace hincapié en la sexualidad como fuente de represión. Por el contrario, Jung daba al inconsciente un carácter más positivo. Lo veía como una fuente potencial de creatividad y de la fricción que impulsa la individuación de la mente consciente.

Algunos de los escritos de Jung sobre el inconsciente, en particular el inconsciente colectivo, tienden al misticismo. De hecho, el inconsciente colectivo es una idea que puede ser valiosa si se entiende en el sentido de que, como los seres humanos compartimos tantas cosas en cuanto a nuestras primeras experiencias, constitución física, necesidades y pulsiones, no es extraño que nuestra arquitectura mental sea similar. Esta es la razón por la que distintas culturas generan de forma independiente mitos similares, como los mitos de héroes y del dios-sol. «Arquetipos» (un término junguiano) como la madre tienen connotaciones parecidas en la mayor parte del discurso humano. Pero Jung a veces es un pensador poco riguroso y un tanto deficiente como escritor, por lo que lamentablemente da la impresión de que el inconsciente colectivo es algo más místico que esto: una suerte de mente cósmica que comparte toda la humanidad. Comete un error parecido en libros como *Sincronicidad,* donde no logra distinguir con claridad entre el funcionamiento de la mente humana ante la coincidencia y la idea de que esas coincidencias tienen un significado cósmico real.

Pero si aceptamos la definición más simple de inconsciente colectivo, los escritos de Jung tienen una consecuencia importante. La construcción de mitos le parece una actividad humana esencial, que nos permite crear significado y dar sentido a nuestras vidas donde en apariencia no lo hay. Esto puede aplicarse lo mismo en sentido cultural (como cabe esperar en una cultura que inventa mitos y deidades relacionadas con la agricultura y la supervivencia) que individual. Jung incluso describe a pacientes esquizofrénicos basándose esta idea. En su interpretación, estos pacientes construyen narraciones personales para dar cuenta de sus propios mundos. El hecho de que su narración personal no se adapte bien para la supervivencia en la sociedad en un problema. No obstante, todos vivimos de acuerdo con un mito u otro (y aquí Jung tuvo el valor de darse cuenta de que la religión era esencialmente un mito de esa clase), solo que algunas de esas estructuras narrativas nos permiten sobrevivir en sociedad mejor que otras.

Por tanto, la importancia del mito y la narración para Jung es que son formas en que nuestro inconsciente trata de canalizar la creatividad en nuestras vidas. A decir verdad, quizá haya que reconocer que el psicoanálisis moderno está más influido por las teorías de la represión de Freud que por las de Jung. No obstante, las ideas de Jung influyeron en otras disciplinas (como la antropología y la lingüística) y los artistas con frecuencia han encontrado en ellas la explicación de la forma en que opera el impulso artístico.

La idea de que la narración desempeña un papel importante en la manera en que creamos nuestras personalidades e interpretamos nuestras vidas ha sido rechazada tradicionalmente por los filósofos. Estos tienden a considerarse escuetamente analíticos y les molestan las teorías que permiten una interpretación más creativa del individuo y del yo. Pero algunos filósofos han abordado las ideas de la narración y la creatividad. El estudio clásico sobre Nietzsche de Alexander Nehamas *(Nietzsche – La vida como literatura)* planteaba una visión narrativa de la obra de Nietzsche. En concreto, Nehamas interpreta el *eterno retorno* (la idea nietzscheana de que debemos vivir la vida como si tuviéramos que realizar la misma acción una y otra vez) en el sentido de que nuestras vidas son para nosotros como una historia que estamos creando. Mientras lo hacemos, damos importancia a las partes de la historia que queremos incluir y minimizamos las que resultan más complicadas. Evidentemente esta es una idea que se aproxima más al psicoanálisis junguiano que a la explicación filosófica habitual de la memoria y del individuo. En general, la filosofía continental ha sido más receptiva que la tradición anglo-estadounidense a la idea de que solo hay interpretaciones, y que el mundo puede entenderse como un texto literario.

La obra de Jung, que incluye el desarrollo de conocidos términos como *anima y animus, complejos* y *arquetipos,* es mucho más amplia de lo que podemos tratar aquí. *Recuerdos, sueños, pensamientos* es su autobiografía, escrita al final de su vida y publicada póstumamente. De hecho, funciona como un análisis junguiano clásico aplicado a la historia de su propia vida y también incluye reflexiones sobre muchas de las ideas que hemos mencionado, así como sobre la existencia o inexistencia de Dios. Se le ha criticado que se centra de forma un tanto solipsista en sí mismo (en oposición a las relaciones con los demás), lo cual se pone de manifiesto en el hecho de que rara vez menciona incluso a su esposa. En cualquier caso, el libro es muy interesante y uno de los mejores puntos de partida si alguien quiere averiguar más cosas sobre Jung, pues abarca parcelas muy amplias de su pensamiento de forma bastante concentrada.

Lectura rápida

¿Quién soy yo? Rompí con mi amigo Freud, tuve una crisis nerviosa y pasé muchos años reflexionando sobre todo esto mientras buscaba comprender la mente humana. Dentro de un solo individuo podemos tener distintas personalidades, y la vida es un proceso de individuación. Los mitos y el inconsciente colectivo subyacen a los procesos inconscientes creativos. Los puntos de inflexión en la vida, como mi propia crisis nerviosa, son mensajes del inconsciente en nuestra pugna por la individualidad.

El arte de amar, 1956

Erich Fromm

«El amor es la única respuesta sensata y satisfactoria
al problema de la existencia humana.»

Erich Fromm es uno de esos escritores que estaba muy valorado hace treinta o cuarenta años, pero que ha ido cayendo en el olvido. Unas veces hay buenas razones para ello; otras simplemente es cuestión de moda. Las obras de Fromm parecen anticuadas en ciertos aspectos, pero en ocasiones conservan toda su vigencia. Le hemos incluido aquí en parte porque este libro es uno de los más interesantes que se han escrito sobre el amor, un tema que sorprendentemente los filósofos apenas tratan.

Fromm nació en Alemania en 1900 y en 1918 empezó a estudiar psicología, filosofía y sociología en Frankfurt, y se interesó por el budismo zen y la obra de Freud, entre otras cosas. Formó parte de la llamada Escuela de Frankfurt y, al igual que otros autores como Horkheimer y Adorno, se exilió de Alemania durante la Segunda Guerra Mundial y finalmente emigró a Estados Unidos.

Su obra se centra en la alienación de las personas bajo los sistemas modernos del capitalismo y el comunismo. Fromm proponía un socialismo humanista como alternativa a estos. Su primer libro, *El miedo a la libertad,* abordaba cómo afrontan la libertad los seres humanos. En él afirmaba que con frecuencia no somos capaces de asumir la responsabilidad que esta conlleva y buscamos mecanismos de evasión. Identificó las formas específicas en que las personas evaden la libertad: mostrando una conformidad de autómatas con la sociedad que nos rodea, sometiéndonos al control autoritario o cediendo a impulsos destructivos.

Fromm escribió extensamente sobre las tensiones y contradicciones que identificó en las obras de Freud, así como en los primeros libros del Antiguo Testamento. En concreto le fascinaba la historia de Adán y Eva, e identificaba la vergüenza que sintieron al probar la manzana del conocimiento como el origen de la autoconciencia humana y de la soledad y la alienación que esto puede causar.

Esto nos conduce a intentar superar nuestra alienación de distintas formas. Tratamos de trascender creativamente la sociedad, de hallar grupos en los que nos sintamos integrados, de conectar con otros a través del amor, en particular del amor romántico.

En *El arte de amar* examina los diversos tipos de amor que podemos sentir, incluidos el parental, el fraternal, el erótico, el amor por uno mismo y el amor a Dios. Sostiene que damos tanta importancia al amor romántico en parte porque representa una manera de huir de la soledad y de nuestra alienación de la naturaleza y de los demás. De hecho, el «enamoramiento» con frecuencia confunde la naturaleza básica del amor. Porque el amor real debería entrañar cariño, responsabilidad, respeto y conocimiento, y las formas que toma en la práctica el amor romántico muchas veces excluyen esas facetas.

Fromm describe nuestra existencia como si cada uno estuviéramos en una especie de celda de aislamiento, distanciados de los que nos rodean y temerosos de la responsabilidad que conllevaría una libertad real. Sentimos miedo y vergüenza, y utilizamos el amor romántico para intentar resolver esos problemas percibidos.

Las cosas no serían así en una sociedad sana. Pero su idea de sociedad sana es un tanto vaga y la describe simplemente como la democracia liberal moderna. Pero ya sabemos que las democracias liberales modernas no necesariamente resuelven todos los problemas del espíritu, aunque crean una clase de alienación un tanto distinta de la del comunismo o la del capitalismo no regulado.

Por tanto, las críticas de Fromm al capitalismo y al comunismo son más eficaces que sus ideas políticas positivas. De hecho, es probable que sus concepciones políticas sean la parte más débil de sus obras, al menos retrospectivamente, pues no guardan una relación precisa con los problemas del mundo moderno.

No obstante, las ideas de Fromm sobre el amor son extremadamente interesantes. El amor es un tema que los filósofos han abordado periódicamente desde Sócrates (en *El banquete*) e incluso antes. Pero se trata con menos frecuencia que los problemas de la ética o la epistemología, y en general solo de pasada. El libro de Fromm es fascinante, porque arroja luz sobre las diferencias y similitudes entre las distintas clases de amor que experimentamos en nuestras vidas. Aceptemos o no su premisa básica de que el amor romántico con frecuencia es deficiente y constituye una huida de la alienación, merece la pena leer este libro por la amplitud de sus referencias y reflexiones.

Lectura rápida

Desde que Adán y Eva descubrieron el conocimiento y la autoconciencia, nos hemos encontrado solos, avergonzados y alienados. Buscamos el amor romántico para escapar de esta alienación, pero con frecuencia ese amor romántico excluye los elementos cruciales del verdadero amor: cariño, responsabilidad y respeto. «Amar significa comprometerse sin garantías, entregarse por completo con la esperanza de que nuestro amor genere amor en la persona amada. Amar es un acto de fe, y quien tenga poca fe también tendrá poco amor.»

El proceso de convertirse en persona, 1961

Carl Rogers

*«Estoy convencido de que este proceso de la buena vida
no es para pusilánimes. Implica ampliar y hacer crecer cada vez
más las potencialidades propias. Implica tener el valor de ser.
Significa lanzarse sin reservas a la corriente de la vida.»*

Carl Rogers fue un psicólogo humanista estadounidense cuyas teorías se hicieron famosas en los años cuarenta y cincuenta del siglo pasado. Su *psicoterapia centrada en la persona* ha sido una influyente escuela de la psiquiatría, especialmente en la esfera de la orientación y la terapia (en oposición al análisis más profundo aplicado por los freudianos).

La obra de Rogers es interesante desde una perspectiva filosófica por varias razones. Hemos visto que la filosofía tradicional tendía a tratar el yo como un objeto unitario e incuestionable. Filósofos como Nietzsche, Schopenhauer y Kierkegaard pusieron en entredicho esta concepción en el ámbito de la filosofía, mientras que la obra psicoanalítica temprana de Freud y de Jung específicamente rechazó la idea de que pudiéramos dar por sentado que el yo es una unidad sin más.

Rogers examina en sus obras el desarrollo de nuestra percepción del yo. Lo hace considerando la forma en que nuestra percepción del yo (el *concepto del yo*) difiere de nuestro *yo ideal* o del *yo real,* y los problemas que surgen cuando hay una diferencia demasiado grande entre estas versiones del yo.

La concepción de la psicoterapia de Rogers era que debía partir de las percepciones del individuo al que se está orientando. En vez de dar por supuesto que el orientador o terapeuta tiene un conocimiento superior y que los clientes o pacientes sufren un desequilibrio o no son conscientes de sus problemas, prefirió partir de la idea de que el individuo está básicamente sano. La cuestión que quería abordar es qué es lo que hace que una persona sea funcional. Basándose en su experiencia terapéutica, creía que el terapeuta debe comprender el punto de vista del paciente, mostrar empatía con él y trabajar principalmente con la técnica del *reflejo* (devolver al paciente su propia actitud) y la *clarificación* (tratar de comprender conjuntamente las actitudes del paciente mediante la empatía).

El individuo vive en un mundo en el que tiene una variedad de experiencias y percepciones. En esta mezcolanza, poco a poco señaliza una parte del campo perceptual y la delimita como su yo. De esta forma, el yo se desarrolla como una decisión, en parte voluntaria, de con qué partes de nuestra experiencia nos identificamos.

Los problemas surgen cuando tenemos experiencias perceptuales que no concuerdan con nuestro concepto del yo. Tales experiencias tienden a considerarse una amenaza para este. Entonces afrontamos esas amenazas principalmente de dos formas: la *distorsión* y la *negación*. La distorsión se produce cuando mentalmente modificamos o revisamos una experiencia para que concuerde con nuestro concepto del yo. La negación, cuando simplemente decidimos no reconocer la experiencia amenazadora.

Las percepciones que amenazan nuestro concepto del yo tienden a causarnos ansiedad. Otros psicólogos han identificado este fenómeno como *disonancia cognitiva*. Se trata de un estado de tensión que se produce cuando mantenemos dos convicciones incongruentes. Como preferimos conservar la congruencia en nuestro concepto del yo, tenemos que minimizar o ignorar una de las dos creencias contradictorias. Tradicionalmente los filósofos han tenido dificultades con el concepto de autoengaño porque daban por sentado que el yo era un objeto unitario y que el autoengaño implicaba mentirse voluntariamente a uno mismo: en otras palabras, saber la verdad al tiempo que se cree la mentira. Las teorías de Rogers proporcionan un ejemplo más pormenorizado de las formas en que caemos en el autoengaño o la mala fe. Como el yo es un constructo y tratamos de protegerlo de las amenazas, es lógico que eliminemos las creencias que nos causan ansiedad.

En sí mismo no es patológico que tengamos que diferenciar partes de nuestra experiencia en un yo. No obstante, cuando hay una distancia demasiado grande entre nuestro concepto del yo y nuestros yos reales, podemos tener problemas. Rogers prefiere no utilizar etiquetas como neurosis o psicosis, pero este tipo de análisis puede dar cumplida cuenta de ambos procesos.

En conjunto, la teoría de Rogers se basa en la *tendencia a la actualización,* con lo que quiere decir que todas las formas de vida procuran desarrollar su potencial en la mayor medida posible. También sostiene que la autoconsideración positiva es una parte importante de una persona funcional (en otras palabras, necesitamos vernos bajo una luz positiva) y evidentemente esto es más fácil de conseguir cuando nuestro concepto del yo está más cerca de nuestro yo real o ideal.

En sus obras Rogers identifica una serie de atributos de un individuo completamente funcional. En primer lugar, la ve como alguien abierto a la experiencia. Como solo permitimos que una parte de nuestra experiencia se inscriba en nuestro concepto del yo, cuanto más flexibles seamos en nuestro concepto del yo, más experiencias nuestras podremos asimilar y comprehender (en vez de negarlas o rechazarlas). También le parece importante vivir el aquí y el ahora, lo que a su vez es un aspecto de estar abierto a entender que el yo es un concepto flexible, y que los recuerdos pasados o las esperanzas futuras no siempre son las guías más importantes para nuestra experiencia actual.

La libertad es un concepto importante para Rogers. Aborda el problema filosófico del libre albedrío, pero desde una perspectiva psicoanalítica sostiene que lo más importante es que nos sintamos como si tuviéramos libre albedrío. Considera que la persona que reconoce el sentido de libertad y asume la responsabilidad de sus decisiones es funcional.

Otros de los rasgos que Rogers atribuye a la persona plenamente funcional resultan un tanto anticuados. Le parece importante la *confianza organísmica,* con lo que básicamente quiere decir que debemos hacer lo que nos resulte natural. Esto le ha granjeado críticas en el sentido de que lo que resulta natural no es necesariamente algo saludable o bueno. No obstante, Rogers habría señalado que esta idea ha de verse en el contexto de una persona funcional, cuyo concepto del yo mantenga una congruencia razonable con su yo ideal y su yo real. También considera que la persona plenamente funcional será creativa de forma natural, bien en el plano artístico, en la relación con los demás o simplemente aspirando a hacer su trabajo lo mejor posible de acuerdo con su capacidad.

En conjunto, resulta interesante leer a Rogers. Es posible no estar de acuerdo con algunos de sus argumentos, pero su análisis de la forma en que el yo se diferencia y de las consecuencias de la incongruencia entre el concepto del yo y la vida real es extremadamente interesante. Jung y Freud son más dogmáticos sobre sus conceptos y teorías, mientras que Rogers simplemente trata de ofrecer un marco para que los terapeutas y orientadores comprendan cómo sus pacientes construyen su sentido del yo. Y esto es algo que todos compartimos: el hecho de que nuestros yos o personalidades hasta cierto punto son construidos, voluntaria o involuntariamente. Comprender el proceso en virtud del cual hacemos esto es un primer paso para comprendernos, con independencia de que pensemos que necesitamos terapia o no.

Lectura rápida

De la amplia variedad de experiencias perceptuales que tenemos, separamos una parte a la que llamamos nuestro yo. Cuando topamos con percepciones que amenazan este concepto del yo, nuestra reacción es la distorsión o la negación. Si nuestro concepto del yo está demasiado separado de nuestras percepciones y nuestro yo real, el resultado es la enfermedad mental. La persona plenamente funcional está abierta a la experiencia, vive el momento, actúa naturalmente y es creativa y libre.

Las consolaciones de la filosofía, 2000

Alain de Botton

«Se suele suponer que estamos ante un libro muy inteligente cuando dejamos de entenderlo. Después de todo, las ideas profundas no pueden explicarse en el lenguaje de los niños.»

Empezamos este libro considerando *Los problemas de la filosofía,* de Bertrand Russell, porque proporciona una visión general de la clase de problemas que aborda la filosofía. *Las consolaciones de la filosofía,* de Alain de Botton, es un libro parecido en el sentido de que ofrece una buena introducción a la filosofía para alguien que busque un texto básico. Pero es un texto muy distinto del de Russell, porque su tratamiento del tema es mucho más conversacional y subjetivo.

De Botton había sido novelista antes de escribirlo y también hace programas de televisión basados en sus libros de no ficción. Adopta un estilo popular y su tono es ligero y ameno incluso cuando trata temas complejos. Con anterioridad escribió un libro de éxito titulado *Cómo cambiar tu vida con Proust,* en el que utilizaba los textos del notoriamente difícil novelista francés como punto de partida para recomendaciones de autoayuda y cómo vivir una vida buena.

En este libro vuelve a adoptar el enfoque de que la filosofía puede utilizarse como herramienta para comprender nuestra existencia y aprender a llevar una vida mejor y más gratificante. Para ello examina la obra de seis grandes autores del pasado. En ocasiones parece que está más cerca de la autobiografía o la autoayuda que de la filosofía tradicional, pues aborda temas tan variados como la impotencia y la frustración sexual, las relaciones amorosas rotas y las dificultades que conlleva tener menos dinero del que nos gustaría. Pero también tiene que decir muchas cosas interesantes sobre temas filosóficos más tradicionales.

De Botton comienza describiendo una revelación que tuvo al reflexionar sobre Sócrates y darse cuenta de que mientras que lo que había movido la vida de este había sido la búsqueda de la verdad, su propia vida había estado impulsada por el deseo de amoldarse a los demás y recibir su aprobación. Aquí, como en otros lugares, su autocrítica despierta simpatía aunque no resulta del todo sincera: de alguna forma, nunca llegamos a creer que sea tan duro consigo mismo como en algún momento pueda aparentar. De hecho, su tono un tanto condescendiente tiende a dar la impresión de un hombre más bien satisfecho consigo mismo. Pero esta es solo una nota disonante de poca importancia en un libro que por lo demás es una delicia.

Presenta breves biografías (junto con inteligentes esbozos) de cada uno de sus filósofos y muestra las formas en que ha podido aplicar el pensamiento de estos a su propia vida. En Sócrates halla inspiración para quienes se sienten impopulares, con Epicuro recuerda los problemas de la pobreza, en Séneca descubre lecciones sobre la frustración, con el escritor francés Montaigne examina la sensación de inadecuación, en el pesimismo de Schopenhauer encuentra un bálsamo para los corazones rotos, y en las obras de Nietzsche, inspiración para superar las dificultades de la vida.

Todo esto en un bonito libro con ilustraciones humorísticas y relevantes (que también incluyen en el caso de Nietzsche una desafortunada viñeta de Superman, que no está a la altura del esfuerzo que los estudiosos de Nietzsche han realizado para mostrar que el concepto de *superhombre* de Nietzsche es muy distinto de cualquier cliché de Superman). Y De Botton es en todo momento un guía agradable y ameno. Sus anécdotas personales son ingeniosas y modestas, y sirven para mantener nuestro interés mientras explora su tema.

A veces es de lamentar que no haga verdadera justicia a los filósofos que ha elegido. En su deseo de que resulten accesibles al lector moderno, con frecuencia simplifica excesivamente sus ideas. Por ejemplo, no está claro por qué Sócrates era tan odiado y temido por los atenienses, pues De Botton lo presenta en una luz demasiado anodina. Pero insistir demasiado en esto sería no reconocer los aciertos del libro.

Su aspecto más valioso es que ofrece un modelo de cómo leer filosofía. En vez de tratar las obras de los grandes autores del pasado como temas «difíciles» de estudio canónico, De Botton nos propone una lectura muy distinta de ellas. Él mismo se presenta en un debate personal con las ideas de esos autores, aplicando las lecciones que extrae de ellas a su propia vida con éxito variable. Así, nos devuelve a un concepto mucho más antiguo de filosofía: que debería ser una herramienta para mejorar nuestras facultades racionales y, lo que es más importante, ayudarnos a vivir una vida buena.

Como cabría esperar, *Las consolaciones de la filosofía* ha sido menospreciado por parte de algunos críticos académicos que le reprochan no ser lo bastante riguroso o no tratar exhaustivamente a los autores mencionados. Pero esta crítica pasa por alto la verdadera intención de De Botton, que es mostrar cómo podemos leer a un filósofo y aplicar sus ideas a la vida moderna. Cuando un filósofo desdeña un libro como este por considerarlo mera autoayuda en vez de filosofía, quizá está olvidando que la filosofía fue la primera autoayuda. En otros tiempos era frecuente suponer que las obras de filosofía debían arrojar luz sobre la existencia y sugerir formas de llevar una buena vida. Si ese ya no es el papel de la filosofía, habría que preguntarse si esta no habrá tomado una dirección equivocada, en cuyo caso el libro de De Botton le da un empujoncito para que vuelva a su camino original.

Lectura rápida

Hace poco estaba cruzando el Atlántico en avión cuando miré una postal con una imagen de Sócrates y me di cuenta de que, mientras que él se había pasado la vida buscando la verdad, yo había ido tras la popularidad. Entonces decidí escribir un libro sobre ello, pero habría sido demasiado corto (y, además, hace falta más material para adaptarlo a televisión), así que también incluí algunas cosas sobre Epicuro, Séneca, Montaigne, Nietzsche y Schopenhauer. Estos autores nos pueden ayudar en tiempos difíciles, como cuando no tenemos dinero para pagar el alquiler, en embarazosos momentos de impotencia o incluso cuando nos han dejado con el corazón roto.

LOS «ISMOS» DEL SIGLO XX: CONTROVERSIAS PERSONALES Y POLÍTICAS

Introducción

A lo largo del siglo pasado, han sido significativos una serie de idealismos políticos. Gran parte del mundo estuvo gobernado por regímenes nominalmente comunistas y la Guerra Fría fue un duelo entre el capitalismo y el comunismo. Las mujeres comenzaron el siglo XX sin derecho a voto en un buen número de países occidentales, pero, a su término, tenían los mismos derechos que los hombres en muchos ámbitos, en parte como resultado directo de la acción política feminista. El anarquismo y el situacionismo han influido en varios movimientos culturales, levantamientos y guerras civiles. Cada una de estas ideas tiene implicaciones políticas además de filosóficas.

Hemos incluido una obra clásica fundamental de cada una de estas tendencias. El manifiesto de Marx fue una obra influyente, aunque filosóficamente distinto de algunas versiones totalitarias del comunismo que vendrían después. El anarquismo está representado por Emma Goldman (asimismo una firme defensora de los derechos de la mujer en su tiempo). Hay otras obras anarquistas que podrían considerarse más cruciales, pero Goldman es fascinante como ejemplo de anarquista que se planteó muchos de los problemas y contradicciones del ideal anarquista y también es una de las más atrayentes con su énfasis en la importancia del amor, la celebración y la alegría. Para el situacionismo hemos incluido *La revolución de la vida cotidiana,* de Raoul Vaneigem, en vez de la opción más obvia de *La sociedad del espectáculo,* de Guy Debord, por razones que se explicarán.

Del feminismo moderno hemos seleccionado *El mito de la belleza,* de Naomi Wolf. Cabría sostener que hay clásicos más influyentes del movimiento feminista y que el libro de Wolf es un derivado de obras anteriores. No obstante, pensamos que, como el feminismo sigue evolucionando, es importante elegir un libro que refleje cómo cambió nuestras sociedades la primera oleada del feminismo y que aborde los desafíos que este afronta actualmente. Es posible que *El mito de la belleza* tenga deficiencias. En todo caso, sigue ofreciendo un buen resumen de los temas feministas en un mundo en el que las mujeres tienen derecho a trabajar y a participar plenamente en la sociedad, pero siguen estando sometidas a distintas presiones a través de fenómenos como la cirugía plástica, las modelos de talla cero y las imágenes retocadas de las revistas de moda.

Más allá de estos «ismos» políticos claros, el siglo XX presenció el desarrollo de otras ideas interesantes. Jean-Paul Sartre aquí representa el existencialismo, una idea que aspiraba a ser filosofía, pero que retrospectivamente puede verse más bien como una moda o postura. En su momento, el existencialismo se consideró una filosofía importante y, aunque su estrella haya declinado, nos ha parecido necesario incluirlo aquí.

Por último, el siglo XX ha asistido a un amplio desarrollo del ecologismo y del movimiento por los derechos de los animales. Las obras de James Lovelock y Peter Singer incorporan esos ideales políticos respectivamente. En el caso del ecologismo, esto tiene especial vigencia en nuestros días, pues las cuestiones del calentamiento global y el agotamiento energético con toda probabilidad seguirán siendo cruciales durante todo este siglo. Singer y Lovelock presentan aspectos del sustrato filosófico en que se apoyan estas ideas.

Manifiesto comunista, 1848

Karl Marx y Friedrich Engels

*«La historia de todas las sociedades que han existido
hasta ahora ha sido la historia de la lucha de clases.»*

Karl Heinrich Marx fue un filósofo, economista político y revolucionario socialista enormemente influyente. Aunque trató una amplia variedad de temas, es especialmente famoso por su análisis de la historia en términos de la lucha de clases y desarrolló una crítica de la sociedad que consideraba tanto científica como revolucionaria.

Marx tomó parte activa en la lucha política y filosófica de su tiempo y escribió el *Manifiesto comunista* un año antes de las revoluciones de 1848, aunque ambos acontecimientos no guardan relación. Es célebre su afirmación de que «los filósofos solo han interpretado el mundo de distintas maneras; lo importante es transformarlo». No estaba de acuerdo con la unión de la teoría y la práctica en interpretaciones idealistas que consideraba opuestas en sus *Weltanschauungen* (concepciones del mundo).

Su visión de la historia, que se denominó *materialismo histórico* (más tarde formulada con cierta controversia como la filosofía del materialismo dialéctico por Engels y Lenin, aunque este término nunca fue utilizado por el propio Marx), está influida por la tesis de Hegel de que la realidad (y la historia) han de considerarse dialécticamente. Hegel pensaba que la dirección de la historia humana se caracteriza por el movimiento de lo fragmentario hacia lo completo y lo real (que también es un movimiento hacia una racionalidad cada vez mayor) y que podía considerarse producto del conflicto entre estos dos ámbitos opuestos. Si bien Marx aceptaba esta concepción general de la historia, Hegel era idealista y Marx buscaba reescribir la dialéctica en términos materialistas. Marx veía las causas de los desarrollos y cambios en las sociedades humanas en la forma en que los humanos producen colectivamente sus medios de vida, poniendo así el acento, a través del análisis económico, en todo lo que coexiste con la base económica de la sociedad (por ejemplo, las clases sociales, las estructuras políticas y las ideologías).

Marx sostenía que lo real es el mundo material y que nuestras ideas sobre él son consecuencias que surgen de esa realidad, no que nuestras ideas sean la causa del mundo (la realidad). Así, como Hegel y otros filósofos, Marx distinguía entre apariencia y realidad. Pero no creía que el mundo material nos oculte el mundo «real» del ideal; por el contrario, pensaba que la ideología, histórica y socialmente específica, impedía que las personas vieran con claridad las condiciones materiales de sus vidas. Marx sostenía que la identidad de una clase social se derivaba de su relación con los medios de producción (en oposición a la noción de que la clase está determinada únicamente por la riqueza, es decir: clase baja, clase media y clase alta). Creó el término «conciencia de clase» para referirse a la autoconciencia de una clase social y su capacidad para actuar de acuerdo con sus intereses racionales.

Marx describe varias clases sociales en las sociedades capitalistas, la principal de ellas el *proletariado,* integrado por «aquellos que venden su fuerza de trabajo (y añaden valor a lo que producen) y que, en el modo capitalista de producción, no poseen los medios de producción». Asimismo, describió a la *burguesía,* que «posee los medios de producción» y compra la fuerza de trabajo del proletariado a cambio de un salario y, por tanto, lo explota. A su vez, la burguesía se divide en gran burguesía y pequeña burguesía. Esta última está constituida por aquellos que emplean mano de obra, pero que también trabajan. Pueden ser pequeños propietarios, campesinos propietarios de tierras o comerciantes. Marx predijo que la pequeña burguesía sería destruida por la constante reinvención de los medios de producción y que, como consecuencia, se produciría una proletarización masiva de la pequeña burguesía. Además, identificó el lumpenproletariado, un estrato de la sociedad completamente desconectado de los medios de producción, como los desempleados, los enfermos o los mayores.

En su concepción de la economía política, Marx utilizó los términos *base* y *superestructura* para referirse a los medios de producción de la sociedad (cómo se produce la sociedad). La superestructura se forma sobre la base y comprende la ideología de una sociedad, así como su sistema legal, su sistema político y las religiones. Para Marx, la base es el fundamento económico de la sociedad y determina la superestructura. La superestructura y la base se relacionan dialécticamente, no son entidades independientes. Como la clase dominante controla los medios de producción, la superestructura de la sociedad, incluida su ideología, dependerá de qué es lo que beneficia a dicha clase. Por tanto, la ideología de una sociedad es de enorme importancia, habida cuenta de que confunde a los grupos alienados y puede crear «falsa conciencia», como el fetichismo de la mercancía (percibiendo el trabajo como «capital», lo que para Marx era una degradación de la vida humana).

Otro término clave de Marx es el de *modo de producción.* Consiste en una combinación específica de las fuerzas productivas (incluidos la fuerza de trabajo humana, las herramientas, el equipo, los edificios y las tecnologías, los materiales y la tierra aprovechada), de un lado y, de otro, las relaciones sociales y técnicas de producción (que comprenden la propiedad, el control y las relaciones que gobiernan los activos productivos de la sociedad, así como las relaciones entre las personas y el objeto de su trabajo, y entre las clases sociales). Según Marx, el modo capitalista de producción establece las condiciones que permiten a la burguesía explotar al proletariado debido a que la fuerza de trabajo del obrero genera una plusvalía que es mayor que su salario. Para Marx, en las sociedades capitalistas las relaciones de clase conforman al individuo. En otras palabras, los intereses, necesidades y capacidades de las personas están determinados por el modo de producción que caracteriza a la sociedad en que habitan.

«Marxismo» se refiere a la filosofía y la teoría social basada en la obra de Marx, de un lado, y a la práctica política basada en la teoría marxista, de otro. Ha habido numerosas escuelas de marxismo vinculadas a teóricos y políticos: «leninismo» (defiende la necesidad de derrocar violentamente el capitalismo mediante una revolución comunista), «estalinismo» (la dictadura del proletariado es necesaria como primer paso hacia el comunismo), «trotskismo» (propugna una «revolución permanente» internacional), «maoísmo» (una versión del leninismo en la que se «permite» el funcionamiento de los mercados, sin excluir la especulación, bajo el control último del partido) y los términos más generales «comunismo» o «socialismo», que defienden la propiedad estatal centralizada de los medios de producción o la propiedad colectiva/cooperativa de estos, dependiendo de la fase de la revolución. Aunque todavía hay muchos movimientos sociales revolucionarios y partidos políticos marxistas en el mundo, desde la caída de la Unión Soviética y sus estados satélites muy pocos países tienen gobiernos que se definan como marxistas. Los partidos socialistas que están en el poder en algunos países occidentales hace mucho que se distanciaron de Marx y sus ideas.

Lectura rápida

Tener que trabajar para vivir es irremediable. Nunca ganaremos el dinero necesario para librarnos de la faena diaria, porque, si pudiéramos, no habría tantos parásitos ricos aprovechándose de nosotros para llevar vidas de lujo.

Anarquismo y otros ensayos, 1927

Emma Goldman

«¡Destrucción y violencia! ¿Cómo va a saber el hombre corriente que el elemento más violento en la sociedad es la ignorancia, que su poder de destrucción es justamente lo que el anarquismo está combatiendo? Tampoco es consciente de que el anarquismo, cuyas raíces, por así decirlo, son parte de las fuerzas de la naturaleza, no destruye el tejido sano sino excrecencias parasitarias que se alimentan de la esencia vital de la sociedad. No hace más que limpiar el suelo de malas hierbas y matojos para que, con el tiempo, dé frutos lozanos.»

Emma Goldman nació en 1869 en un gueto judío en Rusia, donde su familia regentaba una pequeña posada. Cuando tenía quince años, su padre intentó casarla, pero ella se negó. Finalmente, se acordó que la rebelde muchacha iría a América con una hermanastra, donde tenía una hermana que vivía en Rochester, Nueva York. Goldman se dio cuenta rápidamente que, para una inmigrante judía, Estados Unidos no era la tierra prometida de oportunidades. Para ella, significó vivir en suburbios pobres y trabajar en talleres clandestinos, en los que se ganaba la vida como modista.

Lo primero que le acercó al anarquismo fue la campaña de protesta que se organizó tras la tragedia de Haymarket ocurrida en

Chicago en 1886. Debido a sus penosas condiciones de trabajo, los obreros organizaron una concentración para pedir la jornada de ocho horas. Alguien arrojó una bomba a un grupo de policías durante la manifestación, por lo que cuatro anarquistas fueron procesados con pruebas endebles y, finalmente, ahorcados. Durante el proceso el juez declaró sin rebozo: «No se les está juzgando porque sean los responsables de la bomba de Haymarket, sino porque son anarquistas». Emma Goldman había seguido los acontecimientos con pasión y el día de las ejecuciones decidió convertirse en revolucionaria y se orientó hacia el anarquismo. En aquella época tenía veinte años y llevaba diez meses casada con un emigrante ruso. El matrimonio no funcionó, por lo que se divorció y se trasladó a Nueva York.

Mientras se encontraba en Nueva York se hizo amiga de Johann Most, el director de un periódico anarquista en lengua alemana. Debido al vivo interés y a la inteligencia analítica de Goldman, Most decidió convertirla en su protegida y le organizó una gira para que hablara a los trabajadores. Le dijo que debía explicar que la campaña por las cuarenta y ocho horas era insuficiente; el objetivo debía ser la caída del capitalismo. Las campañas por la jornada de ocho horas no eran más que una diversión. Goldman transmitió este mensaje en sus reuniones públicas. Pero en Buffalo un viejo trabajador le preguntó qué debían hacer los hombres de su edad. Era improbable que pudieran llegar a ver el final del sistema capitalista. ¿También tenían que renunciar a la liberación de quizá dos horas diarias de su odiado trabajo?

Este encuentro afectó a Goldman, que comprendía el argumento del viejo obrero. Goldman se daba cuenta de que los esfuerzos concretos por mejorar las condiciones de vida, como sueldos más altos y jornadas más cortas, lejos de representar una desviación, eran parte de la transformación revolucionaria de la sociedad. Desde ese momento empezó a distanciarse de Most y a interesarse por *Die Autonomie,* otro periódico anarquista alemán. Fue en *Die Autonomie* donde leyó por primera vez las obras de Piotr Koprotkin. Intentó equilibrar la inclinación de los seres humanos hacia el socialismo y la ayuda mutua, en lo que hacía hincapié Koprotkin, con su defensa categórica de la libertad del individuo. Esta creencia en la libertad personal se pone de manifiesto en una anécdota según la cual un joven revolucionario reprochó a Goldman en una fiesta que bailar no era propio de un agitador. Goldman escribió: «Yo insistí en que nuestra causa no podía esperar de mí que me comportara como una monja y que el movimiento no debía convertirse en un convento. Si significaba eso, no me interesaba. Yo quiero libertad, el derecho a la expresión personal, el derecho de cada uno a cosas hermosas y radiantes».

En aquellos primeros días Goldman apoyaba la violencia como forma de propaganda. En 1892 planeó con Alexander Berkman el asesinato de Henry Clay Finch, que había reprimido huelgas en la fábrica Homestead de Pennsylvania con guardias armados. Creían que matando al tirano, representante de un sistema cruel, despertarían la conciencia de la gente. Finalmente, el plan se frustró. Berkman solo consiguió herir a Finch y fue condenado a veintidós años de cárcel. Goldman intentó explicar y justificar el intento de asesinato, afirmando que la verdadera moralidad está en los motivos, no en las consecuencias. Su defensa de Berkman la convirtió en una mujer marcada y sus conferencias con frecuencia eran interrumpidas por las autoridades. En 1893 fue detenida por animar presuntamente a los parados a coger el pan «por la fuerza» y condenada a un año en la penitenciaría de la isla de Blackwell.

Fue a la cárcel por segunda vez por distribuir información sobre métodos anticonceptivos, pero su estancia más larga en prisión fue a raíz de su participación en la creación de ligas contra el alistamiento militar y en la organización de manifestaciones contra la Primera Guerra Mundial. Goldman y Berkman fueron detenidos en 1917 por conspirar para obstaculizar la llamada a filas y condenados a dos años de cárcel. Después se les retiró la ciudadanía y fueron deportados junto con otros «rojos» indeseables a Rusia. J. Edgar Hoover, presidente de la vista que decidió su expulsión, la describió como «una de las mujeres más peligrosas de América».

En 1919, cuando Goldman y Berkman viajaban por Rusia, les horrorizó el aumento de la burocracia, la persecución política y los trabajos forzados. La ruptura llegó en 1921, cuando los marineros y soldados de Kronstadt se rebelaron contra los bolcheviques y se pusieron del lado de los trabajadores en huelga. Fueron aplastados por Trotski y el Ejército Rojo. Al salir de Rusia en diciembre de 1921, Goldman expuso sus hallazgos sobre Rusia en dos trabajos publicados en *Anarquismo y otros ensayos:* «Mi desilusión con Rusia» y «Mi mayor desilusión con Rusia». En estos artículos sostenía que nunca habían sido la autoridad, el gobierno y el estado tan inherentemente estáticos, reaccionarios e incluso contrarrevolucionarios. En suma, para ella, lo que estaba ocurriendo en Rusia era la antítesis de la revolución.

El tiempo que pasó en Rusia la condujo a replantearse su anterior convicción de que el fin justifica los medios. Goldman aceptaba que la violencia era un mal necesario en el proceso de transformación social. No obstante, su experiencia en Rusia la obligó a hacer una distinción. En *Anarquismo* escribió: «Sé que en el pasado todos los grandes cambios políticos y sociales han ido acompañados de violencia... Pero una cosa es emplear la violencia en el combate como medio de defensa y otra muy distinta es hacer un principio del terrorismo, institucionalizarlo, asignarle el lugar más decisivo en la lucha social. Ese terrorismo engendra contrarrevolución y, a su vez, se vuelve contrarrevolucionario».

Estas opiniones eran impopulares entre los radicales que aún querían creer que la Revolución Rusa era un éxito. Cuando Goldman se instaló en Gran Bretaña en 1921, la suya era prácticamente la única voz que condenaba a los bolcheviques y apenas acudía gente a sus conferencias. Al enterarse de que podrían deportarla en 1925, un minero galés se ofreció a casarse con ella para que pudiera obtener la nacionalidad británica. Con el pasaporte británico pudo viajar a Francia y a Canadá. En 1934 incluso se le permitió hacer una gira de conferencias en Estados Unidos. A la edad de sesenta y siete años fue a España a apoyar la lucha de los anarquistas en la Guerra Civil española. En un mitin de las Juventudes Libertarias declaró: «Vuestra revolución destruirá definitivamente [la idea] de que el anarquismo representa el caos». No obstante, se negó a condenar a los anarquistas por entrar en el gobierno y aceptar la militarización, porque creía que en aquellos momentos la alternativa era una dictadura comunista.

Emma Goldman murió en Estados Unidos en 1940. Dejó importantes aportaciones al pensamiento anarquista. En particular se la recuerda por haber incorporado al anarquismo el ámbito de la política sexual, al que anteriores pensadores solo habían aludido. Goldman defendió el derecho de las mujeres a la anticoncepción y fue a la cárcel por ello. Sostenía que para acabar con las relaciones represivas y desiguales entre los sexos no bastaría con soluciones políticas. Sería necesaria una gran transformación de los valores y, lo que era más importante, de las propias mujeres. En el ensayo «Sobre el sufragio femenino», publicado en *Anarquismo*, afirmaba que, para ello, las mujeres debían afirmarse como personas y no como mercancías sexuales.

También animó a las mujeres a que no dieran a nadie derecho sobre sus cuerpos y a que no tuvieran hijos si no querían tenerlos. Y sugirió que las mujeres debían negarse a servir a Dios, al estado, a la sociedad, al marido o a cualquier otra cosa. Según Goldman, la manera de conseguirlo era simplificando sus vidas y haciendo que sus pensamientos se hicieran más profundos y ricos, intentando comprender el significado y la sustancia de la vida en toda su complejidad y liberándose del miedo a la opinión y la condena públicas. «Solo la revolución anarquista, y no las urnas, liberará a la mujer y la convertirá en una fuerza aún desconocida en el mundo, una fuerza de fuego divino, creadora de hombres y mujeres libres.»

Lectura rápida

El anarquismo exige al hombre que piense, que investigue, que analice cada proposición. El anarquismo es la filosofía de un nuevo orden social basado en la libertad no coartada por leyes creadas por los hombres. Todas las formas de gobierno descansan en la violencia y por tanto son injustas y dañinas, además de innecesarias. El nuevo orden social descansa necesariamente en la base material de la vida. No obstante, mientras que todos los anarquistas están de acuerdo en que el principal mal hoy es económico, muchos sostienen que la solución a ese mal solo será posible teniendo en cuenta todos los aspectos de la vida: los individuales y los colectivos; los internos y los externos.

El ser y la nada: ensayo de ontología fenomenológica, 1943

Jean-Paul Sartre

«La existencia precede y gobierna a la esencia.»

El ser y la nada: ensayo de ontología fenomenológica es un tratado de Jean-Paul Sartre publicado en 1943 que se considera un momento decisivo en el desarrollo del existencialismo. El principal objetivo de *El ser y la nada* era definir la conciencia como trascendente. El existencialismo tuvo mucho auge en el periodo de la posguerra, especialmente entre radicales y estudiantes, y en aquella época Sartre era una figura reverenciada. Probablemente sea justo decir que a Sartre ahora se le toma menos en serio que hace cincuenta años, y que al existencialismo en general se le considera más una moda que algo significativo. No obstante, la obra de Sartre aún tiene mucho que ofrecer.

Se afirma con frecuencia que *El ser y la nada* estuvo influida por *Ser y tiempo,* de Martin Heidegger. Sin embargo, Sartre era profundamente escéptico de cualquier medida en virtud de la cual la humanidad podría alcanzar un estado de plenitud personal comparable al hipotético reencuentro heideggeriano con el

«Ser». El planteamiento de Sartre en *El ser y la nada* es mucho más sombrío. Presenta al hombre como una criatura obsesionada por una visión de completitud, lo que Sartre denomina el *ens causa sui* (literalmente «un ser que es la causa de su propio ser»), que la religión identifica como Dios. Para Sartre, el individuo nace en la realidad material de su cuerpo en un universo completamente material. Es aquí donde se encuentra inserto en el ser (con «s» minúscula). Pero la conciencia se halla en un estado de cohabitación con su cuerpo material; no es una «cosa» que exista independientemente por sí misma. La conciencia puede imaginar aquello que no es (por ejemplo, puede imaginar el futuro).

En la introducción, Sartre rechaza el «dualismo de apariencia y esencia». En el caso de los objetos inanimados, la esencia de un existente es la ley manifiesta que preside la sucesión de sus apariciones. El concepto de «ser» ocupa un lugar mucho más destacado en *El ser y la nada* que el de «existencia».

Sartre utiliza el término «ser» principalmente en el sentido distintivo de «lo que fundamenta» algo (por ejemplo, «el ser de la consciencia»). Divide el concepto de ser en dos ámbitos: «ser-en-sí» y «ser-para-sí». Esta división es hegeliana en su origen, pero, a diferencia de Hegel, Sartre piensa que la separación es insalvable. Evita la dualidad cartesiana de sujeto y objeto considerando al hombre una totalidad concreta en el sentido de «ser-en-el-mundo».

Sartre sostiene: «Es evidente que el no-ser siempre aparece dentro de los límites de una expectativa humana». Cuando nos movemos en el mundo, tenemos expectativas que con frecuencia no se cumplen. Pierre no está en el café donde creíamos que le encontraríamos, por lo que hay una *negación,* un vacío, una nada, en lugar de Pierre. Esta nada se experimenta a través de la expectativa humana. Sartre también introduce la teoría de «la mirada». La mera presencia de otra persona hace que la miremos como un objeto y que veamos su mundo tal y como se le presenta al otro. Sartre describe lo que es estar solo en un parque: en este momento todas las relaciones en el parque (por ejemplo, el banco se encuentra entre dos árboles) están ahí, accesibles, y tienen lugar para él. Cuando llega otra persona al parque, se crea una relación entre esa persona y el banco, y esta no es completamente accesible para él. La relación se presenta como un objeto (por ejemplo, el hombre mira el reloj), pero en realidad no es un objeto: no puede ser conocida. *Le huye*. La otra persona es un «sumidero» en el mundo, desintegra las relaciones de las que Sartre antes era el centro absoluto. «La mirada» también es la base del deseo sexual; Sartre declara que el sexo no tiene una motivación biológica. Por el contrario, la «doble encarnación recíproca» es una forma de conciencia mutua que Sartre coloca en el centro de la experiencia sexual. Esto implica el reconocimiento mutuo de una suerte de subjetividad: «Me hago carne para inducir al Otro a realizar para sí y para mí su propia carne. Sus caricias hacen que mi carne nazca para mí en tanto que es para el Otro carne que lo hace nacer a la carne».

Sartre también analiza la noción de *mala fe*. La mala fe es una condición que se produce cuando los individuos niegan su verdadera naturaleza e intentan convertirse en un yo que no son. Mala fe es fingir ser lo que no se es. El ejemplo clásico es el camarero de Sartre que siempre es un poco demasiado simpático, demasiado amable, demasiado afanoso por desempeñar el papel de camarero en vez de ser el yo menos simpático, menos amistoso, menos típico de camarero que sería si no estuviera adoptando la identidad de «camarero». Al asumir ese papel, el personaje de Sartre se ha negado a sí mismo negando su ego auténtico con todas las características que no son apropiadas para un camarero. Un ejemplo extremo de esto sería cuando vemos un maniquí que por un momento confundimos con una persona real.

Sartre cree que la existencia humana es una paradoja en virtud de la cual cada uno de nosotros permanece, mientras vive, en un circuito de *nada,* en otras palabras, la condición de una conciencia libre. No obstante, al *ser,* estamos impelidos a elegir y, por tanto, a la angustia, porque la elección pone coto al alcance ilimitado de nuestros pensamientos. Lo que podemos *ser* es limitado. Entonces huimos de esta angustia mediante constructos orientados a la acción a fin de encarnar representaciones o sueños de necesidad, destino, determinismo, etc. Debemos *ser,* porque somos más que pensadores; también somos *actores* que hemos de hacer lo que debemos hacer para convertirnos en lo que somos. Elegimos qué ser, pero, para Sartre, esas decisiones solo representan intentos fallidos de escapar a la angustia de la libertad intelectual. Sartre describe esas opciones como *sueños fallidos de completitud,* porque son incapaces de salvar la dicotomía entre pensamiento y acción, entre el *ser* y la *nada* inherente en nuestro *yo.* Aquí es donde Sartre está expresando la esencia de lo que comúnmente se ha entendido por existencialismo.

Sartre sostiene que el *ser* palidece ante la *nada.* Esto es así porque la conciencia es más espontánea que la seriedad estable. El *hombre serio* ha de luchar continuamente entre el deseo consciente de una autodelimitación pacífica mediante el constreñimiento físico y los roles sociales. Es como vivir dentro de un retrato que pintamos de nosotros mismos. Por lo tanto, Sartre sostiene que la conciencia no tiene sentido por sí sola: surge cuando reparamos en los objetos. Así que, *conciencia de* es la forma adecuada de describir la conciencia. Siempre somos conscientes de *un objeto,* sea este *algo* o *alguien.*

Lectura rápida

No somos nada. No somos nada y si intentamos ser algo, no somos más que actores pretenciosos. Percibimos esto con más agudeza cuando otras personas dudan que seamos lo que estamos intentando ser.

La revolución de la vida cotidiana, 1967

Raoul Vaneigem

*«El sufrimiento es el mal de los constreñimientos. Un átomo
de puro deleite, por pequeño que sea, puede impedir la presencia
del sufrimiento. Trabajar del lado del deleite y la auténtica
celebración apenas es distinto de preparar
una insurrección general.»*

La historia de la primera Internacional Situacionista (el pequeño
grupo intelectual que profesó el *situacionismo* de 1957 a 1972) es
tan oscura y enrevesada que en primer lugar es necesario explicar
por qué hemos elegido este título en vez del más conocido *La sociedad del espectáculo,* de Guy Debord.

Debord y Vaneigem fueron dos de las principales figuras del
movimiento situacionista, y Debord en concreto era conocido
por ser un maniático del control que con frecuencia se enemista-
ba con sus compañeros y los excomulgaba. Vaneigem acabó de-
jando la IS en 1970. En realidad dimitió, aunque más tarde Debord le denunció a él y a sus ideas.

El libro de Debord probablemente sea la exposición más clara
y sencilla de las ideas situacionistas. Pero es un tanto tedioso y
árido, pues intenta desarrollar una teoría coherente, más bien
pseudomarxista, de la sociedad. Por el contrario, Vaneigem es un

escritor fascinante, vigoroso y extravagante, y con frecuencia muy divertido. Además, la mejor forma de recordar o celebrar el situacionismo es como un movimiento inteligente con un humor subversivo. Por lo tanto, sugerimos que es mejor (o, al menos, más entretenido) comenzar con el muy legible *La revolución de la vida cotidiana.*

Así que, ¿qué es el situacionismo?

Para dar una idea de lo difícil que es definir el situacionismo, el órgano de la IS dice que «no existe eso que se llama situacionismo, lo que significaría una doctrina de interpretación de los hechos existentes. Es evidente que la noción de situacionismo ha sido concebida por antisituacionistas». A pesar de esta exposición más bien doctrinal, parece apropiado afirmar que el situacionismo consiste en las teorías propuestas por los teóricos situacionistas más destacados, entre ellos Debord y Vaneigem.

Lo primero que cabe decir es que hay elementos del análisis situacionista que se basan en el marxismo y en el anarquismo, así como en las visiones del exceso de George Bataille. El situacionismo describe una sociedad en la que tenemos demasiado de todo y demasiada información, y la consecuencia es que estamos aturdidos y esclavizados. Esencialmente se trata de una filosofía política, según la cual nuestra falta de libertad se expresa en nuestra incapacidad para experimentar la auténtica alegría. Centramos nuestra atención en la superficie y la apariencia cotidianas, por lo que somos incapaces de comprender cómo nos coartan las fuerzas de control social.

El situacionismo es posmarxista en el sentido de que es una ideología que se planteaba el hecho de que las «masas» no estaban respondiendo a su condición de oprimidas como los comunistas habían previsto. En vez de sublevarse contra el capitalismo, estaban satisfechas de poder comprar lavadoras, juguetes de plástico y televisiones. Vaneigem escribe que hay quienes han sugerido que el proletariado ya no existe, «que ha desaparecido bajo una avalancha de equipos de sonido, televisiones en color, garajes de dos plazas y piscinas».

Así que los situacionistas se centraron en los objetos de la vida cotidiana. También propugnaron varias formas de acción directa (o *situaciones*) para intentar subvertir la sociedad del espectáculo. Desde los graffiti hasta faltar al trabajo, convertirse en un *flâneur* (paseante urbano) o incluso robar en las tiendas o participar en desórdenes callejeros, todo podía describirse como una respuesta auténticamente situacionista a los fallos de la sociedad.

A veces el situacionismo difuminaba la barrera entre arte y política (y muchas de las escisiones del movimiento se referían a cómo se podría romper esa barrera). De esta forma, estaban convencidos de que cualquier gesto artístico podía ser subversivo (y de que un gesto artístico no revolucionario tampoco es valioso). En esto se consideraban sucesores de los surrealistas y los dadaístas, aunque sería más justo decir que creían que su idea del arte como subversión debía sustituir a las nociones previas de arte. Vaneigem es particularmente ameno cuando describe de qué formas las situaciones o celebraciones artísticas contribuyen a contrarrestar el aburrimiento y el sufrimiento que experimentamos en la sociedad moderna; por ejemplo, escribe que «la explosión del placer vital es tal que, al perderme, me encuentro; olvidando que existo, me realizo». La espontaneidad, la bacanal, la celebración y otras formas de pura alegría improvisada le parecen una parte esencial del intento del individuo por encontrar una respuesta auténtica a la vida.

Para dar un ejemplo de la forma en que Vaneigem puede pasar de un humor un tanto crudo a la exhortación política, hay un pasaje en el que representa a la sociedad como un estado en el que muchas personas están aplastadas bajo un armario gigante y luchan por liberarse. Describe a los pensadores que se niegan a creer en el armario o que lo hacen más pesado cuando explican que dicho armario es objetivamente inevitable, y continúa: «Y todo el espíritu cristiano está ahí, soportando el sufrimiento como un buen perro y repartiendo fotografías de personas aplastadas pero sonrientes. 'La racionalidad del armario siempre es la mejor', proclaman cada día los miles de libros que van a apilarse en el armario. Y entre tanto, todo el mundo quiere respirar, pero nadie puede... Es ahora o nunca».

También hay un evidente eco de Nietzsche en este pasaje (y en otros lugares) en la forma en que presenta al cristianismo como fetichización de la pasividad y de la Iglesia cristiana como proveedora de *ressentiment* a las masas. Hay otra línea en el pensamiento de Vaneigem. Siempre trata de desafiar la pasividad que nos conduce a aceptar las distintas formas de control social, desde las leyes y la religión hasta cómo buscan modelar nuestras percepciones del mundo los medios de comunicación y la publicidad. Para Vaneigem, el individuo siempre debe aspirar a hallar una alegría auténtica en la oposición a estas formas de control social.

Con frecuencia se afirma que el situacionismo tuvo repercusión en Mayo del 68 en Francia. Es cierto que en los muros de París se hicieron pintadas con eslóganes situacionistas como «Tomo mis deseos por la realidad porque creo en la realidad de mis deseos» (así como otros procedentes de las obras de Debord y Vaneigem) durante ese periodo. Pero también hay que señalar que los situacionistas eran muy pocos y no especialmente influyentes, por lo que fueron figuras más bien tangenciales en la revuelta.

También se ha afirmado que la música punk en parte estuvo inspirada por el situacionismo. Quizá haya algo de verdad en esto habida cuenta de que varias de las primeras figuras del movimiento punk británico como mínimo estaban interesadas en el situacionismo, aunque la influencia probablemente fue más marcada en el diseño de las fundas de los discos y en los eslóganes utilizados que en la propia música.

La revolución de la vida cotidiana sigue siendo un libro muy relevante. El fervor revolucionario de los años sesenta puede que haya pasado, pero en muchos sentidos vivimos en la misma clase de sociedad. Tenemos más y más entretenimientos pasivos, riqueza aparente y baratijas de plástico de todo el mundo, así como un control social creciente, tanto a nivel gubernamental como localizado. Las fervientes declaraciones de Vaneigem de que debemos buscar formas creativas de reafirmar la autenticidad nos proporcionan una interesante vislumbre de lo que era el entorno intelectual de los años cincuenta y sesenta, pero este libro también puede sintonizar con muchos lectores de hoy.

Lectura rápida

Lo que preocupa a nuestras mentes es una vida cotidiana cada vez más trivial. Pero, detrás de esta fachada, sufrimos y estamos humillados y aislados. Hoy, los pensadores del mañana están en las calles, organizando situaciones que crean auténtica alegría, para combatir el opresivo control social del trabajo, la religión y el pensamiento organizado. «Tenemos un mundo de placeres que ganar y nada que perder más que nuestro aburrimiento.»

Ética práctica, 1979

Peter Singer

*«Tal y como es ahora el mundo, me parece insoslayable la conclusión
de que cada uno de los que tenemos un excedente de riqueza
para satisfacer nuestras necesidades esenciales deberíamos entregar
la mayor parte para ayudar a las personas que sufren una pobreza
tan terrible como para que su vida corra peligro. Eso es:
estoy diciendo que nadie debería comprar ese coche nuevo,
hacer ese crucero, redecorar la cosa o comprarse ese nuevo traje
en rebajas. Después de todo, un traje de mil dólares
puede salvar la vida de cinco niños.»*

Peter Singer es uno de los filósofos más interesantes y controvertidos que ha escrito sobre ética en los años recientes. Es conocido especialmente por sus obras de ética en relación con otras especies, en las que plantea que no es lógicamente coherente ni moralmente correcto afirmar que los humanos tenemos ciertos derechos (como el derecho a la vida), al tiempo que negamos esos mismos derechos a los animales. Su obra sobre esta cuestión ejerció gran influencia en el movimiento por los derechos de los animales o de liberación animal. También es conocido por sus polémicas opiniones sobre cuestiones como el aborto, la eutanasia y cómo resolver el problema de la pobreza.

Quizá porque aborda sin ambages temas tan espinosos, sus ideas con frecuencia se representan (y critican) de forma extremadamente simplista. Dado el espacio de que disponemos, no podemos dar cuenta aquí de todos los matices de sus argumentos, pero lo primero que queremos señalar es que Singer es un polemista escrupuloso que respalda sus opiniones con argumentos. Para quienes estén interesados en sus ideas, la exposición más completa de estas se encuentra en su libro *Ética práctica,* publicado en 1979.

La filosofía moral de Singer se basa en una forma de utilitarismo (la filosofía expuesta más de un siglo atrás por John Stuart Mill, Jeremy Bentham y otros), según la cual el valor moral de un acto reside en sus consecuencias.

Singer también ha afirmado que muchas de sus conclusiones podrían basarse en un principio moral mucho más sencillo: la idea de que si un acto que causa una pequeña incomodidad puede impedir el sufrimiento de los demás, ese es el acto moralmente correcto que hemos de realizar. No obstante, hay que decir que, en lo esencial, esto no es más que un principio utilitarista simplificado, pues se basa en las consecuencias en vez de en la idea de que los actos pueden ser más o menos morales intrínsecamente.

Singer interpreta el imperativo categórico de Kant (o la regla de oro de Jesús) en el sentido de que no podemos juzgar la moral únicamente a partir de nuestro propio interés, sino que debemos dar el mismo peso a los intereses de los demás. Así, comienza con la afirmación de que la ética debe basarse en una consideración equitativa de intereses. A continuación, aborda con detenimiento si debemos limitarnos a considerar los intereses de la raza humana únicamente, y también si debemos conceder a todos los seres humanos los mismos derechos. Singer sostiene que el derecho a la vida *per se* no existe. En la medida en que hemos de reconocer el derecho a la vida, debemos hacerlo sobre la base de que los seres humanos son *personas,* esto es, que tienen autoconciencia. Como algunos animales tienen autoconciencia y son racionales, Singer también afirma que negarles los mismos derechos que concedemos a los humanos autoconscientes racionales es *especismo*.

Singer concluye que es peor matar, por ejemplo, a un chimpancé adulto que a un feto humano. En particular, sostiene que hasta que el feto esté lo bastante desarrollado como para sentir dolor, matarlo es un acto moralmente neutral; esto es, la justificación moral debe depender de otros argumentos, como los intereses de los padres y otros. Y en una controvertida conclusión, extiende su planteamiento a la eutanasia y a la muerte de bebés humanos. Como considera que un bebé humano que aún no haya cumplido un mes carece de autoconciencia, sostiene que matar a un bebé de esa edad está al mismo nivel moral que matar a un animal que carece de autoconciencia. Afirma que, por ejemplo, en los casos de extrema discapacidad puede ser moralmente aceptable matar a un niño a esta edad.

Singer argumentaría (y muchos aceptarían) que en vez de intentar rebajar los derechos humanos, lo que busca es elevar los derechos de los animales con este enfoque. Desde luego, es cierto que buena parte de sus obras rebate eficazmente los argumentos según los cuales es moralmente correcto mantener una separación absoluta entre los humanos y los animales en nuestra ética. No obstante, sus conclusiones han recibido numerosas críticas de los adversarios del aborto y la eutanasia, y Singer añadió un capítulo a su libro después de los ataques que recibió en Alemania por sus ideas sobre la eutanasia. En efecto, parece peligroso aceptar su propuesta de considerar personas a algunos humanos y no personas a otros, aunque solo sea porque evoca el preocupante espectro de que científicos y políticos decidan quién puede vivir y quién no.

Por otra parte, estamos asistiendo a un debate sobre el uso de células madre en el que la negativa dogmática a permitir la investigación con células madre procedentes de fetos que en cualquier caso serían destruidos está poniendo en peligro el futuro del progreso científico y quizá nuestras vidas. Algunas ideas (y conclusiones) de Singer pueden parecer repugnantes a primera vista, pero como mínimo habría que tomar en consideración su interés por delimitar de forma de realista a quién hemos de tratar como una persona con derechos inalienables.

Otro ámbito en el que Singer ha hecho aportaciones interesantes es el de la pobreza en el mundo y la caridad. Sostiene que no donar dinero para fines benéficos en cierto sentido puede ser tan moralmente culpable como permitir de forma intencionada que un niño del tercer mundo muera de hambre o enfermedad. Porque si alguien es racionalmente consciente del hecho de que los cien dólares que no donó podrían haber salvado esa vida, es inmoral no donar ese dinero. Singer lleva a la práctica en su vida estos principios y dona el 20 por ciento de sus ingresos, aunque no llega a la posición franciscana extrema de renunciar a todas sus posesiones.

Los argumentos de Singer se pueden discutir desde muchos puntos de vista. La preocupación fundamental sobre su sistema ético es si el utilitarismo realmente es capaz de dar cuenta de las decisiones morales. Hay varios problemas concretos que en el utilitarismo abocan a paradojas lógicas. Por ejemplo, si todas las decisiones morales deben basarse en un equilibrio entre el placer y el dolor, ¿sería mejor un mundo que tuviera diez veces más habitantes, cada uno de los cuales la mitad de feliz? ¿Realmente es posible reducir la moral a esta clase de cálculo? Y, en cualquier caso, ¿no debería la moral basarse en una valoración de si una acción es correcta o incorrecta *en sí misma*?

El utilitarismo parece permitir una fría racionalización de actos moralmente degradantes. Por ejemplo, si los intereses de la mayoría sobrepasan a los de la minoría, los propios argumentos de Singer parecerían apoyar la experimentación dolorosa con animales encaminada a evitar grandes sufrimientos; incluso peor, en bebés humanos. Y también podrían utilizarse versiones de argumentos utilitarios para justificar la tortura o el genocidio. Si hemos de juzgar los actos moralmente, ¿no sería mejor aceptar que a veces tenemos que elegir entre dos males, en vez de limitarnos a declarar que el acto que causa menos sufrimiento es moralmente justificable? En su obra, Singer aborda estos contraargumentos de forma lógica y clara, pero no todos los lectores quedarán convencidos de que ha dado respuesta a las objeciones que se pueden plantear al pensamiento utilitario.

Asimismo, son objeto de críticas los planteamientos de Singer sobre la pobreza mundial y la inmigración. Además del argumento expuesto anteriormente sobre la caridad, Singer sostiene que los países ricos tienen la responsabilidad moral de aceptar un número mucho mayor de refugiados, hasta que esté claro que permitir la entrada de más inmigrantes causaría más daño que bien. Ambos argumentos se basan en un análisis de casos individuales: dar este dinero puede salvar una vida, aceptar a este refugiado aumentará la felicidad en el mundo. Pero cabe sostener que el resultado neto de muchos casos individuales sería hacer del mundo un lugar peor; la llegada masiva de refugiados podría bajar el nivel de vida de los países ricos y dejar a los países pobres más margen para seguir aumentando sus poblaciones. Y una dependencia excesiva de las donaciones en el tercer mundo puede provocar subordinación y corrupción, lo que significa que donar para fines benéficos puede ser una decisión más compleja de lo que Singer sugiere. Por supuesto, estos son dilemas complejos, pero considerar los casos de las donaciones y los refugiados uno por uno parece pasar por alto la dimensión moral y práctica más amplia que esas decisiones conllevan. Singer argumenta de forma convincente y meritoria que todos deberíamos donar más para obras benéficas, pero no está claro que el fundamento lógico del argumento sea tan sólido como debería. (También habría que mencionar que Singer ha hecho aportaciones interesantes sobre metaética, que se refiere a cómo elegir un marco ético, por ejemplo el utilitarismo, en vez de otro.)

Pese a todo lo que se puede criticar a Singer, sus libros son recomendables para el lector interesado. Explica de forma clara y sugerente sus argumentos, que constituyen una aportación valiosa a debates importantes en los que los filósofos no siempre han tenido el valor de participar.

Lectura rápida

La ética debería basarse en una consideración ecuánime de intereses, sean estos de quien sean. La vida en sí no es sagrada, por lo que hemos de tomar decisiones morales sobre si matar es correcto o no, basándonos en las consecuencias. Excluir a los animales de esta consideración es especismo. Puede ser moralmente menos aceptable matar a un animal adulto que a un humano no racional que carece de autoconciencia. La eutanasia o el aborto pueden ser actos moralmente neutrales (dependiendo de varios factores), en cuyo caso hemos de juzgar su moralidad a partir de otras circunstancias.

Gaia: una nueva visión de la vida sobre la Tierra, 1979

James Lovelock

«... la búsqueda de Gaia es el intento de hallar a la creatura viva más grande de la Tierra.»

La teoría de Gaia es principalmente una hipótesis científica, pero tiene serias implicaciones filosóficas. James Lovelock es un científico e inventor que trabajó en la NASA en la década de los sesenta. Participó en un proyecto con la misión de estudiar la atmósfera de Marte. La teoría de Gaia tiene su origen en la comparación de las atmósferas y otros aspectos de planetas sin vida con el ecosistema de la Tierra.

En lo fundamental, la teoría afirma que la Tierra en su conjunto es una entidad compleja que constituye un sistema cibernético o retroalimentado que «busca» un entorno físico y químico óptimo para la vida en el planeta. Es un sistema que opera a través de la biosfera, la atmósfera y la composición química y física de los océanos y del suelo. Así que, de acuerdo con la teoría de Gaia, la biomasa autorregula las condiciones en el planeta, tales como la temperatura y su composición química, para hacerlo más favorable a las distintas especies que constituyen la vida en la Tierra. El funcionamiento de esto se puede observar en ejemplos concretos, como el hecho de que la temperatura y la composición química de la atmósfera han sido relativamente estables a lo largo del tiempo. Y ello a pesar de que, durante milenios, el calor del sol ha aumentado en un 25 por ciento aproximadamente. Otro ejemplo es la estabilidad a largo plazo del nivel de salinidad de los océanos, a pesar de que habría buenas razones para esperar que este hubiera aumentado con el tiempo.

Desde principios de los años setenta en adelante Lovelock y la microbióloga Lynn Margulis difundieron y pulieron la teoría, cuya exposición más completa se encuentra en el libro de Lovelock *Gaia: una nueva visión de la vida sobre la Tierra*. En sus comienzos, la teoría fue muy criticada por dos razones. En primer lugar, el lenguaje de Lovelock con frecuencia se malinterpretó como una afirmación mística de que el planeta estaba vivo o era consciente, visión que por desgracia fue adoptada entusiásticamente por los devotos de la *New Age*. En segundo lugar, Lovelock fue criticado por dar un argumento teleológico: cualquier efecto ha de tener una causa intencional. Lovelock explicó más tarde que no había tenido la intención de decir que Gaia buscaba consciente o intencionadamente crear las condiciones para la vida, sino simplemente que, en conjunto, actuaba de tal forma que este era el resultado observable. (En este sentido describió la biosfera en un estado de *homeostasis:* un equilibrio autorregulador que no requiere un control consciente.)

Los darwinistas también han criticado frecuentemente la teoría de Gaia sobre la base de que no está claro el proceso que habría dado lugar a los desarrollos de la biosfera. Los darwinistas pueden explicar los equilibrios o cambios en las especies por la selección natural, pero es difícil ver cómo un concepto análogo podría explicar el desarrollo de un sistema planetario. Por ejemplo, el conocido científico Richard Dawkins ha declarado que «es imposible que la evolución por la selección natural conduzca al altruismo a escala global».

Así que en el seno de la comunidad científica no hay acuerdo sobre el valor de la hipótesis de Gaia. Los medioambientalistas y ecologistas tienden a aceptar que hay una verdad básica en la teoría, pero incluso aquí hay discrepancias.

La importancia de la teoría de Gaia en el contexto de este libro es que introduce un nuevo elemento en el ámbito de la filosofía. La mayoría de los demás «ismos» que estamos considerando en esta sección se ocupan exclusivamente de la sociedad humana. Al menos, desde que Hobbes expuso la idea del Leviatán, los filósofos con frecuencia han hablado de la sociedad humana como si fuera una suerte de sistema cerrado, regulado por una masa de actos individuales que en conjunto forman un todo unificado. Pero no ha sido tan frecuente que llevaran este enfoque más allá del mundo humano.

En el siglo pasado se vio con claridad creciente que los seres humanos no habitamos en una burbuja aislada. Nuestros actos tienen consecuencias reales y duraderas en el medio ambiente de este planeta. Aceptemos o no la teoría de que el calentamiento global es obra de los seres humanos, resulta difícil negar que la destrucción de los bosques tropicales, los ríos represados, la explotación minera de las montañas y el gradual agotamiento de las reservas energéticas están teniendo un impacto duradero en el planeta que habitamos.

La teoría de Gaia nos obliga a adoptar una perspectiva más amplia. Ha habido otras obras pioneras sobre el medio ambiente, como *La primavera silenciosa,* de Rachel Carson. Y Gaia es más una teoría científica que un tratado medioambiental. Pero su enfoque nos sugiere un marco para concebir la existencia humana de forma distinta. En vez de limitar nuestro pensamiento a la sociedad humana, muchas veces es importante que adoptemos una perspectiva global y la consideremos meramente como un elemento más de la biosfera. El avance hacia una vida sostenible, el reciclaje y formas menos derrochadoras de utilizar nuestro entorno son parte de este pensamiento. Y con toda probabilidad este siglo presenciará la necesidad de que este pensamiento se expanda, habida cuenta de que las reservas de petróleo y gas natural irán agotándose.

La versión más extrema de la teoría de Gaia, que concibe la Tierra como un ser consciente, es científicamente insostenible. Pero, como metáfora, ha sido una imagen poderosa, y esta es otra forma en que la teoría de Gaia ha influido en el pensamiento moderno.

Recientemente Lovelock ha sostenido (en contra de la mayor parte del movimiento ecologista) que es necesario promover la energía nuclear para reducir las emisiones de efecto invernadero. Asimismo, ha advertido que podemos estar más cerca de lo que imaginamos del punto de no retorno en el que la biosfera será incapaz de regularse. En su último libro, *La venganza de Gaia,* presenta una visión un tanto distópica del futuro de la humanidad, describiéndonos como una fiebre en la biosfera que está haciendo enfermar al planeta, que solo se curará después de transformaciones drásticas que probablemente reducirán la población humana de forma drástica. Tanto si se hacen realidad sus predicciones más pesimistas como si no, es indudable que en los años venideros no podremos soslayar el desafío medioambiental.

Lectura rápida

El planeta es una biosfera autorregulada (Gaia) que busca hacer las condiciones para la vida sobre la Tierra lo más favorables posible. La homeostasis opera a través de mecanismos de control químicos y físicos, no mediante actos conscientes o intencionados. La raza humana está haciendo todo lo posible por destruir este sistema y está cerca de conseguirlo.

El mito de la belleza, 1991

Naomi Wolf

*«Cuantos más obstáculos legales y materiales han superado
las mujeres, más estricta, rigurosa y cruelmente pesan sobre nosotras
las imágenes de la belleza femenina... Durante la última década
las mujeres irrumpieron en la estructura de poder; mientras,
los trastornos alimentarios aumentaban de forma exponencial
y la cirugía estética se convertía en la especialidad
con un crecimiento más rápido...»*

En *El mito de la belleza* Naomi Wolf examina cómo la belleza se utiliza como exigencia y como juicio a las mujeres. Subtitulado *Cómo las imágenes de la belleza se utilizan contra las mujeres,* el libro de Wolf aborda el impacto de la belleza de las mujeres en los ámbitos del empleo, la cultura, la religión, la sexualidad, los trastornos alimentarios y la cirugía estética. Su tesis básica es que existe una relación entre la liberación de la mujer y la belleza femenina.

Wolf piensa que en la cultura occidental las mujeres sufren por la presión para ajustarse a un concepto idealizado de belleza femenina. Sostiene que el mito de la belleza es político, una forma de mantener el patriarcado. El mito de la belleza sustituyó a la mística femenina, que relegaba a las mujeres a la posición de ama de casa, como guardián social de las mujeres. Hay incontables mujeres que creen que sus muslos son demasiado anchos, sus pechos demasiado pequeños, su pelo aburrido, su piel defectuosa, su figura ridícula o su ropa está pasada de moda. Muchas mujeres creen que su vida mejoraría si perdieran diez kilos, si se corrigieran la nariz, se hicieran un lifting facial, una abdominoplastia, etc. Wolf demuestra que nuestra cultura cultiva los estereotipos de las mujeres como objetos sexuales y de los hombres como objetos de éxito, en detrimento de todos.

La investigación de Wolf busca mostrar que hay una reacción cultural contra el feminismo que utiliza imágenes de la belleza femenina para mantener a las mujeres «en su sitio». En este sentido señala lo extendida que está la idea de la activista feminista fea que solo es feminista porque no es capaz de atraer a un hombre. Este popular meme se empezó a utilizar para describir a las sufragistas que hacían campaña por el derecho a voto. Wolf muestra que, a lo largo de los años, ha habido fuerzas en la cultura que han intentado castigar a las mujeres que tratan de conseguir un mayor control sobre sus vidas y su entorno.

Según Wolf, el mito de la belleza es la más peligrosa de una larga serie de mentiras relacionadas con los «preceptos» de los atributos y el comportamiento de las mujeres. La razón es que ha conseguido afectar a su visión de sí mismas. Ha creado un estándar de feminidad imposible de alcanzar para la mayoría de las mujeres, que están reaccionando con un comportamiento cada vez más obsesivo en sus intentos de estar a la altura. En vez de dirigir su energía a otros objetivos positivos para ellas, la vuelcan hacia su interior con los consiguientes sentimientos de vergüenza, culpa e infelicidad.

Wolf identifica esas mentiras a lo largo de la historia señalando que, hace un siglo, toda actividad política femenina se tachaba de enfermiza y aborrecible. Si una mujer leía demasiado, su útero se «atrofiaría». A las mujeres se las veía únicamente como vientres andantes y cualquier cosa que hicieran para aumentar su utilidad en el mundo era atacada como una amenaza a esta «realidad», y con frecuencia se las acababa calificando de «lunáticas». La idea de que las mujeres pudieran ofrecer a la sociedad algo más que los hijos que alumbraban era inconcebible y no podía permitirse. Hay que señalar aquí que Wolf parece haber olvidado el papel de las escritoras del siglo xix y antes, que enriquecieron el mundo de la literatura con sus comentarios sobre la sociedad en que vivían, aunque fuera en la ficción.

El advenimiento de las dos guerras mundiales cambió las leyes. Ahora era importante para la sociedad que las mujeres salieran de sus hogares y contribuyeran al esfuerzo de guerra. En aras de la economía, el papel de las mujeres tenía que cambiar. Los anuncios en las publicaciones femeninas se unieron a la tendencia, pero después de cada guerra, la propaganda en dichas revistas tomó un carácter diferente. En el ámbito de la cultura había fuerzas preocupadas por que los soldados que volvían a casa tuvieran trabajo y fomentar la sociedad de consumo. Era importante presionar a las mujeres trabajadoras para que volvieran a sus hogares y compraran productos para la casa.

De acuerdo con Wolf, las ramificaciones de esta propaganda social de la posguerra se reflejaban en los programas televisivos de la época: *Ozzie and Harriet, Leave it to Beaver, Make Room for Daddy, The Donna Reed Show* y *Father Knows Best,* por ejemplo, muestran imágenes del ama de casa de feliz que, según todas las apariencias, no tenía nada que hacer más que bailar llena de felicidad en su preciosa casa, perfectamente maquillada, ocupándose de su familia. Casi nunca se la veía de visita en casa de alguna amiga, y nunca participando en actividades del colegio, cívicas o culturales. Vivía dichosa en su casa segura y limpia de las afueras, llena de electrodomésticos modernos.

Apoyándose también en ejemplos históricos, Wolf afirma que durante la década de los sesenta empezó a hacerse sentir la segunda oleada de feminismo. Surgieron nuevas oportunidades para las mujeres fuera del hogar y estas fueron en masa a la universidad a fin de labrarse sus propias carreras. No obstante, fue en 1969 cuando, según Wolf, la revista *Vogue* llevó a cabo la transformación que se ha convertido en el Mito de la Belleza actual. A través de esas revistas hoy se nos bombardea con imágenes de la mujer «perfecta». Puede ser una rubia exuberante o una ardiente morena. También hay hermosas pelirrojas y exóticas mujeres de color. El ideal es que sea alta y esbelta, y que pese al menos un 20 por ciento menos de lo que su altura requiera, y casi nunca aparenta más de veinticinco años. Su piel debe ser perfecta, y el pelo y la ropa siempre han de estar inmaculados. Wolf considera estas formas ideales una «mentira» precisamente porque si miramos imágenes de mujeres en la historia, desde las pinturas del siglo XV hasta las fotografías de estrellas de cine de los años cuarenta y cincuenta, cambian las dimensiones precisas de lo que se considera una mujer hermosa.

Aunque la publicidad es el mecanismo más evidente, Wolf afirma que hay fuerzas políticas y económicas que actúan para mantener este estándar. En el centro de trabajo, una mujer no puede acudir a la ley si cree que su belleza, o su falta de ella, está utilizándose en contra suya: en un caso de 1986, citado por Wolf, una mujer perdió una denuncia de acoso sexual por ir vestida «demasiado llamativamente». En otro, a una mujer se le negó convertirse en socia de una de las compañías consultoras más importantes «porque tenía que aprender a caminar, hablar y vestirse de forma más femenina». En otro caso, el veredicto de un juez fue que el despido de una mujer había sido procedente porque era «inapropiado que un supervisor de mujeres vistiera como una mujer». Una y otra vez Wolf aporta precedentes legales en los que a una mujer se la considera demasiado hermosa, demasiado fea, demasiado vieja, demasiado gorda, demasiado bien vestida o no lo suficientemente bien vestida. En otras palabras, de acuerdo con Wolf, parece que es legal que a una mujer se la contrate o despida a causa de su aspecto físico. No obstante, tiende a soslayar el hecho de que actualmente muchas mujeres tienen éxito en sus carreras y en sus vidas, aunque no parezcan modelos de *Vogue*.

Lectura rápida

Nuestra cultura juzga a las mujeres y las mujeres se juzgan a sí mismas de acuerdo con un modelo imposible de mujer ideal. Wolf llama a esto «pornografía de la belleza». Las revistas están llenas de imágenes de modelos de una delgadez extrema, que suelen tener entre quince y veinte años. Pocas veces vemos una fotografía de una mujer que no haya sido maquillada y peinada profesionalmente, y cuyas ropas no hayan sido diseñadas también profesionalmente. Cualquier arruga o defecto de su piel se elimina. Esta es una forma de ingeniería social para que las mujeres compitan entre sí dentro y fuera del centro de trabajo. Esto lleva ocurriendo desde hace años, pero la nueva disponibilidad de la cirugía estética hace que las mujeres se miren con repugnancia y odio hacia sí mismas si no pueden alcanzar o permitirse el aspecto que se presenta como norma. Si no eres alta, delgada y hermosa y tienes menos de veinte años, tus posibilidades de éxito son escasas.

FILOSOFÍA MODERNA: UNA SELECCIÓN

Introducción

En la primera sección de este libro llevamos a cabo un expeditivo recorrido por la tradición filosófica occidental. Lo terminamos en el punto en el que los teoremas de la incompletitud de Gödel habían contribuido a socavar la vieja esperanza de «una teoría total del mundo», construida sobre la base de la lógica matemática. Entre tanto, la progresión de Wittgenstein desde su temprano positivismo lógico hasta la sutileza de su pensamiento posterior era un ejemplo de la forma en que la filosofía se vio obligada a adaptarse. En vez de buscar la certeza, cada vez estaba más relacionada con el significado y la interpretación, y en el estudio del lenguaje y la racionalidad era necesario tener en cuenta un cierto grado de vaguedad y cambio.

La filosofía moderna tomó muchos caminos diferentes en la segunda mitad del siglo xx. En vez de intentar explicar las numerosas corrientes de pensamiento, o imponer una narración coherente, hemos escogido una selección de obras importantes e interesantes que muestran algunas de las áreas que han interesado a la filosofía moderna.

Comenzamos con la *Dialéctica de la Ilustración*, de Horkheimer y Adorno, una obra que demuestra la angustia que los horrores de la Segunda Guerra Mundial causaron a muchos intelectuales. Los autores sostienen que la racionalidad y la ilustración son proyectos fallidos y por tanto temen una nueva era de barbarie. Aunque estas opiniones estaban condicionadas por el periodo histórico en que fueron escritas, es interesante ver cómo las certezas del pasado han sido sustituidas por la incertidumbre, y la búsqueda de objetividad por la aceptación de la subjetividad. De hecho, Horkheimer y Adorno consideran que el fracasado intento del pragmatismo y el positivismo lógico por acabar con el misterio es parte de una enfermedad moderna. Por el contrario, sugieren que el paso de la edad de la razón objetiva a la edad de la razón subjetiva nos ha hecho más proclives a conductas barbáricas porque nuevos mitos se han apoderado de nosotros.

John Rawls y Ted Honderich reflexionan de distintas formas sobre los fundamentos de la moralidad. Lamentablemente, las barbaridades del siglo xx proporcionan material abundante para el estudio de la ética y las posiciones de ambos filósofos en parte están influidas por los problemas de la historia reciente. En lo esencial, Rawls trata de fundamentar una teoría de la justicia en una democracia liberal moderna, mientras que Honderich aborda los problemas éticos suscitados por la guerra moderna y el terrorismo.

Los libros de Saul Kripke y David Lewis representan distintas tendencias en el pensamiento moderno. Cada uno adopta un enfoque analítico, extremadamente técnico, que es característico de buena parte de la filosofía académica contemporánea. El problema concreto que abordan es interesante: ambos libros plantean qué queremos decir cuando empleamos nombres y la lógica de mundos (alternativos) posibles. Tanto en un caso como en otro, el paquete filosófico completo contiene áridos análisis lógicos, pero cada autor aporta su propia visión de los problemas que ocupan a la filosofía académica moderna.

Por último, también incluimos *La peligrosa idea de Darwin,* de Daniel Dennett, y *Pequeñas piezas, vagamente unidas,* de David Weinberger, dos libros que tratan específicamente problemas científicos modernos. El de Dennett presenta una visión general del significado del darwinismo para nuestra comprensión del universo, al tiempo que establece comparaciones entre la inteligencia artificial y la mente humana. Weinberger considera el impacto de la era de internet en nuestra filosofía de quiénes somos y cuál es nuestro lugar en el mundo.

Mientras que Rawls, Kripke y Lewis adoptan enfoques modernos para viejos problemas filosóficos, las obras de Dennett y Weinberger muestran cómo, con el progreso de la cultura y la ciencia, la filosofía siempre tiene que adaptarse para abordar los nuevos problemas. La última entrada, sobre el libro de Ted Honderich *Después del terror,* termina planteando si la humanidad no estará encaminándose hacia una nueva edad de oscura irracionalidad. Esta es una posibilidad, pero también puede ser que nuestra concepción de la racionalidad y la moralidad nos ayude a adaptarnos y a progresar hacia un futuro más esclarecido. La filosofía por sí sola no es capaz de cambiar el mundo, pero sí puede proporcionar valiosas estrategias y herramientas mentales para afrontar lo que nos depare el futuro.

Dialéctica de la Ilustración: Fragmentos filosóficos, 1944

Max Horkheimer y Theodor W. Adorno

«El mito ya es ilustración, y la ilustración regresa a la mitología.»

Horkheimer y Adorno fueron dos de los principales pensadores de la Escuela de Frankfurt, un grupo no formalizado, reunido en torno al Instituto de Investigación Social de Frankfurt en los años que precedieron a la Segunda Guerra Mundial. Allí se dieron cita la filosofía, la teoría social y la teoría crítica. La mayor parte de aquellos intelectuales estaban fuertemente influidos por el marxismo, aunque rechazaban el marxismo ortodoxo representado por la Unión Soviética y los partidos comunistas, e intentaban utilizar las teorías de Marx, Freud y otros para analizar el mundo en que se encontraban.

La *Dialéctica de la Ilustración* se publicó en 1944, cuando sus autores se habían exiliado a Estados Unidos huyendo del nazismo. Fue escrito en un periodo profundamente pesimista, en el que parecía posible que Europa, y quizá el mundo, fueran a caer en manos de sistemas totalitarios como el nazi.

Horkheimer distinguía entre razón objetiva y subjetiva, y sugería que nuestra racionalidad había pasado gradualmente de la primera a la segunda. En la fase de las verdades objetivas actuamos de acuerdo con verdades absolutas, por ejemplo, las certezas morales absolutas que se basan en la religión. Pero en cuanto empezamos a creer que nuestras antiguas certezas eran ilusorias, pasamos a un estado más relativista de razón subjetiva, en virtud de la cual cada verdad es subjetiva, y juzgamos qué es apropiado ateniéndonos a lo que es «razonable», en vez de a lo que es «correcto».

En la *Dialéctica de la Ilustración* Horkheimer y Adorno vuelven a una forma de dialéctica más próxima a la versión de Hegel que a la marxista para analizar la historia humana. El objetivo esencial de la obra es comprender por qué el proceso de ilustración estaba conduciendo al mundo a un estado de mayor barbarie en vez de a uno de mayor humanidad. Una parte fundamental de este proceso es estudiar el papel del mito en la razón humana y mostrar por qué la expulsión de los mitos (como la religión) de la razón objetiva simplemente nos deja abiertos a nuevos mitos.

El libro está escrito en estilo fragmentario y contiene ensayos sobre De Sade, el antisemitismo y la *Odisea* de Homero. Es en esta última obra donde identifican el origen de su dialéctica del mito y la racionalidad, pues el sacrificio en la *Odisea* colocaría a la humanidad al mismo nivel que los dioses, y por tanto habría sido un primer paso hacia la razón subjetiva.

También tienen cosas interesantes que decir sobre la «industria cultural» (lo que nosotros llamaríamos los medios de comunicación) y de qué manera contribuye a configurar nuestra percepción de la realidad. Está claro que, cuando escribían el libro, tenían en mente cómo los nazis pudieron controlar las percepciones de su población mediante la propaganda, pero su análisis comprende la industria cultural en general.

Horkheimer y Adorno sugieren que el proceso de ilustración, del rechazo de la razón objetiva y los mitos que la apoyaban conducen a dos cosas. Primero, nos vemos obligados a aceptar el supuesto de que todo es exactamente como parece. Pero, en segundo lugar, la industria cultural es una pieza del mecanismo que busca controlar las apariencias.

En aquella época eran populares el pragmatismo en Estados Unidos y el positivismo lógico en Europa, que afirmaban haber resuelto todos los problemas centrándose en la utilidad o verificabilidad de las verdades. Ambas filosofías adolecen de fallos lógicos, y pueden rechazarse por distintas razones. Pero para Horkheimer y Adorno, el hecho de que afirmaran alegremente que la ciencia y la razón pueden disipar todo el misterio del mundo era parte de la enfermedad esencial de la ilustración. Cuando los viejos mitos son sustituidos por un mundo subjetivo de creencias «razonables», no hay emancipación para los creyentes. Por el contrario, la industria cultural y los gobiernos buscan formas de controlar las apariencias y convencernos de que el *statu quo* es razonable. Los nazis pudieron proyectar la idea de que su gobierno atraería a todos los ciudadanos razonables. Mussolini, en vez a apelar a los «trabajadores», se dirigía a los «productores» y de esta forma hacía que la gente se sintiera parte de un grupo mayor.

Al mismo tiempo, estos regímenes demonizaban al «otro» —los críticos, la población judía, así como los comunistas, los gitanos, los homosexuales y todos aquellos que fueran una amenaza para su idea impuesta de lo que era «razonable». De forma que mientras la ilustración terminaba con los antiguos mitos, se propagaban otros nuevos para que ocuparan su lugar. Así se creó la nueva era de la barbarie.

Parte del profundo pesimismo de este libro ahora puede parecer irrelevante a primera vista. Los fascismos totalitarios de Europa fueron derrotados en la Segunda Guerra Mundial, y los regímenes comunistas de Europa del Este acabaron cayendo. En este sentido, algunos de los peores temores de sus autores no se hicieron realidad. Pero en este texto hay mucho más que el análisis de un momento histórico. Y buena parte de lo que escribieron Horkheimer y Adorno puede aplicarse de diferentes formas a la actualidad.

Vivimos en un mundo en el que están volviendo las antiguas certidumbres religiosas. En parte, esto obedece al fracaso de la «ilustración», tal y como la definían Horkheimer y Adorno, y en parte a las nuevas formas de propagar la información (al menos, en la medida en que las principales religiones del mundo contienen segmentos significativos que proponen versiones extremas basadas en el adoctrinamiento y en la estigmatización del otro).

También vivimos en un mundo en el que la industria cultural o los medios de comunicación son más fuertes que nunca. Un mundo en el que estamos saturados de información y, a pesar de todo, vemos de cuántas formas es posible influir sobre ella y sobre las percepciones, y controlarlas. También vemos un mundo en el que los mitos nacionales y locales sostienen el discurso público con la misma fuerza de siempre.

Es objeto de discusión hasta qué punto el filósofo Leo Strauss influyó en la tendencia neoconservadora del pensamiento estadounidense moderno, pero lo que puede decirse es que Strauss afirmaba que muchos filósofos tienen una lectura exotérica y otra lectura esotérica, con lo que se refería a que el verdadero significado de los textos de muchos filósofos estaba oculto al lector general. También sostenía que el relativismo (que podemos equiparar a la razón subjetiva de Horkheimer) conducía al nihilismo de los regímenes totalitarios o al nihilismo más blando de los regímenes hedonistas liberales. Concluía que a veces estaba justificada una «mentira noble» por parte de la élite dirigente, y que los líderes podían servirse de un mito para mantener una sociedad cohesiva y evitar el nihilismo provocado por el relativismo.

Algunos pensadores neoconservadores han interpretado estas ideas en el sentido de que en la época actual lo mejor que puede hacer Estados Unidos es alimentar el mito de la guerra permanente contra los enemigos de «América» a fin de reforzar la cohesión y evitar el nihilismo y el declive del país. Esta intención se ha hecho realidad en parte mediante la interacción con los medios de comunicación.

No es justo singularizar a Estados Unidos para identificar las formas en que los peores temores de Horkheimer y Adorno siguen siendo parte del mundo moderno. Muchos regímenes contemporáneos se basan en la idea de la manipulación *(spin)*, el control de los medios y el llamamiento al «ciudadano razonable». El hecho de que pocos de esos regímenes sean tan odiosos como el nazi no significa que la interpretación de la modernidad planteada en la *Dialéctica de la Ilustración* haya resultado ser falsa. Por el contrario, muchos de los temas del libro siguen teniendo una seria y deprimente significación en el mundo moderno.

La *Dialéctica de la Ilustración* no es una lectura fácil. El texto es denso y a veces resulta difícil seguir su estructura y su lógica. Pero es un libro que merece un estudio atento y que presenta una interpretación de la historia y la racionalidad que para muchas personas lamentablemente conserva su pertinencia.

Lectura rápida

Desde Homero, la civilización occidental ha pasado por una lenta transición de la razón objetiva a la subjetiva. Al dejar atrás las certidumbres morales objetivas de la religión, creemos que estamos abandonando el mito y vivimos en un mundo en el que todo es como parece. Pero la industria cultural y el *establishment* controlan las apariencias de lo que es «razonable» y en realidad hemos pasado a una nueva era de barbarie y mito.

Teoría de la justicia, 1971

John Rawls

«Los principios de la justicia se escogen tras un velo de ignorancia.»

En la historia de la filosofía se han hecho numerosos intentos de explicar el concepto de justicia. En el problema general de la relación entre el individuo y la sociedad, y cómo definir la justicia, la aportación más significativa en el siglo pasado probablemente sea la del filósofo político liberal John Rawls.

De los intentos anteriores de abordar el tema, merece la pena recordar brevemente las dos teorías que habían recibido más atención en los últimos siglos. En primer lugar, estaba la del *contrato social.* Autores como Hobbes, Locke y Jean-Jacques Rousseau proponían enfoques distintos al contrato social, pero el principio general era el mismo. Con anterioridad a la sociedad, el individuo parte de un estado de libertad absoluta. No obstante, agruparse en la sociedad es una decisión racional y, para ello, las personas han de estar dispuestas a ceder parte de sus libertades originales (porque a los miembros de una sociedad no se les puede permitir la libertad ilimitada de perjudicar a otros miembros de esa sociedad). Así que el individuo cierra un contrato explícito o implícito con la sociedad, en virtud del cual acuerda respetar las normas de esa sociedad y ceder parte de su libertad a cambio de las ventajas que aquella puede proporcionar.

Una segunda teoría tradicional, conocida especialmente por la obra de John Stuart Mill, era el *utilitarismo*. Se centraba menos en la formación original de la sociedad, y más en cómo debemos juzgar lo que es correcto o justo en la sociedad actual. La respuesta era que, al juzgar las acciones, el criterio que debemos emplear es cuáles causan la mayor felicidad (o el menor dolor) al mayor número de personas.

Ambas teorías están expuestas a interrogantes significativos. El contrato social tiene el problema de que no es en absoluto explícito, y no indica cómo reaccionar ante quienes quieren oponerse a las leyes actuales, porque las consideran injustas. Por su parte, el utilitarismo parece una teoría difícil de aplicar rigurosamente, pues la mayor felicidad o el menor dolor son muy difíciles de cuantificar en la práctica real.

En su innovadora *Teoría de la justicia,* Rawls intentaba mejorar ambas teorías. Decidió centrarse en la cuestión de cómo hemos de juzgar lo que es justo en la sociedad. Teniendo en cuenta que cualquier miembro de esta puede tener prejuicios debido a sus intereses, presentó una idea teórica que debía favorecer la clase de ceguera a los intereses individuales que la justicia parece exigir.

Nos pidió que imagináramos que un grupo de ciudadanos hubiera inventado las normas de la justicia tras un velo de ignorancia. Por ejemplo, un grupo de espíritus o ciudadanos no nacidos que en el futuro formarán parte de una determinada sociedad, pero que aún no saben con qué grado de riqueza, talento o suerte nacerán. Planteó la hipótesis de que un grupo así se esforzaría por basar sus principios de justicia en una verdadera ecuanimidad.

Rawls pasó de esta idea del velo de ignorancia a dos principios específicos que, en su opinión, debían constituir el fundamento de cualquier sistema de justicia. La forma en que lo hizo es un tanto deudora de la teoría de juegos en la medida en que el «comité ciego» emitiría sus juicios a partir de resultados alternativos de cualquier situación dada. En primer lugar, examinó el concepto de libertad y sugirió que cualquier restricción de esta solo podría justificarse si reforzaba la libertad de la sociedad en su conjunto. En segundo lugar, examinó la cuestión de la desigualdad y, en particular, cómo hemos de juzgar un cambio en la distribución de la igualdad. Concluyó que el grupo ciego solo aceptaría un aumento de la desigualdad si este mejoraba las condiciones de los miembros más desfavorecidos. De forma que si se propusiera una desigualdad que estuviera más distribuida entre todos los miembros, sería aceptable, pero si el cambio fuera en detrimento de los más desfavorecidos, habría que rechazarlo.

Estos dos principios de *libertad* y *diferencia* eran las piedras de toque del enfoque de Rawls a una amplia variedad de cuestiones de justicia política. El principio de diferencia, por ejemplo, puede utilizarse para sostener que una sociedad capitalista próspera y que funcione bien es más justa que una sociedad comunista en la que todos tienen una participación igualmente pequeña. El principio de libertad puede utilizarse para examinar pormenorizadamente cuestiones como si debemos aceptar o no restricciones a nuestra libertad si están insertas en la lucha contra el terrorismo en el mundo posterior al 11 de septiembre.

Al definir qué es justo y qué es correcto, Rawls no niega que los miembros de una sociedad tendrán distintas ideas sobre esas nociones. Se limita a establecer un marco teórico que podemos utilizar cuando queramos juzgar si los actos de una sociedad y sus individuos son justos o no. Al introducir a esos supuestos miembros de la sociedad que actúan tras el velo de la ignorancia, realiza un gran avance en la dirección de una regla inequívoca y fundamental por la que podemos juzgar los principios básicos de la justicia.

Por supuesto, tanto en la obra de Rawls como en la de sus seguidores hay muchos matices, y está claro que su teoría, aunque es básicamente liberal, puede utilizarse de formas muy distintas dependiendo de los supuestos que se hagan en la forma de interpretarla. Parte de su trabajo posterior sobre la justicia internacional en particular fue decepcionante para sus antiguos partidarios liberales, en la medida en que parecía propugnar ideas conservadoras, más bien propias de la *Realpolitik,* en cuanto a cómo deberían aplicarse sus principios a la justicia internacional (en oposición a la justicia en el seno de una sociedad).

Pero la teoría de Rawls presenta otros problemas inherentes de base. ¿Quiénes deben ser los miembros del comité ciego? ¿Habría que incluir a no humanos? ¿Y a miembros de otras sociedades (teniendo en cuenta los movimientos de población)? Estas preguntas pueden parecer rebuscadas, pero afectarían de forma significativa las deliberaciones del comité de justicia —en estos casos concretos en cuanto al tratamiento de los animales y la política de inmigración. Y al intentar predecir que consideraría justo un comité ciego, siempre nos va a resultar difícil abstraernos verdaderamente de nuestros prejuicios y nuestra experiencia del mundo real. En cuyo caso podríamos estar tentados de utilizar el razonamiento rawlsiano para justificar nuestros prejuicios, en vez de como un verdadero instrumento de justicia.

También cabe plantear otro reparo sobre el segundo principio de la diferencia. El argumento rawlsiano podría utilizarse para justificar crasas desigualdades sociales porque mejoraría la condición de los miembros más pobres. ¿Un comité ciego escogería realmente una sociedad con semejante desigualdad o más bien estimaría que la desigualdad relativa de la riqueza debe tener un límite?

Así que la teoría de Rawls no es perfecta, pero tampoco carece de valor simplemente porque podamos plantear objeciones a aspectos concretos. La idea original que sustenta es que la justicia se define por la ecuanimidad, de acuerdo con el juicio de aquellos que no saben qué papel desempeñarán en el drama de la vida. Y los principios de libertad y diferencia aportan poderosas herramientas analíticas con las que podemos debatir los aspectos positivos y negativos de numerosos problemas políticos de justicia y ecuanimidad presentes y futuros.

Lectura rápida

La justicia en la sociedad puede definirse como ecuanimidad. La mejor forma teórica de evaluar la ecuanimidad sería confiar en el criterio de un comité de espíritus que no supieran qué papel iban a desempeñar en la sociedad. Ellos concluirían que las restricciones a la libertad solo estarían justificadas si incrementasen la libertad de la sociedad en general, y que las desigualdades solo estarían justificadas cuando debido a una desigualdad concreta la condición del miembro más desfavorecido fuera mejor que si dicha desigualdad no existiera.

El nombrar y la necesidad, 1972

Saul Kripke

«Realmente es una teoría bonita. El único defecto
que creo que tiene probablemente sea común
a todas las teorías filosóficas. Es errónea.»

Saul Kripke es uno de los filósofos estadounidenses contemporáneos más conocidos. Una de las dificultades que nos presenta al compilar este libro es que su obra es muy teórica y resulta casi imposible resumirla brevemente de forma inteligible. Todo lo que podemos hacer aquí es ofrecer un breve esbozo de sus ideas más importantes.

Kripke fue una especie de niño prodigio y desarrolló la mayoría de los elementos de un gran avance en la *lógica modal* cuando aún no había cumplido los veinte años. Las teorías resultantes (que han dado en conocerse como *semántica de Kripke*) ponen la base para comprender los sistemas lógicos no clásicos. Esta parte de su obra probablemente sea la más difícil para quien carezca de formación lógica filosófica. No obstante, su obra en este ámbito ha tenido un impacto duradero, de la misma forma que Russell y Whitehead la habían tenido con anterioridad en el campo de la lógica matemática.

El nombrar y la necesidad es la versión editada de las conferencias que Kripke pronunció en Princeton en 1970. En ellas examina algunas de las consecuencias de sus teorías lógicas, pero también aborda cuestiones más amplias de significado e interpretación y, en el proceso, hace algunas aportaciones cruciales a la filosofía del lenguaje. Como hemos visto anteriormente, uno de los principales problemas para comprender el lenguaje es el de la referencia. ¿Cómo sabemos a qué se refiere un nombre propio? Una teoría como la de John Locke daba por sentado que el lenguaje que empleamos guarda una relación directa con ideas de nuestra mente y con objetos del mundo real. Pero podemos dudar de si esta conexión es real o no en muchos sentidos.

Primero, cabe dudar de la conexión desde una perspectiva idealista, cuestionando si el mundo objetivo existe o si podemos dar por sentado que existe. Segundo, podemos preguntarnos si el nombre de Julio César se refiere a la misma entidad, con independencia de quién la utilice. Una persona puede referirse al emperador romano de ese nombre, mientras que otra quizá se refiera a un perro al que llama así. Y, en un mundo posible, alguien podría usar una versión de ese nombre para referirse a un César niño que murió antes de convertirse en emperador. ¿Qué nos garantiza que los nombres que utilizamos tienen una conexión clara con las personas o los objetos a los que pretendemos referirnos? Y sin esta conexión clara, ¿cómo funciona el lenguaje? Por supuesto, Wittgenstein abordó esta cuestión en su obra posterior cuando consideró la imposibilidad de un lenguaje privado y desarrolló la teoría de los juegos de lenguaje.

Kripke suscitó dudas sobre la teoría *descriptivista* de los nombres, en la que un nombre se refiere a un conjunto de descripciones de una persona u objeto. Por ejemplo, un descriptivista sostendría que, cuando hablamos de Julio César, nos estamos refiriendo al hombre que se convirtió en el primer césar del Imperio Romano, el hombre que dirigió un ejército contra Escipión, etc. No obstante, en un mundo posible en el que César hubiera muerto a los seis meses, ninguno de esos hechos sería posible. Con todo, parece absurdo decir que una frase condicional que empezara «Si César hubiera muerto a los seis meses...» no se refiere a la misma persona que las demás oraciones descriptivas.

La solución de Kripke a este problema fue proponer una teoría causal de la referencia. Según esta teoría, los nombres propios no son descripciones concretas sino *designadores rígidos* que se refieren al mismo objeto en todos los mundos posibles. Ha habido numerosos debates sobre los respectivos méritos de las teorías causales y descriptivistas en la literatura filosófica moderna, con autores como Hilary Putnam, Gareth Evans, Richard Rorty y John Searle sopesando ejemplos y contrajemplos en ambos lados de la discusión.

Una consecuencia de la teoría causal de la referencia es que, de acuerdo con Kripke, puede haber identidades que sean necesarias y *a posteriori*. Esto significa que un hecho puede ser necesariamente cierto (por ejemplo, «el lucero del alba es la estrella de la mañana» o «agua es H_2O»), pero esto solo puede descubrirse mediante la observación. No hay nada en el concepto de lucero del alba que nos permita inferir que es la estrella de la mañana; solo la observación de sus órbitas idénticas nos puede llevar a concluir que son el mismo objeto, aunque se trate de una verdad necesaria.

A partir de esto, Kripke critica una posición conocida como *materialismo de la identidad* en la filosofía de la mente. Consiste en la idea de que cada hecho mental es idéntico a un hecho físico. Así, por ejemplo, la idea de que el dolor (un acontecimiento mental) es idéntico a un acontecimiento físico (Kripke pone el ejemplo de la activación de las fibras C del sistema nervioso) puede no ser un hecho necesario, porque el dolor y su posibilidad no guardan una relación clara con la activación de las fibras C.

En otro lugar Kripke también escribió observaciones reveladoras sobre la obra de Wittgenstein. En el mundo académico hay cierta controversia sobre si la interpretación que hace de Wittgenstein es fiel a sus ideas originales o no. La importancia de Kripke en este ámbito acaso sea ahondar en el escepticismo sobre el significado que Wittgenstein adoptó en su obra tardía.

También es importante mencionar que cuando Kripke habla sobre mundos posibles, no lo hace de la misma forma en que David Lewis lo haría más adelante. En este último, los mundos posibles tenían el mismo estatus que los mundos reales, mientras que, para Kripke, un condicional sigue siendo un condicional: un mundo posible no es más que un mundo que no se ha hecho real, en vez de un universo con el mismo estatus que el mundo real. Es importante mencionar esto porque el término «lógica modal» se utiliza en relación con ambos filósofos, aunque cada uno tiene una noción distinta de los condicionales contrafácticos.

Kripke es un filósofo moderno importante, pero no un autor que resulte accesible si se carece de conocimientos previos de filosofía. Su obra es técnica y compleja, y algunos de sus argumentos más importantes son objeto de un intenso debate en la comunidad filosófica. En *El nombrar y la necesidad* hay ideas que pueden interesar al lector general, pero, en conjunto, sin un conocimiento pormenorizado de la lógica formal y de los antecesores filosóficos de Kripke, le resultará difícil comprender y disfrutar los razonamientos del libro.

Lectura rápida

Un nombre propio como Aristóteles o Julio César es un designador rígido que señala al mismo objeto en todos los mundos posibles, no mediante una serie de características que identifican a dicho objeto. La identidad puede ser necesaria, pero *a posteriori* (se descubre por observación). No todos los acontecimientos mentales son idénticos a acontecimientos físicos...

Sobre la pluralidad de mundos, 1986

David K. Lewis

«... estoy en desventaja respecto a alguien que afirma de manera retórica que cree en mundos posibles, pero realmente no lo cree... Como creo que, en efecto, hay otros mundos, tengo derecho a confesar que hay muchas cosas que ignoramos sobre ellos y que no sé cómo descubrirlas.»

La idea de que podría haber universos alternativos distintos de este ha sido explorada en contextos muy variados. Autores de ciencia ficción, como Philip K. Dick y muchos otros, han situado sus historias en, por ejemplo, un mundo en el que no se hubieran inventado los coches, o en el que las potencias del Eje hubieran vencido en la Segunda Guerra Mundial. *Star Treck, Doctor Who* y *Buffy, la cazavampiros* no son más que unos pocos ejemplos de los muchos programas de televisión y películas que han empleado universos alternativos como recurso de la trama. Y ha habido fascinantes debates entre los historiadores en los que estos se preguntaban qué habría ocurrido en otro universo si, por ejemplo, los normandos no hubieran invadido Britania o si el Sur hubiera ganado en la Guerra Civil estadounidense.

Aunque esas discusiones tienen un punto de frivolidad, pueden tener una finalidad seria. Examinar «lo que podría haber ocurrido» puede arrojar mucha luz sobre lo que ha ocurrido realmente en el mundo en que vivimos. No obstante, puede resultar un tanto inesperado en el árido mundo de la filosofía académica encontrar a un autor moderno que no solo dedica un tiempo considerable a escribir sobre mundos posibles, sino que también afirma que los universos alternativos son tan reales como este.

David Lewis fue un filósofo nacido en Estados Unidos que también trabajó durante mucho tiempo en Australia. Su obra temprana se centraba en las convenciones sociales: por ejemplo, la explicación teórica de por qué en Gran Bretaña se conduce por la izquierda y en Estados Unidos por la derecha, o por qué se han desarrollado ciertos comportamientos sociales como lo han hecho. Para ello utilizó la teoría de juegos, que tradicionalmente se había aplicado a situaciones adversariales como el dilema del prisionero, para estudiar pautas de comportamiento cooperativo. Ya examinó brevemente los mundos posibles en una de sus primeras obras, *Convention,* pero fue *Counterfactuals,* publicado en 1973, el libro que le dio a conocer. En él propuso una forma nueva de plantear los condicionales contrafácticos. Esto es: utilizamos un condicional contrafáctico cuando decimos «X es causa de Y, pero si X no hubiera existido, ¿qué habría ocurrido?».

El libro de Lewis proponía no solo que deberíamos tratar tales oraciones condicionales en la lógica asumiendo que hay distintos mundos posibles en los que esos acontecimientos contrafácticos podrían haber ocurrido, sino, más radicalmente, que deberíamos tratar esos mundos como si fueran reales. En los años siguientes amplió y desarrolló esta teoría y *Sobre la pluralidad de mundos* presenta una exposición más completa de sus ideas, que dio en conocerse como *realismo modal* (aunque más tarde Lewis deseó que no se la hubiera denominado así).

Los mundos posibles han estado presentes en la filosofía al menos desde Leibniz, que afirmó que vivimos en el mejor de todos los mundos posibles. Leibniz llegó a esta conclusión postulando la perfección de Dios y, a continuación, que Dios podría haber creado muchos universos distintos. La perfección de Dios entrañaba que cualquier cambio en este universo lo habría hecho menos perfecto en su conjunto y que, por lo tanto, vivimos en el mejor de los mundos posibles. Esta fue su respuesta a los que utilizaban la existencia del mal como argumento contra la religión.

Pero desde Leibniz los universos alternativos se habían considerado nocionales, no reales como el universo en el que nos encontramos. La propuesta de Lewis era que, por congruencia lógica, deberíamos asumir que todos los universos posibles son igualmente reales y que la realidad no es más que indexical. (Esto significa que cuando decimos que este universo es real, solo estamos haciendo una declaración autorreferencial del mismo tipo que cuando decimos «estoy aquí» o «el momento es ahora».)

Esta es una propuesta un tanto asombrosa, que recuerda a muchos universos alternativos de ciencia ficción, y Lewis reconoce que sus ideas con frecuencia fueron recibidas con una «mirada de incredulidad». Hay que señalar que el argumento de Lewis para respaldar esta tesis es pragmático. Creía que las ventajas lógicas y ontológicas de asumir que los mundos posibles son reales —tan reales como este mundo— pesan más que los problemas que tenemos para creer de verdad en todos esos mundos posibles. Esta filosofía contiene muchas herramientas lógicas potentes y fascinantes que ayudaron a desentrañar los problemas lógicos que se presentan al hablar de oraciones contrafácticas y condicionales. Y pensaba que si, por el contrario, supusiéramos que el mundo real es una entidad de distinta clase que los mundos posibles, su sistema sería insostenible o se difuminaría.

Así que el realismo modal de Lewis no era algo que le animara a creer que pudiéramos explorar o descubrir algo sobre otros mundos posibles. Como sus supuestos le llevaron a la conclusión de que los mundos posibles están aislados de manera causal, no podemos conocer directamente otros mundos posibles. Le interesaba la idea de que podríamos utilizar la existencia de tales mundos como herramienta lógica para analizar este mundo y nuestro lenguaje. En el fondo era un filósofo puramente analítico, pero imaginativo e interesante en el enfoque general que adoptó para abordar los problemas. A los no filósofos hay que advertirles que, a pesar de las interesantes observaciones que hace sobre los mundos posibles, sus libros contienen mucho análisis lógico bastante árido que a veces puede resultar difícil de seguir.

Por desgracia, Lewis falleció a los sesenta años en 2001, tras sufrir de diabetes durante toda su vida, una muerte prematura que arrebató al mundo uno de los filósofos más interesantes del periodo de la posguerra.

Lectura rápida

Los otros mundos posibles son reales y pertenecen a la misma clase que este mundo. La realidad es tan indexical como la localización, lo que significa que la lógica de una oración como «este universo es el real» es la misma que la de «estoy aquí», simplemente marca nuestra localización en el panteón de universos alternativos. Podemos estar dispuestos a creer esta teoría o no, pero si la aceptamos, nos proporciona herramientas lógicas muy potentes para analizar el mundo en que vivimos.

La peligrosa idea de Darwin, 1995

Daniel Dennett

«... la terminología filosófica estándar me parece peor que inútil.
Es un gran obstáculo para progresar pues contiene tantos errores.»

A Daniel Dennett se le conoce por sus textos sobre filosofía de la mente, y en particular donde esta rama de la filosofía se solapa con la ciencia cognitiva y la inteligencia artificial. Como es conocido, afirmaba que no hay una buena razón por la que la conciencia no pueda explicarse en términos de un proceso computacional, y por afirmar que teóricamente es posible que una máquina adquiera conciencia. Con ello, Dennett rechaza que solo los seres vivos orgánicos puedan alcanzar la conciencia o que sea imposible construir la conciencia artificialmente.

Esto es interesante por una serie de razones. En primer lugar, la posición de Dennett representa un rechazo rotundo del dualismo. En segundo lugar, sus ideas, de ser ciertas, sintonizan muy bien con las de los teóricos de la inteligencia artificial, que creen que la hipótesis de que todo el pensamiento humano puede ser replicado por una máquina artificial no presenta una imposibilidad esencial.

La filosofía de la mente ha sido un área fructífera e interesante en el siglo pasado. Aunque muchos de los problemas básicos de la filosofía no han cambiado a lo largo del tiempo, el último siglo nos ha dado nuevas herramientas significativas para analizar la mente humana. A veces, la importancia de la nueva tecnología puede sobreestimarse a corto plazo, pero en el concepto de la máquina de Turing, el creación de verdaderas máquinas computacionales, la teoría psicoanalítica y otros descubrimientos sobre el funcionamiento físico y neuronal del cerebro, hay muchos nuevos desarrollos que pueden explorar los filósofos de la mente. Dennett ha escrito particularmente bien sobre todo esto, pero también son muy interesantes otros autores como John Searle, J. R. Lucas, Douglas Hofstadter y Stephen Rose.

Teóricamente, *La peligrosa idea de Darwin* es un libro sobre otro tema, la importancia de la teoría de la evolución de Darwin, aunque, como veremos, el pensamiento de Dennett sobre esta cuestión está relacionado con su filosofía de la mente.

Su punto de partida es la idea de que los procesos darwinianos son una fuerza organizadora central en el universo, y que la selección natural (o adaptativa) es la fuerza ciega, algorítmica, que explica muchas más cosas que el desarrollo de determinados rasgos en las especies. Dennett ha comentado en otro sitio que la evolución fue una teoría científica más importante que el descubrimiento de que la Tierra gira alrededor del Sol, o que la teoría de la gravedad de Newton. Describe las ideas de Darwin como una suerte de «ácido universal» que corroe cualquier intento de explicar la cultura y la ciencia. Dennett utiliza en su libro las teorías darwinianas para explicar fenómenos en campos tan variados como las ciencias sociales, la teología y la psicología, además de aplicarlas a la filosofía.

Al hilo de esto, presenta una decidida defensa de la teoría darwiniana. Fustiga a varios autores que han intentado revisar o refutar elementos de esta, particularmente a Stephen Jay Gould, cuya teoría del equilibrio puntuado o intermitente recibe un buen vapuleo a manos de Dennett.

Además, lleva a cabo un examen pormenorizado de las formas en que la conciencia podría haberse desarrollado en un proceso de selección adaptativa. Como considera que la mente es lo mismo que el cerebro, y el cerebro se ha desarrollado a través de un proceso de selección natural, es lógico que explique la conciencia y la propia racionalidad como productos de la evolución.

El hecho de que podría ser demasiado costoso o complicado construir un robot consciente no demuestra que sea imposible, sino solo que a la ciencia no le resulta viable replicar un cerebro humano o un facsímil próximo. Para Dennett, este argumento también justifica el ateísmo, pues el razonamiento de que el universo es demasiado perfecto para ser producto del mero azar es refutado por el hecho de que es perfectamente posible describir cómo ha evolucionado la mente humana. David Hume presentó un argumento parecido (aunque sin mencionar a Darwin, claro está) varios siglos antes.

Dennett escribe de forma sugerente sobre las formas en que la teoría de la evolución abre perspectivas de cambio y creatividad infinitas. Como todos los procesos están sujetos a la selección adaptativa, el universo se encuentra en un proceso constante de autocreación. Dennett también acepta algunos elementos de la teoría de los *memes* de Richard Dawkins. Esta consiste en que las ideas (o los conjuntos de informaciones) se comportan de forma similar a los genes, desarrollándose en el transcurso del tiempo. La consecuencia de esta teoría es que la historia cultural y la historia del lenguaje pueden explicarse en términos del cambio adaptativo.

La teoría de los memes de Dawkins a veces resulta un tanto confusa, pues no está claro por qué la información debe sobrevivir de la misma forma que los genes de las especies. Y, como los memes se definen de formas diferentes dependiendo de los distintos pensadores, parece un concepto bastante vago. Por otra parte, constantemente vemos cómo se propagan y comunican entre las poblaciones ideas populares o nuevas formas de expresión, e internet nos ofrece una clara muestra de cómo la información (verdadera o falsa, útil o no) puede comunicarse y mutar. Por tanto, aunque resulta difícil otorgar a la teoría de los memes una forma definitiva, al menos es una idea útil.

En general, Dennett presenta un cosmos donde la vida no tiene una finalidad teleológica superior. La vida solo es uno de los muchos procesos que se desarrollan por azar, y nuestro idealismo y la religión no son sino supersticiones que se desarrollan por sus propias razones adaptativas. Al leer *La peligrosa idea de Darwin* se entiende por qué a los fundamentalistas religiosos (tanto cristianos como de otras religiones) les alarma tanto el darwinismo. Dennett demuestra lo potente que es como explicación del funcionamiento de la vida y la mente humana, por lo que representa una amenaza muy clara para los mitos de la religión. Dennett es lo bastante considerado como para no ignorar las teorías del diseño inteligente, pero las descarta de manera sumaria. De hecho, el libro comienza con una comparación entre distintas teorías científicas explicativas: Dennett describe al darwinismo como una «grúa», una máquina de construcción que está firmemente asentada sobre teorías más sencillas, mientras que ve las teorías alternativas y explicaciones religiosas como «ganchos celestiales», teorías que no remiten a niveles teóricos más básicos, sino que cuelgan del cielo como por arte de magia.

Dennett también pone de relieve el hecho, un tanto desafortunado, de que la teoría de Darwin se propagó primero en un ámbito en que de inmediato chocó con las creencias religiosas, suscitando incómodas preguntas sobre cómo se creó el hombre. La teoría darwiniana tiene muchas otras aplicaciones útiles, y el diseño adaptativo es un concepto tan potente que es una lástima que su progreso se haya visto obstaculizado por el dogma religioso sobre la evolución humana. Estemos o no de acuerdo con cada aspecto de los argumentos de Dennett, este libro ofrece, en todo caso, un tratamiento revelador e interesante de cuestiones de suma importancia.

Lectura rápida

La teoría de la selección natural de Darwin es uno de los mayores avances científicos de la historia. Puede aplicarse a una gran variedad de campos de conocimiento, como la teoría cultural y científica. La mente y la conciencia humana pueden explicarse completamente en términos físicos y de la selección adaptativa a lo largo del tiempo.

Pequeñas piezas, débilmente unidas: una teoría unificada de la web, 2002

David Weinberger

«Creo que deberíamos hablar sobre lo que la web nos está mostrando acerca de nosotros mismos. Qué es propio de nuestra naturaleza y qué parecía que lo era solo porque era respuesta a un mundo que, hasta el momento, era el único que conocíamos.»

Una de las formas en que el mundo ha cambiado de manera significativa en las últimas décadas ha sido con el advenimiento de los ordenadores y con el aún más extraordinario desarrollo de la World Wide Web. Hace unas décadas muy pocas personas siquiera sabían qué eran un email, un sitio web, en línea... sin embargo, ahora casi se da por supuesta esta red que une a gran parte de la comunidad humana global.

Hay numerosos libros sobre la importancia de internet, muchos de ellos paladines exultantes del mundo en línea, o ya anticuados por los constantes cambios que la red está sufriendo. Una de las aportaciones más interesantes y permanentes a esta literatura es *Pequeñas piezas, débilmente unidas,* de David Weinberger. En vez de centrarse por completo en internet, Weinberger examina las implicaciones filosóficas de la nueva tecnología: las formas en que internet nos está haciendo revisar nuestras ideas del espacio y del tiempo y de las relaciones humanas, así como el concepto del yo. También sostiene que nuestras percepciones de la moral están siendo alteradas por internet (aunque muchos se preguntarían si esto es algo positivo, pues con frecuencia significa que nos estamos insensibilizando hasta el común denominador más bajo, por ejemplo, respecto al fenómeno del contenido sexual en la web).

La tesis básica de Weinberger es que en algunos aspectos la forma en que nos percibimos a nosotros mismos y a los demás a través de la web es una experiencia más auténtica que el mundo real. Al eliminarse ciertas limitaciones del espacio y del tiempo, y como la conexión entre las personas se convierte en el aspecto más fundamental del mundo subjetivo, la web es una metáfora muy apropiada de la forma en que trabaja nuestra mente.

Aquí se hacen algunas observaciones sugerentes sobre cómo interactuamos en internet. En línea nos es posible adoptar personalidades y apariencias distintas, lo que puede fomentar un comportamiento reprobable, pero también permitir que nos sintamos libres de expresar nuestro verdadero yo. Como mínimo, la experiencia de convertirnos en otros personajes en distintos foros o juegos de rol nos puede mostrar cómo construimos personajes en nuestra vida cotidiana, en el trabajo, en la familia o en cualquier otro lugar.

La filosofía con frecuencia ha establecido una distinción entre el mundo objetivo de los hechos y el mundo subjetivo de lo que ocurre en nuestra cabeza. En realidad, nosotros construimos nuestro mundo en buena medida eligiendo lo que permitimos que entre en él. Utilizar internet hace que las formas en que construimos un mundo subjetivo sean una experiencia mucho más consciente. Elegimos lo que buscamos, adónde «ir» y con quién hablar. Elegimos nuestras fuentes de información y, a partir de estas, construimos un «mundo en línea». En algunos sentidos, en vez reunir el mundo en una gran aldea global, internet nos fragmenta en millones de pequeñas aldeas en las que personas con ideas y gustos parecidos mezclan y refuerzan sus mundos subjetivos.

Esta distinción siempre ha existido, pues, incluso antes de internet, nuestros mundos subjetivos (e imaginarios) eran en parte una creación consciente, pero la web nos ha proporcionado nuevas formas de construir una realidad privada. Asimismo, nos ha proporcionado nuevas formas de construir un yo (y de percibir cómo se construye un yo). El fenómeno de las páginas web personales, los blogs y Facebook en buena medida obedece a que la gente siente la necesidad de construir y afirmar una identidad.

Weinberger escribe que la web «nos permite redescubrir lo que siempre hemos sabido sobre qué es ser humano: somos criaturas conectadas en un mundo conectado que nos apasiona». Quizá esté exagerando un poco aquí, pero sí parece adecuado decir que la web nos ha proporcionado nuevas formas de entender qué es ser humano. Podemos ver con más claridad algunos de los procesos psicoanalíticos básicos de la construcción del yo y del mundo, gracias a que, al haberlo hecho en el mundo real, repetimos el proceso de formas sutilmente distintas en el «segundo mundo» de internet.

También vemos que el lenguaje y la identidad son en parte una creación pública: al reaccionar a otras personas, reforzamos nuestras intenciones, y en el ámbito público y conectado se crean los personajes y usos del lenguaje resultantes. Las teorías de la creación del lenguaje, incluida la de los juegos de lenguaje de Wittgenstein, con su imposibilidad de un lenguaje privado, pueden verse bajo una interesante nueva luz cuando se piensa cómo el lenguaje de la web está reinventándose y mutando constantemente.

Weinberger a veces hace comentarios pomposos o excesivamente rotundos y también puede ocurrir que su entusiasmo por las nuevas tecnologías le haya llevado a exagerar cómo ha cambiado el mundo. No obstante, es una reflexión interesante sobre el impacto que la web está teniendo en nuestra vida y nuestra concepción de nosotros mismos y del mundo real.

Lectura rápida

La World Wide Web está cambiando todo. En cierto sentido, revela nuestro auténtico ser. Como nuestras percepciones del espacio, el tiempo y el yo son cuestionadas, nos vemos obligados a examinar cómo construimos nuestro yo y nuestras experiencias subjetivas del mundo real. A través de este proceso podemos llegar a un mejor conocimiento filosófico del mundo.

Después del terror, 2002

Ted Honderich

«Ciertamente, ser persona non grata *para algunas personas
a ambos lados de un conflicto no demuestra que estés en lo cierto.
Eso es un razonamiento débil... A veces puedes irritar
a ambos lados y estar equivocado.»*

Tradicionalmente, la filosofía ha sido cautelosa a la hora de analizar los asuntos contemporáneos. Mientras que los filósofos no tienen problema en hacer juicios abstractos sobre la ética y los aspectos beneficiosos y perjudiciales de situaciones teóricas, están menos dispuestos a plantearse cómo pueden aplicarse esos juicios a la realidad política. Una herramienta filosófica típica es el «experimento mental» en el que un filósofo imagina una situación posible a fin de discernir las implicaciones filosóficas de la situación.

Así que, en cierto sentido, Ted Honderich se aparta de la tradición filosófica principal cuando aborda directamente cuestiones de la guerra moderna contra el terror en obras como *Después del terror* y *Right and Wrong (Justo e injusto)*. En estos libros analiza desde una perspectiva ética por qué el 11-S fue injusto, y considera qué hay de justo e injusto en la Guerra de Irak, las acciones de los israelíes y los palestinos y los actos terroristas.

Cualquier intento de abordar estos problemas trae consigo una gran controversia. A Honderich se le ha atacado porque da la impresión de que responsabiliza a la política exterior estadounidense del terrorismo (una simplificación de su pensamiento, aunque es cierto que considera cómo la política exterior estadounidense ha contribuido a la proliferación de organizaciones terroristas) y especialmente por sus ideas sobre Israel y Palestina.

En este ámbito Honderich se describe como sionista, pero como alguien que se opone al neosionismo. Quiere decir con ello que la creación de Israel fue justa, pero que su expansión después de 1967 más allá de sus fronteras originales condujo a una nueva fase de neosionismo, que rechaza. En sus libros explora la moralidad de esas fases cuidadosamente y basa su idea de lo que es justo o injusto en lo que era razonable creer en el momento. (Por ejemplo, decide que, en 1948, era razonable creer que la fundación del estado de Israel en el lugar en que se hizo era algo positivo en conjunto.) También sostiene que, en esta fase, los palestinos tienen el derecho moral de recurrir al terrorismo.

Esta es la conclusión que ha provocado más controversia, y por la que a Honderich se le ha tachado de antisemita, entre otras cosas. La cita del comienzo está tomada de un trabajo en el que considera sucintamente el hecho de que, al mismo tiempo, le estaban criticando los portavoces palestinos porque es sionista y acepta la creación del estado de Israel como moralmente justa. Con ello también está dispuesto a considerar que los actos terroristas que cometieron algunos luchadores por la libertad judíos en pro de la creación del estado de Israel son equiparables a los que en la actualidad cometen los militantes palestinos. En este sentido, nos sentiríamos obligados a admitir que es absurdo considerar que unos son «justos» y otros «injustos». Desde luego, parece razonable señalar que a no ser que rechacemos toda violencia y renunciemos a cualquier clase de guerra, hemos de reflexionar sobre cuándo creemos que está justificada la violencia. Con demasiada frecuencia, esta cuestión se despacha calificando de «luchadores por la libertad» a los militantes con los que estamos de acuerdo y de «terroristas» a aquellos con los que no lo estamos.

Podemos compartir o no determinadas conclusiones de Honderich, y el razonamiento por el que llega a ellas, pero resulta interesante ver cómo se exploran estos temas de una forma que apela a los primeros principios de la ética, pues muy a menudo se ven oscurecidos por dogmas contrapuestos. Por supuesto, cabría decir que Honderich se limita a racionalizar su punto de vista. La única forma de decidir si se está de acuerdo con él es leer su obra.

En este sentido, fue valeroso por su parte publicar *Después del terror* un año después del 11-S, y poner en cuestión la moral de la guerra contra el terror en ese libro. Fue una época en la que cualquier intento de cuestionar las invasiones de Afganistán e Irak, y el uso del centro de detención de Guantánamo, se consideraba no patriótico e inapropiado. Buena parte de los medios de comunicación eran incapaces de plantearse cómo se estaban llevando a cabo esas acciones o su propiedad moral. Cuando escribimos esto se puede ver con claridad meridiana cómo esta falta de escrutinio contribuyó a los problemas que ahora se están experimentando en Irak, Siria y otros lugares.

Honderich ha cuestionado la moralidad de la guerra, afirmando, entre otras cosas, que es inaceptable afirmar que los civiles que mueren (por ejemplo, en un bombardeo contra terroristas) son víctimas inevitables de una acción esencialmente buena. Y argumenta que si una acción nuestra hizo inevitable que esos civiles murieran, somos moralmente culpables de su muerte. Esto no solo fue valiente por su parte, sino también valioso. En tiempos de guerra e incertidumbre, el gran peligro es que los mitos y los dogmas se impongan sobre nuestra racionalidad. Aunque se escuchan muchas voces defendiendo posturas distintas sobre la guerra contra el terror, parece apropiado que la filosofía al menos intente abordar esos temas en la época actual. Para que el estudio de la ética y la moralidad sea de alguna utilidad, debe crear formas de que pensemos y escribamos sobre el mundo en que vivimos.

Ya vimos antes cómo la *Dialéctica de la Ilustración,* de Theodor Adorno y Max Horkheimer, expresaba el temor de los autores de que el final de la ilustración fuera la caída en el mito y la barbarie. A corto plazo, parece que esa visión pesimista no resultó justificada, aunque retrospectivamente todo el siglo xx puede considerarse sangriento y dogmático.

Al comienzo del siglo xxi el mundo afronta peligros indudables, en especial los originados por dogmas y mitos de los extremismos religiosos y políticos, así como riesgos naturales como el calentamiento global. Ahora más que nunca es necesario que utilicemos nuestra racionalidad y moralidad para responder a los extremistas que buscan imponer sus ideas en todos los ámbitos e intentar alcanzar soluciones globales para los problemas globales.

Si la filosofía (y el sentido común) es incapaz de ayudarnos en este empeño, es posible que la ilustración realmente haya fracasado y que estemos al borde de una nueva edad oscura.

Lectura rápida

Está claro que las acciones de los terroristas que atentaron contra las Torres Gemelas el 11-S no eran justas. Pero ¿qué queremos decir exactamente con eso? ¿Cómo definimos lo que es justo y lo que no lo es cuando se trata de los actos de gobiernos y grupos terroristas? Si aceptamos que matar a veces es necesario y moralmente correcto, ¿cómo decidimos qué muertes son aceptables y cuáles no?

SIGNIFICADO E INTERPRETACIÓN:
LA TRADICIÓN EUROPEA CONTINENTAL

Introducción

En la primera parte del libro nos centramos en la tradición anglo-estadounidense de filosofía. En el siglo xx en particular, la filosofía continental siguió un camino muy distinto y hubo considerable incomprensión y recelo entre ambas.

Así que, ¿dónde está la diferencia? Una explicación sencilla es que la tradición anglo-estadounidense tendió a continuar la búsqueda de la verdad objetiva y la certeza o, al menos, aspiraba a una visión de la racionalidad basada en el sentido común. Por su parte, la filosofía continental estaba mucho más dispuesta a aceptar que todo conocimiento y significado es subjetivo o relativo y a explorar las consecuencias. La tradición continental ha considerado a la anglo-estadounidense más bien tediosa y paralizada en la lógica y el análisis, mientras que, para la escuela anglo-estadounidense, los continentales son relativistas, confusos y con una tendencia a la pretenciosidad.

El cisma probablemente se remonta a la época de Hegel. Mientras que a Kant y a Hegel se les considera parte de ambas tradiciones, se les entiende de forma distinta. En concreto, la tradición continental se centró en las ideas de Hegel sobre el yo y el otro, e interpretó el fracaso de los intentos de ambos filósofos de construir un sistema como el fracaso del proyecto tradicional de la filosofía: descubrir un conocimiento seguro. Nietzsche y Kierkegaard influyeron en esta tradición por la forma en que abordaron las dudas y los problemas creados por Kant y Hegel. La tradición continental también fue más receptiva al marxismo y el psicoanálisis.

No es posible comprimir toda una tradición filosófica en el espacio del que disponemos aquí, por lo que nos hemos centrado en varias figuras representativas con la esperanza de dar una idea de pensamientos tan distintos como el posmodernismo, el estructuralismo, el psicoanálisis y la teoría crítica. Puede parecer que algunos de los autores incluidos justifican la sospecha anglo-estadounidense de que la filosofía continental es pretenciosa y vacía. Desde luego, a autores como Lacan y Derrida se les ha acusado de esto y ninguno de los dos es de lectura fácil, aunque algunas de las ideas que proponen son fascinantes. Otros autores de los que presentamos aquí son más accesibles: Bataille es un caso de escritor cuya aportación filosófica con frecuencia se deja de lado, aunque aportó ideas interesantes, mientras que la lectura de Barthes y Baudrillard resulta placentera, incluso si no se comparten todos los pormenores de sus teorías.

En esta sección también incluimos a Kristeva, Irigaray y Foucault, que abordan cuestiones de sexualidad y género. También ejemplifican algunas de las dificultades de leer filosofía continental contemporánea, saturada como está de lenguaje abstruso y jerga. Por ejemplo, Kristeva e Irigaray transmiten mensajes fascinantes muy relevantes para el feminismo moderno, pero pueden ser extremadamente difíciles de leer e incluso los compendios presentados aquí están entre las páginas más difíciles del presente libro. La jerga que aparece en esta sección a veces puede considerarse pretenciosa, pero a menudo los autores se limitan a dar por supuesto el conocimiento académico de otros textos filosóficos, lingüísticos y psicoanalíticos, y resultan difíciles de leer sin ese conocimiento.

Mientras que en la primera sección del libro presentamos un recorrido cronológico con una narración relativamente clara de cómo se desarrollaron y evolucionaron las ideas en el tiempo, esta sección es más bien un popurrí de formas muy distintas de pensamiento. Por supuesto, los autores de esta tradición se han influido recíprocamente de muchas maneras, y sería erróneo afirmar que no ha habido comunicación entre Europa continental y otros lugares, pero, en vez de intentar abarcar todas esas interacciones e influencias, hemos seleccionado representantes de una variedad de «ismos» para dar una idea de todas estas formas, tan distintas, de escritura y pensamiento.

Cuadernos de la cárcel, 1929-1935

Antonio Gramsci

*«Una de las características más importantes de un grupo que aspire
a la dominación es su lucha por asimilar y vencer 'ideológicamente'
a los intelectuales tradicionales. Pero esta asimilación y victoria es
más rápida y eficaz cuanto más capaz sea el grupo en cuestión
de crear al mismo tiempo sus propios intelectuales orgánicos.»*

Antonio Gramsci fue un escritor, político y teórico político italiano. Fundó y dirigió durante un tiempo el Partido Comunista Italiano, y en 1926 fue encarcelado por el régimen fascista de Mussolini. Buena parte de los textos de Gramsci está dedicada al análisis de la cultura y el liderazgo político. Desde el punto de vista académico es notable como pensador de marcada originalidad dentro de la tradición marxista. Oponía una «filosofía de la praxis» a la dialéctica materialista y es bien conocido su concepto de hegemonía cultural, un instrumento para mantener el estado en una sociedad capitalista.

Durante el tiempo que estuvo encarcelado escribió más de treinta cuadernos y 3.000 páginas de análisis e historia. Estos textos, conocidos como *Cuadernos de la cárcel,* contienen sus ideas sobre la historia italiana y el nacionalismo, la teoría crítica y reflexiones sobre la educación. En el centro de su pensamiento hay dos ideas básicas: la noción de *hegemonía,* que, de acuerdo con Gramsci, es un medio para mantener el estado capitalista, y la de *intelectual orgánico,* que crearía una clase trabajadora formada.

Hegemonía es un concepto que ya habían utilizado marxistas como Lenin para referirse a la dirección política de la clase trabajadora en una revolución democrática. Gramsci desarrolló esta idea para explicar por qué la inevitable revolución socialista anunciada por el marxismo ortodoxo no se había producido a principios del siglo xx. Sugería que el capitalismo mantenía el control no solo mediante la violencia y la coerción política y económica, sino también ideológicamente, a través de la cultura hegemónica, en la que los valores de la burguesía se convertían en valores «de sentido común» de todos. Así, se creaba un consenso cultural en el que la clase trabajadora identificaba sus intereses con los de la burguesía y contribuía al mantenimiento del *statu quo,* en vez de volverse contra la clase dominante, sus opresores.

Según Gramsci, la clase trabajadora tenía que desarrollar su propia cultura. Esta desbancaría la noción de que los valores burgueses eran los valores naturales o normales de la sociedad. También atraería a las clases oprimidas e intelectuales a la causa del proletariado. De acuerdo con Gramsci, la cultura era fundamental para la consecución del poder. La clase que quisiera conseguirlo en las condiciones modernas tenía que ir más allá de sus intereses económico-corporativos estrechos, para ejercer un liderazgo intelectual y moral, así como para establecer alianzas y compromisos con distintas fuerzas. Gramsci denomina «bloque histórico» a esta unión de fuerzas sociales, tomando el término de Georges Sorel. Este bloque garantiza el consentimiento a un cierto orden social, que produce y reproduce la hegemonía de la clase dominante a través de un nexo de instituciones, relaciones sociales e ideas. Gramsci pensaba que, en Occidente, los valores culturales burgueses estaban vinculados esencialmente al cristianismo y, por lo tanto, buena parte de su polémica contra la cultura hegemónica está dirigida a las normas y valores religiosos.

La teoría de la hegemonía está relacionada con la concepción gramsciana del estado capitalista, según la cual este basa su dominación en la fuerza además de en el consentimiento. El estado no ha de entenderse en el sentido estrecho de gobierno; por el contrario, Gramsci divide la noción en «sociedad política», que es el ámbito de las instituciones políticas y el control constitucional legal, y «sociedad civil», que se suele considerar la esfera privada o no estatal, y que incluye la economía. El primero es el ámbito de la fuerza y el segundo el del consentimiento. No obstante, subraya que la división es puramente conceptual y que en la realidad hay frecuentes solapamientos de las dos esferas. Es importante que la sociedad crea que el gobierno cuenta con el consentimiento colectivo de la población.

Gramsci sostenía que, en el capitalismo moderno, la clase dominante puede mantener su dominio económico permitiendo que la esfera política satisfaga ciertas reivindicaciones presentadas por los sindicatos y los partidos políticos de masas en el seno de la sociedad civil. A su vez, esto hace creer a la clase trabajadora que tiene cierto control sobre su situación. Y sigue votando a miembros de la clase dominante para el gobierno. Así, la burguesía lleva a cabo una «revolución pasiva» yendo más allá de sus intereses económicos inmediatos y permitiendo que cambien las formas que toma su hegemonía.

Aparte de sus ideas sobre la hegemonía, Gramsci examinó el papel de los intelectuales en la sociedad. Fue en estos textos donde desarrolló la noción de «intelectual orgánico». Una de sus declaraciones más famosas es que todos los hombres son intelectuales, en el sentido de que todos tienen facultades intelectuales y racionales, pero no todos desempeñan la función social de intelectuales. Para Gramsci, los intelectuales modernos no se limitaban a hablar, sino que eran organizadores y líderes que participaban en la construcción de la sociedad y la producción de hegemonía por medio de aparatos ideológicos como la educación y los medios.

Además, Gramsci distinguía entre la intelectualidad tradicional, que se considera (equivocadamente) una clase separada de la sociedad, y los grupos de pensadores que cada clase produce «orgánicamente» en sus propias filas. Estos intelectuales orgánicos articularían, a través del lenguaje de la cultura, los sentimientos y experiencias que las masas no pueden expresar por sí mismas. La necesidad de crear una cultura de la clase trabajadora está relacionada con el tipo de educación por el que aboga Gramsci: una educación capaz de generar intelectuales de la clase trabajadora, que no se limitarían a introducir la ideología marxista desde fuera del proletariado, sino que renovarían y harían la actividad intelectual ya existente de las masas más crítica con el *statu quo*. En otras palabras, operarían desde dentro de la clase obrera utilizando los valores de la clase obrera para elevar la conciencia del proletariado.

Según Gramsci, era necesario responder eficazmente a las ideologías de las clases educadas y, para ello, los marxistas debían presentar su propia filosofía de forma más sofisticada e intentar comprender verdaderamente las ideas de sus oponentes. Pensó que la mejor forma de hacerlo era adoptando y promoviendo, a través de la educación, elementos del pensamiento socialista en el seno de la cultura de la clase trabajadora. Su concepción de un sistema educativo con este fin coincide con la noción de la pedagogía crítica y la educación popular teorizada y practicada décadas después por Paulo Freire en Brasil. Hoy en día muchos profesionales de la educación de adultos y popular siguen considerando a Gramsci una voz que hay que tener en cuenta.

La obra de Gramsci también ha sido objeto de críticas. Le han acusado de fomentar una noción de lucha por el poder a través de las ideas que se refleja en recientes controversias académicas como la de la corrección política. Muchas personas creen que el enfoque gramsciano de las ideas, tal y como se refleja en esas controversias, choca con la investigación liberal abierta, basada en los clásicos de la cultura occidental.

Lectura rápida

El intelectual orgánico debe situarse junto a la clase obrera y los desempleados, cuestionando las ideas burguesas que hayan adoptado. Debe tomar parte en sus actividades culturales y destacar su importancia en las ideas políticas del proletariado. De esta forma creará una hegemonía, un consenso para el gobierno, que apele a los verdaderos valores de la clase trabajadora.

Mitologías, 1957

Roland Barthes

*«Otros países beben para emborracharse, y así lo aceptan todos;
en Francia la ebriedad es consecuencia, nunca finalidad...
el vino no solo es filtro, también es acto ocioso de beber.»*

Roland Barthes nació en 1915 en Normandía. Estudió en la Sorbona y desarrolló su carrera profesional en Francia, Rumanía y Egipto. De su colaboración con el periódico izquierdista parisino *Combat* surgió su primera obra extensa, *El grado cero de la escritura* (1953). La obra temprana de Barthes fue en gran medida reacción a la filosofía existencialista predominante en la década de los cuarenta, en concreto a la figura señera del existencialismo, Jean-Paul Sartre.

En su obra *¿Qué es la literatura?* (1947) Sartre expresó su desencanto con las formas consolidadas de la escritura, así como con las más experimentales formas de vanguardia, que en su opinión alejaban a los lectores. La respuesta de Barthes fue intentar hallar lo que puede considerarse único y original en la escritura. En *El grado cero de la escritura* sostiene que tanto el lenguaje como el estilo son elementos que apelan a las convenciones, por lo que no son puramente creativos. Por el contrario, la *forma,* o lo que Barthes denomina la «escritura», la manera concreta en que un individuo decide manipular las convenciones para conseguir un determinado efecto, es un acto singular y creativo. La forma de alguien es susceptible de convertirse en convención una vez que se ha dado a conocer al público.

Esto significa que ser creativo es un proceso constante de cambio y reacción. En este sentido, Barthes creía que la literatura y el arte debían ser críticos e interpelar al mundo en vez tratar de explicarlo. Veía en *El extranjero,* de Albert Camus, un ejemplo ideal de esta noción, por su sincera falta de embellecimiento o atractivo. Barthes pensaba que la escritura vanguardista era encomiable por mantener la distancia entre su público y su obra. Introduciendo una artificialidad evidente en vez de aspirar a grandes verdades subjetivas, los escritores vanguardistas logran que su público guarde una perspectiva objetiva cuando lee su obra. Este método de examinar textos a través de la forma y la estructura en vez de atendiendo al significado y la función se denominó *estructuralismo.*

En 1952 Barthes ingresó en el Centre National de la Recherche Scientifique para estudiar lexicología y sociología. Durante los siete años que estuvo allí escribió ensayos bimensuales en *Les Lettres Nouvelles,* una popular serie de ensayos que desmontaban mitos de la cultura popular y que más tarde se publicaron reunidos en *Mitologías.* Estos trabajos con frecuencia interpelan aspectos de la cultura material para mostrar cómo los utiliza la sociedad burguesa a fin de imponer sus valores a los demás.

Por ejemplo, la descripción del vino en la sociedad francesa como un hábito saludable y vigoroso sería una percepción burguesa ideal que se vería refutada por ciertas realidades, en este caso que el vino puede no ser sano y provocar embriaguez. Para cuestionar así los mitos le resultó útil la semiología, el estudio de los signos. Barthes explicó que estos mitos culturales burgueses eran significados o signos de segundo orden. Su uso de los términos «signo», «significante» y «significado» puede no ser fácil de entender. Siguiendo con el ejemplo del vino, una imagen de una botella llena, oscura, es un significante que está vinculado a un significado: en este caso, una bebida fermentada alcohólica, el vino. No obstante, según Barthes, la burguesía toma este significado (el vino) y le aplica su propio énfasis, convirtiendo «vino» en un nuevo significante (en vez de una imagen de una botella llena), que ahora está ligado a un nuevo significado: la idea del vino relajante y saludable. El motivo de tales manipulaciones puede ser desde el intento de vender productos al mero deseo de mantener el *statu quo*. A veces también difuminan los límites entre significante y significado.

En su ensayo *El sistema de la moda* Barthes demostró que esta adulteración de los signos podía traducirse fácilmente en palabras: cómo, en el mundo de la moda, cualquier palabra podía estar cargada de un énfasis idealista burgués. De esta forma, si la moda popular dice que una «blusa» es ideal para una determinada situación o conjunto, esta idea de inmediato se acepta como verdad y se adopta como propia, aunque el signo en sí pueda ser intercambiable con «falda», «chaleco» u otras combinaciones. Una imagen de una prenda con volantes en el torso de una mujer es el «significante» de una «blusa»; no obstante, en un texto de moda, una «blusa» puede convertirse en «significante» del lugar que ocupamos en la jerarquía de la moda.

Irónicamente, al final, *Mitologías* fue absorbido a su vez por la cultura burguesa. Barthes encontró que desde muchos ámbitos distintos le pedían que comentara un determinado fenómeno cultural como si fuera un experto en esas materias. Esto le hizo cuestionar el sentido de desmitificar la cultura para las masas, pues le parecía que podría resultar infructuoso, y le indujo a profundizar en su búsqueda de significado individual en el arte.

Aunque Barthes veía en el estructuralismo una herramienta útil y creía que el discurso de la literatura podía formalizarse, no pensaba que pudiera llegar a ser una disciplina propiamente científica. La teoría literaria empezó a cambiar a finales de los sesenta. Autores como Jacques Derrida estaban tanteando los límites del pensamiento estructuralista. Derrida identificó el fallo del estructuralismo en el hecho de que propugna un significado trascendental; para orientarse en un sistema tan cerrado sería esencial un símbolo de un sentido constante y universal. Este tendría que ser un punto de anclaje metafísico de significado estable. De forma que, sin algún estándar de medida, no podría funcionar un sistema de crítica que no hiciera referencia a nada fuera de la obra en sí. Como no hay símbolos de significado constante y universal, la premisa del estructuralismo como instrumento para evaluar la escritura (o cualquier cosa) se revela vacía si se acepta esta idea.

Al final, el nuevo pensamiento que se impuso en el mundo de la crítica literaria condujo a Barthes a considerar las limitaciones no solo de los signos y los símbolos, sino también del lugar central que ocupan en la cultura occidental las ideas de congruencia y los estándares definitivos. Reflexionó sobre la capacidad que tienen los signos en Japón para existir por sí mismos, conservando solo el significado que le imbuyen de forma natural sus significantes (por ejemplo, en su libro *El imperio de los signos*). Una sociedad así contrasta marcadamente con la que diseccionó en *Mitologías,* que siempre está imponiendo un significado más complejo por encima del natural.

En esta época Barthes también escribió el ensayo *La muerte del autor,* en el que señalaba la naturaleza cambiante de los significantes. En la noción de autor (o autoridad autoral) en la crítica de textos literarios veía una proyección forzada del significado último del texto. A partir del significado «último» de una obra de literatura, esto es, de lo «quería decir» el autor del libro, se podría inferir una explicación definitiva. Pero Barthes señala que la gran proliferación de significados en el lenguaje y la imposibilidad de conocer la mente del autor hacen que no se pueda llegar a esa interpretación definitiva. *La muerte del autor* a veces se considera una obra posestructuralista, pues va más allá de las convenciones de intentar cuantificar la literatura, pero también hay quien la ve como una fase de transición en el empeño de Barthes de hallar significado en la cultura fuera de las normas burguesas. De hecho, la noción de que el autor es irrelevante ya estaba presente en el pensamiento estructuralista.

En el mundo académico actual, la influencia de las obras de Barthes aún se deja sentir en los campos que se ocupan de la representación de la información, tales como la fotografía, la música, la literatura y la historia del arte. No obstante, una consecuencia de la gran diversidad de sus textos es que no generaron un grupo de pensadores dedicados a sus teorías. El mero hecho de que su obra estuviera en un proceso de adaptación constante, refutando las nociones de estabilidad y constancia, significa que no se configuró a partir de una teoría concreta.

Barthes siempre se opuso a la noción de adoptar sin crítica ideologías implícitas, con independencia de su origen. Prefería el pensamiento individualista y la adaptabilidad antes que la conformidad. No obstante, su obra sigue siendo una valiosa fuente de ideas y herramientas para el análisis del significado en cualquier representación humana.

Lectura rápida

El «significado» es un terreno muy precario. Un signo (algo que se utiliza para representar un objeto por medios visuales o textuales) puede convertirse en «significante» o «significado». Una imagen de una botella de vino se convierte en significante de vino. En este caso, vino es el significado. No obstante, la palabra «vino» puede convertirse en significante de «bebida alcohólica» (que es lo que «vino» significa), y la imagen de la botella de vino podría ser un significante de «alcohólico», que sería «significado» por una imagen de una botella de vino.

Escritos, 1966

Jacques Lacan

«Esta jubilosa aceptación de su imagen especular por el niño
en su etapa infans, todavía hundido en su incapacidad motora
y la dependencia de cuidados, parece exhibir en una situación
ejemplar la matriz simbólica en la que el Yo se precipita
en una forma primordial, antes de que sea objetivado
en la dialéctica de la identificación con el Otro y antes
de que el lenguaje restaure en ella, en lo universal,
su función como sujeto.»

Jacques-Marie-Émile Lacan era un psicoanalista, psiquiatra y médico francés. Consideraba que su obra era una auténtica «vuelta a Freud». Este entrañaba centrarse de nuevo en los conceptos freudianos del inconsciente, el complejo de castración, el ego concebido como un mosaico de identificaciones y la centralidad del lenguaje para cualquier trabajo psicoanalítico. Su obra es marcadamente interdisciplinar y se apoya de forma especial en la lingüística, la filosofía y las matemáticas, al tiempo que Lacan se ha convertido en una figura importante en muchos campos además del psicoanálisis, particularmente en la teoría crítica. Es de sobra conocido que sus principales textos, *Escritos,* son de difícil lectura. La cita con la que abrimos la sección da una idea de su densidad. En el «Seminario 20» señala que sus escritos no estaban pensados para ser entendidos sino para producir en el lector un «efecto de sentido» semejante al de algunos textos místicos. Hay que señalar que, en parte, esto obedece a las repetidas alusiones hegelianas y otros excursos teóricos no explícitos. No obstante, hay críticos que acusan a Lacan de oscurecer su prosa de forma deliberada simplemente por efectismo y conviene tenerlo en mente al leer este resumen de sus densas y difíciles teorías.

A la muerte de Freud, la práctica psicoanalítica se escindió en varias escuelas de pensamiento. Lacan acusó a algunos psicoanalistas coetáneos de interpretar superficialmente a Freud y de haberse adherido a sus ideas con tantas reservas que el efecto había sido bloquear, más que fomentar, la investigación científica del proceso mental. Lacan quería volver al pensamiento de Freud y extenderlo a la luz de sus tensiones y corrientes. De hecho, hacia el final de su vida señaló en una conferencia: «Sean ustedes lacanianos si lo desean; yo soy freudiano». Hay que señalar que Lacan insistía en que, para él, su obra no era una interpretación sino una *traducción* de Freud a términos estructural-lingüísticos. Sostenía que la ideas de Freud sobre los chistes y los «actos fallidos» ponían de relieve la agencia del lenguaje en la constitución subjetiva.

Por lo tanto, la vuelta a Freud consiste principalmente en darse cuenta de que la agencia del inconsciente está íntimamente ligada a las funciones y dinámicas del lenguaje, donde el significante está separado sin remisión del significado en una tensión crónica, pero generativa de «carencia». (El significante está relacionado con el significado, pero al mismo tiempo está separado de él; de ahí el empleo del término «carencia» por parte de Lacan.)

Es aquí donde parte su intento de «corregir» a Freud desde dentro. La vuelta a Freud comienza con su trabajo «La instancia de la letra en el inconsciente o la razón desde Freud», en sus *Escritos*. La principal objeción de Lacan a la teoría freudiana es el privilegio que concede al ego en la autodeterminación. Para Freud, el inconsciente estaba gobernado por el ego. El pilar central de la teoría psicoanalítica de Lacan es que «el inconsciente está estructurado como un lenguaje», de la misma forma que la mente consciente.

El inconsciente, sostenía, no era una parte más primitiva o arquetípica de la mente, separada del ego lingüístico consciente, sino, por el contrario, una formación tan compleja y sofisticada estructuralmente como la propia conciencia. Si el inconsciente está estructurado como un lenguaje, sostenía Lacan, al yo se le niega toda referencia para «restablecerse» después de un trauma o «crisis de identidad». De esta forma, la tesis de Lacan también rechaza la psicología del ego, a la que también se opuso el propio Freud.

Lacan describió «el estadio del espejo» en el ensayo «El estadio del espejo como formador de la función del yo, tal como se nos revela en la experiencia psicoanalítica», que es uno de sus trabajos más importantes. Distingue entre lo Imaginario y lo Simbólico en el desarrollo de la idea de identidad. En la fase imaginaria el reconocimiento del «yo» en el espejo es, en cierto sentido, un reconocimiento falso *(méconnaissance)*, aunque es así como el niño llega a percibir que tiene un yo coherente. Lacan describe esto como una forma primordial a la que no se regresa, pero que permanece como un fantasma, pues el deseo de hacerlo estructura la identidad del sujeto en el ámbito simbólico (después de la introducción del lenguaje, de la «diferencia» en el mundo del sujeto).

Aquí Lacan pone el énfasis en el proceso de *identificación* con una imagen o entidad exterior. El reconocimiento del yo y del otro tiene lugar a través de la adquisición del lenguaje. La imagen que el sujeto obtiene en su espejo es lo único de lo que puede estar seguro. En cada estadio el sujeto se convierte en aquello que era antes y se anuncia como lo que quiere haber sido. La ambigüedad del falso reconocimiento resulta esencial para conocer el yo propio. Lo que se ve en el espejo es en parte falso reconocimiento, no un yo por completo coherente.

Es significativo que este proceso de identificación sea el primer paso hacia la fabricación del sujeto, porque todo lo que le sigue, la transición de lo que Lacan denomina el orden «imaginario» y «simbólico», se basa en este falso reconocimiento. Este es el comienzo del proceso, que dura toda la vida, de identificar el yo en términos del Otro.

El concepto del Otro es un término importante en la obra de Lacan. En contraste con la tradición anglo-estadounidense dominante en su tiempo, Lacan consideraba el yo como algo constituido en el Otro, esto es, la concepción de lo externo. Esta creencia está arraigada en su lectura de Ferdinand de Saussure y el estructuralismo, y más específicamente en su convicción de que el concepto de Freud del inconsciente prefiguraba la lingüística estructuralista. Lacan parte de la observación de Saussure de que un significante se identifica por su diferencia respecto a otros significantes (por ejemplo, «amor» se comprende en parte solo en oposición a «odio», que, a su vez, solo es comprensible en relación con «amor»). Por lo tanto, el lenguaje nunca es completamente autocontenido; siempre contiene cosas que están más allá de su sentido, y estas cosas forman una cadena infinita de significantes. La cadena significante y, más en general, las estructuras del lenguaje constituyen el Otro. La existencia del Otro impone una desconexión inevitable entre el yo y su deseo, que es la fuente de síntomas psicoanalíticos. Lacan no cree en la posibilidad de una «cura» en el sentido de eliminar todos los síntomas, puesto que no puede soslayarse la estructura del lenguaje, por lo que el Otro siempre estará presente. De hecho, lo más que cabe esperar es modificar los síntomas.

Entonces Lacan conecta estas ideas con lo Real: el mundo que existe antes de la mediación del lenguaje. No se puede llegar a comprender lo Real ni a interactuar con ello verdaderamente; siempre está mediado por lo Imaginario y lo Simbólico. La noción de lo Real en Lacan es un concepto muy complejo que, en sus últimos años, se esforzó por presentar de una forma teórica estructurada como «matemas» (diagramas de estilo matemático que tienen el efecto de hacer la escritura de Lacan incluso más impenetrable).

Algunos críticos han acusado a Lacan de mantener la tradición sexista en el psicoanálisis. Desde luego, Lacan tiene una relación incómoda con el feminismo y el posfeminismo, pues, si bien se le critica por haber adoptado (o heredado de Freud) una posición falocrática en sus teorías psicoanalíticas, también ofrece una representación adecuada de los sesgos de género en el seno de la sociedad. En cualquier caso, el feminismo tradicional se ha beneficiado del esfuerzo de Lacan por mostrar que la sociedad tiene un sesgo sexual inherente que reduce la condición de la mujer a un degradante estatus de deficiencia.

Otros críticos, como Jacques Derrida, le han acusado de limitarse a aplicar un enfoque estructuralista al psicoanálisis. En particular, Derrida critica la teoría lacaniana por un falocentrismo heredado de Freud, ejemplificado particularmente en su concepción del falo como el «principal significante» que determina el orden social de los significantes. Buena parte de la crítica de Derrida a Lacan tiene su origen en la relación de Lacan con Freud. Por ejemplo, Derrida deconstruye la concepción freudiana de «envidia del pene», sobre la que la subjetividad femenina se determina *como una ausencia,* para mostrar que la primacía del falo masculino entraña una jerarquía entre presencia fálica y ausencia fálica que, en último término, se desmorona.

Un ataque menos pormenorizado teóricamente, y más escueto, fue el de Noam Chomsky, que simplemente describió a Lacan como «un charlatán entretenido y perfectamente consciente».

Lectura rápida

El psicoanalista Jacques Lacan / tenía un complicado plan. / Freud culpaba a su madre / y el yo de Jacques era el Otro, / pero su espejo mostraba a un hombre nada más.

La parte maldita, 1967

Georges Bataille

«Los seres que somos no permanecen estables
de una vez para siempre; parecen diseñados para aumentar
sus recursos de energía. Suelen hacer de este aumento, más allá
de la mera subsistencia, su objetivo y razón de ser.»

Georges Bataille probablemente sea más conocido por sus novelas surrealistas semipornográficas (como *Historia del ojo*), pero también escribió numerosos libros y artículos sobre filosofía y le interesaban especialmente las obras de Marx y Hegel.

Fundador de varias publicaciones y grupos de escritores, fue autor de un corpus de textos muy diversos entre los que se incluyen novelas, poemas y ensayos sobre numerosos temas (como la poesía, el misticismo de la economía, la filosofía, las artes y el erotismo). Entusiasta seguidor de Nietzsche, publicó con varios pseudónimos y algunos de sus textos fueron prohibidos. Como filósofo o teórico, fue ignorado durante casi toda su vida y despreciado por contemporáneos como Jean-Paul Sartre, que le consideraba un defensor del misticismo. No obstante, a su muerte, su obra ejerció una influencia considerable sobre autores como Michel Foucault, Phillippe Sollers y Jacques Derrida, todos ellos colaboradores de la revista *Tel Quel*. Su influencia también se deja sentir en la obra de Jean Baudrillard, así como en las teorías psicoanalíticas de Jacques Lacan.

La controvertida obra *La parte maldita* abarca tres volúmenes y presenta la teoría de lo que Bataille denomina la paradoja de la utilidad. Para Bataille, si ser útil significa servir a un fin, entonces, el fin último de la utilidad solo puede ser la inutilidad. Con frecuencia tomó ideas marxistas y, al explorarlas, les dio la vuelta. Solo el primer volumen de esta obra llegó a publicarse antes de su muerte. Trataba esta paradoja de la utilidad en términos económicos, mostrando que «no es la necesidad, sino su contrario, el lujo, lo que presenta a la materia viva y al hombre sus problemas fundamentales».

Más allá de Marx, en la teoría del consumo de Bataille la «parte maldita» es esa parte excesiva y no recuperable de cualquier economía que está destinada a uno de los dos modos de gasto social y económico. Bien se gasta como un lujo sin ningún tipo de beneficio en las artes, en sexualidad no procreadora, en espectáculos y monumentos suntuosos, o se destina al olvido en una violenta y catastrófica guerra.

La noción de energía «excesiva» es central en el pensamiento de Bataille. A diferencia de los escritores racionales de la economía clásica, según los cuales la economía está motivada por la escasez (una teoría que está en el centro de la obra de Karl Marx), en la teoría de Bataille normalmente hay un exceso de energía. Esta energía extra puede utilizarse en un desarrollo productivo o puede derrocharse. Bataille insiste en que el desarrollo o expansión de la sociedad siempre choca con límites y, por último, se hace imposible. El derroche de esta energía es el lujo. La forma y la función que el lujo asume en una sociedad son características de esa sociedad. Por consiguiente, es el deseo de lujo lo que motiva al individuo, no el miedo a la escasez.

La expresión «la parte maldita» se refiere a esta opulencia y gratificación excesivas que finalmente están destinadas al despilfarro y que, en último término, crean una cultura de «usar y tirar». Bataille describe este concepto y proporciona ejemplos históricos de cómo ha funcionado: las instituciones monásticas del lamaísmo tibetano, el sacrificio humano en la sociedad azteca y el Plan Marshall, entre muchos otros. La idea de «gasto» de Bataille puede entenderse erróneamente si se interpreta como una teoría que se propone explicar por qué existen determinados fenómenos (tales como la guerra, los sacrificios y el potlach), una teoría que les asigna una función antropológica. Esto significa no caer en la tentación de ver esos fenómenos como el mantenimiento del orden social, lo que llevaría a convertir el gasto en una empresa útil, racional, conservadora, que es precisamente lo que el gasto no puede ser, según Bataille. El verdadero gasto debe ser derrochador, no racional e inútil. Por lo tanto, su noción de gasto es paradójica, porque asigna un valor de uso a ciertos fenómenos (el mantenimiento de una sociedad mediante la eliminación de la energía que no puede asimilarse), al mismo tiempo que identifica esos mismos fenómenos como inherentemente inútiles e imposibles de racionalizar. Debido a esta paradoja, resulta útil considerar la noción de gasto de Bataille como una imposibilidad, como un horizonte que no puede alcanzarse.

Bataille va más lejos en esta paradójica lectura del poder y el resultado es una extraña teoría política que comprende el placer «auténtico» y el «no auténtico». En los volúmenes siguientes de *La parte maldita* decide que los trabajadores, cuando se entregan a sus excesos los sábados, son más soberanos que la recatada burguesía, a pesar de que esta disfruta de mayores placeres y lujos en sus vidas. Según Bataille, esto es así porque los burgueses siempre tienen la vista puesta en su posición social y económica. Por consiguiente, deben refrenar el gasto de energía irreflexivo que exige el éxtasis auténtico (dilapidar el dinero que se acaba de ganar, como hacen los trabajadores los viernes o los sábados).

Para llegar a esta visión de los burgueses como unos adustos amargados, Bataille tiene que exagerar hasta qué punto son esclavos de sus proyectos y de su deseo de supervivencia. Después de todo, aunque necesitan mantener sus actividades, con mucha frecuencia delegan y dependen de los trabajadores. Un miembro de la burguesía probablemente teme la ruina más que el trabajador, que siempre está cerca de la ruina, en cualquier caso. El trabajador, que no dispone de tiempo propio ni riqueza que perder, es más soberano (el verdadero jefe de la economía) que el burgués que tiene tiempo libre cuando lo desea y acceso a todo tipo de bienes lujosos. El burgués, que dispone de tiempo y dinero para el placer, acaba siendo el verdadero esclavo. A la obra de Bataille en los dos últimos volúmenes de *La parte maldita* con frecuencia se la tacha, quizá con justicia, de pensamiento inverso. Bataille crea una paradoja incluso mayor cuando al final declara que solo un aristócrata (en el ejemplo que pone, el Marqués de Sade) puede disfrutar de verdadera soberanía cuando se precipita desde las alturas del lujo burgués hasta el mundo de los depravados.

Lectura rápida

Bienaventurados son los desempleados de la clase obrera, pues de ellos es el mundo y son el temor de nuestra archienemiga la burguesía. Si tomas tus reducidos ingresos y te los gastas en bebida en una noche, estás apoyando la revolución. Nunca dejamos de desear cosas: zapatos de diseño, diamantes, etc. no son más que un deseo, una necesidad primordial de más y más. No obstante, nunca llegamos a saciarnos, por muchos objetos de lujo que consigamos. Se convierten en desperdicios mientras seguimos ansiando cosas. El despilfarro acabará asfixiando a una sociedad que se revuelca en la depravación. La verdadera forma de avanzar es el sacrificio, no la adquisición.

Ensayos sobre la ideología, 1971

Louis Althusser

«A fin de avanzar en la teoría del Estado es indispensable tener en cuenta... la distinción entre el poder del Estado y el aparato del Estado.»

Louis Pierre Althusser nació en Argelia y estudió en la École Normale Supérieure de París, donde más adelante sería profesor de filosofía. Asimismo, fue uno de los principales académicos seguidores del Partido Comunista francés. Se le suele considerar uno de los principales autores de la corriente *estructuralista*. Su obra contiene una aproximación interesante a la idea de identidad personal.

Althusser considera que, debido a la estrecha relación existente entre el individuo y la sociedad, postulada por Marx, no tiene sentido intentar construir una teoría social a partir de una concepción previa del individuo. El sujeto de observación no son los elementos humanos individuales, sino la «estructura». De acuerdo con Althusser, Marx no explicó la sociedad apelando a un factor (los individuos), sino que la dividió en unidades relacionadas denominadas «prácticas». Con este análisis defiende el materialismo histórico de Marx de la acusación de que rudimentariamente postula la existencia de una base y una superestructura, y después intenta explicar todos los aspectos de la superestructura a partir de las características de la base; en otras palabras, que la sociedad en su conjunto solo podía comprenderse a través de su base económica. Althusser critica la idea de que una teoría social pueda fundarse en una concepción histórica de las necesidades humanas y rechaza que una noción, definida de forma independiente, de la práctica económica pueda utilizarse para explicar otros aspectos de la sociedad.

Althusser ve la sociedad como una serie de «conjuntos» interconectados —práctica económica, práctica ideológica y práctica político-legal— que constituyen un todo complejo. Dichas prácticas dependen unas de otras. Por ejemplo, entre las relaciones de producción está la compra y la venta de la fuerza de trabajo por parte de capitalistas y trabajadores. Estas relaciones son parte de la práctica económica, pero solo pueden existir en el contexto de un sistema legal que define a los agentes individuales como compradores y vendedores. Y, además, deben ser mantenidas por medios políticos e ideológicos. A partir de ahí puede verse qué aspectos de la práctica económica dependen de la superestructura y al contrario.

No obstante, Althusser no quiere decir que todos los hechos que determinan los cambios sociales tengan el mismo estatus causal. La práctica económica, aunque forme parte de un conjunto complejo, es una estructura de dominación: desempeña un papel importante a la hora de determinar las relaciones entre otras esferas y la influencia que ejerce sobre ellas es mayor que la que dichas esferas ejercen sobre ella. El aspecto más destacado de la sociedad (el religioso en las formaciones feudales y el económico en las capitalistas) se denomina «instancia dominante» y, a su vez, es determinado «en última instancia» por la economía. Para Althusser, la práctica económica de una sociedad determina qué otro aspecto de ella domina la sociedad en su conjunto.

Su ensayo más influyente es *Ideología y aparatos ideológicos del Estado*. Althusser sostenía que era necesario comprender cómo la sociedad construye al individuo a su propia imagen. Pensaba que, en la sociedad capitalista, al ser humano individual se le considera un sujeto que se caracteriza por ser un agente autoconsciente. Para Althusser, sin embargo, la capacidad de las personas para percibirse de esta manera no es innata. Por el contrario, se adquiere dentro de la estructura de las prácticas sociales establecidas que imponen a los individuos el rol *(forme)* de un sujeto. Las prácticas sociales determinan las características del individuo al tiempo que le dan una idea del rango de propiedades que pueden tener, así como de los límites de cada práctica social. Althusser sostiene que muchos de nuestros roles y actividades nos son asignados por la práctica social: por ejemplo, la producción de los fabricantes de automóviles es parte de la práctica económica, mientras que la producción de los abogados es parte de la práctica político-legal. No obstante, otras características de los individuos, tales como sus creencias sobre la vida buena o sus reflexiones metafísicas sobre la naturaleza del yo, no encajan fácilmente en estas categorías.

Según Althusser, nuestros valores, deseos y preferencias nos son inculcados por la práctica ideológica, la esfera que se caracteriza por constituir a los individuos como sujetos. A la práctica ideológica pertenece un conjunto de instituciones denominadas «aparatos ideológicos del Estado», que comprenden la familia, los medios de comunicación, las organizaciones religiosas y, lo que es más importante, el sistema educativo, así como las ideas establecidas que transmiten. Pero ninguno de esos aparatos produce en nosotros la idea de que somos agentes autoconscientes. Esto lo aprendemos mientras asimilamos en qué consiste ser hija, alumno, metalúrgico, consejero, etc. Para Althusser, nuestro sentido del yo es una práctica social.

Pese a sus muchas formas institucionales, la función y la estructura de la ideología son invariables y permanecen a lo largo de la historia. Como sostiene la primera tesis de Althusser sobre la ideología, «la ideología no tiene historia». Todas las ideologías constituyen un sujeto, aunque este difiera dependiendo de cada ideología concreta. Althusser ilustra esto con el concepto de «interpelación». Utiliza el ejemplo del individuo que camina por la calle y que, al oír el silbato de la policía, o cualquier otra forma de interpelación, se vuelve y, con ese simple movimiento de su cuerpo, se transforma en sujeto. Althusser analiza el proceso en virtud del cual la persona interpelada se reconoce como sujeto de dicha interpelación y sabe cómo responder. Aunque no hubiera nada sospechoso en el hecho de que caminara por la calle, reconoce que la interpelación va dirigida a ella. Este reconocimiento es un reconocimiento falso *(méconnaissance),* pues opera retroactivamente: un individuo material es *siempre-ya* un sujeto ideológico. Para Althusser, la «transformación» de un individuo en un sujeto *siempre-ya* ha ocurrido. Al afirmar esto, reconoce una duda con la teoría de la inmanencia de Spinoza, esto es, lo que nos proporciona nuestra idea de quiénes somos es la ideología.

La segunda de las tesis de Althusser es que la «ideología tiene existencia material». Sostiene que, como tales, las ideas han desaparecido (en tanto en cuanto se les dota de una existencia ideal o espiritual), en la medida en que su existencia está inscrita en las prácticas gobernadas por rituales, definidas en última instancia por un aparato ideológico. Por consiguiente, parece que el sujeto actúa solo en tanto que es interpelado por el siguiente sistema: «la ideología existente en un aparato ideológico material, que describe prácticas materiales gobernadas por un ritual material, prácticas que existen en las acciones materiales de un sujeto que actúa conscientemente de acuerdo con esta creencia». El sujeto cree que está actuando de forma independiente, pero, para Althusser, adquirimos nuestras identidades al vernos a nosotros mismos y nuestros roles sociales reflejados en ideologías materiales.

(Nota biográfica: el 16 de noviembre de 1980 Althusser estranguló a su esposa. Este hecho había estado precedido por un periodo de gran inestabilidad mental. Las circunstancias concretas no están claras. Hay quienes sostienen que fue deliberado, mientras que otros piensan que fue accidental. Althusser afirmó que no recordaba lo ocurrido. Estaba solo con su esposa cuando murió, por lo que resulta difícil llegar a una conclusión inapelable. Fue declarado no responsable de sus actos, por lo que no fue juzgado, sino ingresado en el hospital psiquiátrico de Sainte-Anne, donde permaneció hasta 1983. Cuando fue dado de alta, se trasladó al norte de París y vivió como un recluso, sin apenas contacto exterior y sin trabajar, excepto en su autobiografía. Murió de un infarto de miocardio el 22 de octubre de 1990 a la edad de setenta y dos años.)

Lectura rápida

La base económica y las «superestructuras» ideológicas forman la compleja totalidad social. En el seno de la superestructura ideológica hay muchas prácticas que devuelven al sujeto su imagen reflejada en las ideologías materiales. Nos reconocemos a través de la sociedad.

De la gramatología, 1974

Jacques Derrida

«... les irrita lo que escribo. Mis textos les irritan más que ninguna otra cosa, y creo que es por la forma en que escribo, no por el contenido ni la tesis. Dicen que no sigo las reglas habituales de la retórica, la gramática, la demostración y la argumentación, pero es evidente que no les irritaría si no les interesara.»

La voluminosa obra de Jacques Derrida tuvo un gran impacto sobre la filosofía continental y la teoría literaria actuales. Con frecuencia se la relaciona con el posestructuralismo y el posmodernismo, aunque Derrida despreciaba este último término y declaró en repetidas ocasiones que no tenía nada que ver con él. Incluso los críticos de Derrida reconocen que su proyecto filosófico, tanto si se puede describir adecuadamente con el término *deconstrucción* como si no, implicaba una lectura extremadamente minuciosa de los textos y una gran erudición. Esta atención a los minuciosos «efectos» de un texto es lo que le ha dado su reputación de ser extremadamente opaco, si no ininteligible.

En 1967 Derrida publicó tres colecciones de trabajos con las que se dio a conocer internacionalmente. Su concepto más significativo y menos comprendido, la *deconstrucción*, tiene su origen en esos libros. *De la gramatología, Escritura y diferencia* y *La voz y el fenómeno* contenían ensayos sobre filósofos como Rousseau, Husserl, Levinas, Heidegger, Hegel, Foucault, Bataille y Descartes, así como sobre el antropólogo Claude Lévi-Strauss, el psicoanalista Sigmund Freud, el lingüista Ferdinand de Saussure y autores como Edmond Jabès y Antonin Artaud. En esta trinidad de obras tempranas estableció los «principios» de la deconstrucción, aunque es significativo que lo hiciera mediante demostración y no mediante explicación teórica. Su objetivo era mostrar que los argumentos promulgados por sus sujetos excedían y contradecían los parámetros oposicionales en los que estaban situados.

Esta es la clase de enfoque que le ha dado su reputación de difícil. Buena parte de la mística y la confusión que rodean la deconstrucción surge de la insistencia de Derrida en no permitir que el concepto sea inmune a la crítica.

Resulta de importancia central en su teoría (si es que se puede decir que tiene un centro, pues filosóficamente no hay un «núcleo» en la deconstrucción) que la deconstrucción sea un intento de abrir un texto (literario, filosófico o de otro tipo) a distintos significados e interpretaciones. La deconstrucción con frecuencia toma oposiciones binarias dentro de un texto —dentro y fuera, sujeto y objeto, hombre y mujer— que, según Derrida, están definidas cultural e históricamente, e incluso presentan una dependencia recíproca, pero expone que no son tan nítidas o estables como podría parecer en un principio. Demuestra que los dos conceptos opuestos son fluidos y esta ambigüedad se utiliza para mostrar que el significado del texto también es fluido.

La idea de fluidez contradice un legado de metafísica tradicional basado en oposiciones que buscan establecer significados estables a través de absolutos conceptuales en los que un término (por ejemplo, «bueno») es elevado a un estatus que designa su opuesto (en este caso, «malo») como su perversión, ausencia o inferior. Siguiendo la obra de Nietzsche, que también interpeló a fondo el sentido de las palabras, estas «jerarquías violentas», como las denomina Derrida, son estructuralmente inestables dentro de los propios textos, donde el significado depende estrictamente de esta contradicción. Por eso Derrida insistía en que la deconstrucción nunca se llevaba a cabo o realizaba, sino que «tenía lugar» a través del «trabajo de la memoria»: así, la tarea del «deconstructor» es mostrar dónde se subvierte esta oposición o estabilidad dialéctica por la lógica interna del texto. La deconstrucción se experimenta, no se practica.

En una lectura así, ningún significado es estable. Lo único que mantiene la sensación de unidad dentro de un texto es lo que Derrida denomina la «metafísica de la presencia», donde a la presencia se le garantiza el privilegio de la verdad. *De la gramatología* quizá sea su estudio más claro de la deconstrucción habla/escritura. En este libro, la crítica de las oposiciones de Derrida está inspirada en buena medida en la reconsideración genealógica del «bien» y el «mal» llevada a cabo por Nietzsche (especialmente en *Más allá del bien y del mal* y *La genealogía de la moral*).

Derrida sostiene que la deconstrucción es un «evento» dentro del texto, no una forma de leerlo. A pesar de esto, en los estudios literarios, la deconstrucción con frecuencia se trata como un método concreto de lectura. Aunque su influencia sobre la teoría literaria probablemente sea el efecto más conocido y mejor estudiado de la deconstrucción, muchos sostienen que sus raíces son más filosóficas que literarias. Asimismo está vinculada a disciplinas académicas como la lingüística, los estudios de género y la antropología (las llamadas «ciencias humanas» en Francia). Su examen de los fundamentos filosóficos de estas últimas, tanto conceptuales como históricos, así como su empleo de la argumentación filosófica (de forma consciente o no), es un aspecto importante de su pensamiento.

Otra de sus grandes influencias es Martin Heidegger. Como sostiene Derrida en su «Carta a un amigo japonés», el término «deconstrucción» era su intento de traducir y adaptar para sus propios fines los términos heideggerianos *Destruktion* y *Abbau* a través de una palabra de la lengua francesa cuyos distintos sentidos parecían adecuados para sus objetivos. Prefirió el término heideggeriano al nietzscheano «demolición», pues Derrida compartía con Heidegger el interés por renovar la filosofía para que esta pudiera abordar cuestiones cada vez más fundamentales.

Muchos críticos de Derrida consideran su obra ilegible en el mejor de los casos y una estupidez en el peor. El lingüista Noam Chomsky ha afirmado que la obra de Derrida carece de relevancia porque sus textos han sido «oscurecidos» con una «retórica pretenciosa» para ocultar la simpleza de sus ideas. En muchas ocasiones Chomsky ha incluido a Derrida en la categoría de intelectuales parisinos a los que ha criticado por actuar como una estructura de poder elitista mediante una escritura «difícil de descifrar».

En general, a Derrida se le ha criticado por escribir sobre autores difíciles y oscuros, y presuponer un profundo conocimiento de la filosofía occidental por parte de sus lectores. Derrida ha respondido a la crítica de la escritura difícil señalando que la suya tiene el potencial para cambiar de acuerdo con el contexto de aquello sobre lo que trata. Por extensión, sería mucho más accesible en el caso de artículos de periódico, por ejemplo, y conservaría el rigor deconstructivo máximo en textos propiamente filosóficos.

Derrida también señaló que la demanda de que los filósofos escriban para un público amplio es ideológica y no tiene nada que ver con las demandas que, por ejemplo, se hacen a matemáticos y físicos, cuyos argumentos poseen una especificidad que no puede explicarse al gran público. Derrida pensaba que la deconstrucción era un método que estimulaba y tenía un efecto precipitante sobre las instituciones tradicionales: no «debilita» las normas, sino que las sitúa en contextos que revelan su desarrollo y sus características reales (por ejemplo, su tratamiento de los opuestos binarios es revelador en este sentido). Así, Derrida pensaba que lo que él hacía era someter a pruebas de estrés a las nociones convencionales de conocimiento y significado.

Lectura rápida

¿Estoy escribiendo esto... o está usted leyéndolo?
Leer/escribir es una experiencia de efecto textual y debe tomarse en su contexto de significado personal y relativo, orientación histórica y subjetiva, lector y autor para revelar un significado o significados que hubieran pasado inadvertidos con anterioridad.

Ese sexo que no es uno, 1977

Luce Irigaray

*«Es inútil encerrar a las mujeres en la definición exacta
de lo que significan, hacerlas repetirlo para que se vea con claridad;
ellas ya están en otro lugar en esa maquinaria discursiva
en la que esperabas sorprenderlas. Ya han regresado al interior
de sí mismas.»*

Luce Irigaray es una pensadora interdisciplinar que trabaja en los campos de la filosofía, el psicoanálisis y la lingüística. Sus aportaciones a la teoría feminista y a la filosofía continental son amplias y variadas y su obra pone en entredicho conceptos tradicionales del género, el yo y el cuerpo. Irigaray fue alumna del psicoanalista Jacques Lacan. No obstante, su alejamiento de este en *Espéculo de otra mujer,* donde critica la exclusión de las mujeres de la filosofía y de la teoría psicoanalítica, le ganó el reconocimiento como destacada teórica feminista y filósofa.

Sus textos han suscitado interrogantes sobre cómo definir la feminidad y la diferencia sexual, la conveniencia de emplear el *esencialismo estratégico* y valorar el riesgo que conlleva utilizar categorías que históricamente se han utilizado para oprimir a las mujeres. Lo mismo que a otras feministas francesas como Julia Kristeva, con frecuencia se la critica por la opacidad de su estilo.

Su argumento principal en *Ese sexo que no es uno* es que a las mujeres se las ha asociado tradicionalmente con la materia y la naturaleza a expensas de la posición del sujeto «mujer». Para Irigaray, las mujeres solo pueden convertirse en sujetos en esta sociedad si son asimiladas en la subjetividad masculina, pues no existe una posición de sujeto separada para ellas. Por lo tanto, su objetivo es delatar la ausencia de una posición de sujeto «mujer», el postergamiento de todas las cosas femeninas a la naturaleza/materia y, en último término, la ausencia de una verdadera diferencia sexual en la cultura occidental. Su análisis de la exclusión de las mujeres de la cultura y su uso del esencialismo estratégico han sido muy influyentes en la teoría feminista contemporánea.

Irigaray sostiene que a todas las mujeres se las ha asociado históricamente con el papel de «madre», de forma que tanto si una mujer era madre como si no, su identidad siempre estaba definida de acuerdo con ese rol. Y pone de relieve que, desde tiempos antiguos, a las madres se las ha asociado con la naturaleza y la materia no pensante. Compara esta asociación con la de los hombres, a quienes se relaciona con la cultura y la subjetividad. Debido a la asociación maternal, aunque estén excluidas de la cultura y la subjetividad, las mujeres son utilizadas como su soporte no reconocido. Irigaray sostiene que aunque las mujeres no sean consideradas sujetos plenos, la sociedad no podría funcionar sin sus aportaciones y, en último término, que el fundamento de la propia cultura occidental es el sacrificio de la madre, y de todas las mujeres a través de ella.

Su argumento se complica cuando, a partir de este análisis, Irigaray sostiene que la diferencia sexual no existe. La verdadera diferencia sexual exigiría que hombres y mujeres fueran igualmente capaces de adquirir la subjetividad. La realidad es que, según Irigaray, los hombres son sujetos (por lo que ella entiende que son autoconscientes y autónomos), mientras que las mujeres son «el otro» de esos sujetos (esto es, la materia no subjetiva, que sirve de apoyo). Por consiguiente, en la cultura occidental solo existe una forma de subjetividad, y es masculina. A través del riguroso análisis de ambas disciplinas, Irigaray intenta mostrar cómo la teoría psicoanalítica y la filosofía excluyen a las mujeres de una verdadera existencia social como sujetos autónomos y las relegan al ámbito de la materia inerte, no esencial.

Sostiene que estos influyentes discursos excluyen a las mujeres de una existencia social como sujetos maduros. Su herramienta crítica más conocida es la noción de *mímesis*. Es un proceso de interpelación de las opiniones estereotipadas de las mujeres a fin de poner en entredicho dichas opiniones. Del proceso mimético de las viejas ideas deben surgir nuevas definiciones, y es un proceso colectivo. Hay que poner de relieve que, para Irigaray, la clave de la mímesis es que las opiniones estereotipadas no se repitan sin más, sino que se consideren críticamente. El ejemplo que pone en *Ese sexo que no es uno* es que si a las mujeres se las considera ilógicas, ellas deben argumentar lógicamente contra este idea. La yuxtaposición de ilógico y lógico rebatiría la afirmación de que las mujeres son ilógicas. Esta clase de mímesis también se conoce como esencialismo estratégico. *Ese sexo que no es uno* proporciona varios ejemplos claros de este método.

Uno es la convicción de Irigaray de que es necesario modificar la relación madre/hija, un tema constante en su obra. Aunque piensa que la situación social y política de las mujeres tiene que abordarse globalmente, también cree que el cambio empieza en relaciones individuales entre mujeres. Así, ve importante que las madres se representen de una manera distinta a sus hijas y refuercen la subjetividad de sus hijas.

En suma, a través de la mímesis, Irigaray sugiere que las mujeres podrían empezar a reconfigurar su identidad de manera que un sexo no exista a expensas del otro. No obstante, como no está dispuesta a afirmar cómo debería ser esa nueva identidad, el argumento del libro es problemático. La razón que da para no prescribir una nueva identidad es que quiere que las mujeres determinen por sí mismas cómo desean ser definidas. Dado que ella también es mujer cabría esperar que, al menos, propusiera algunas sugerencias sobre la cuestión.

Las feministas materialistas han criticado a Irigaray que dé prioridad a las cuestiones de la opresión psicológica sobre la opresión social y material. Su argumento es que el discurso psicoanalítico en que se basa Irigaray —aunque tenga una postura crítica hacia él— universaliza y abstrae las condiciones materiales que son de interés central para el feminismo. Las feministas materialistas no creen que los cambios que ella propone en las teorías psicoanalíticas de la formación del sujeto puedan conducir a cambios definitivos en la estructura de la política.

La respuesta de Irigaray a sus críticas es que si bien es importante hallar formas de abordar la posición social y económica en que se encuentran las mujeres, centrarse exclusivamente en su situación material o económica como la clave del cambio solo otorgará a las mujeres acceso a un rol social masculino. No modificará la definición de las mujeres. La teoría de Irigaray sostiene que cambiar primero las condiciones materiales dejaría sin tocar la cuestión de una concepción no patriarcal de la identidad femenina. Debido a la fuerza de la opresión de las mujeres, es necesario cambiar las definiciones antes de que las mujeres adquieran una existencia social independiente de los hombres.

Lectura rápida

Las mujeres no existen como sujetos en la cultura contemporánea, puesto que están definidas por una ideología patriarcal falocéntrica. Las mujeres deben aprender a relacionarse entre sí de otra manera para tratar de crear un nuevo discurso en el que puedan existir como sujeto. Toda la autoidentidad de las mujeres está sometida a la identidad masculina. No hay diferencia sexual. Todo es masculino.

La condición posmoderna, 1979

Jean-François Lyotard

«Esta es una época de debilitamiento; me refiero al temperamento de los tiempos. Por todas partes se nos está pidiendo que pongamos fin a la experimentación, en las artes y en lo demás...»

Jean-François Lyotard era miembro de Socialismo o Barbarie, una organización política francesa formada en 1948 en torno a la incapacidad de la teoría trotskista para explicar las nuevas formas de dominación en la Unión Soviética. Socialismo o Barbarie se hizo cada vez más antimarxista y Lyotard era un líder destacado de Pouvoir Ouvrier, un grupo que rechazaba esa posición y que se escindió en 1963. Se le conoce especialmente por sus ideas de finales de los años setenta, comenzando con una filosofía del paganismo que, a finales de los ochenta, se había convertido en una singular visión de la posmodernidad. Lo que a Lyotard le interesa sobre todo son los problemas de justicia que surgen entre interpretaciones rivales de los acontecimientos.

La condición posmoderna es en buena medida un estudio del estatus del conocimiento en las sociedades informatizadas. Lyotard sitúa el comienzo de la posmodernidad en la Segunda Guerra Mundial. Cree que los avances técnicos y tecnológicos que han tenido lugar desde entonces aún ejercen un efecto radical sobre el estatus del conocimiento en los países más avanzados del mundo. Para Lyotard, la informatización es el elemento definitorio que caracteriza estos avances técnicos y tecnológicos, y considera que el problema que está explorando —la variable en el estatus del conocimiento— es un problema de legitimación.

De acuerdo con Lyotard, se trata tanto de conocimiento como de poder. Describe el conocimiento y el poder como dos caras de la misma cuestión. Esto es, ¿quién decide qué es conocimiento y quién sabe qué es lo que hay que decidir? Para Lyotard, en la era de los ordenadores, la cuestión del conocimiento es más que nunca una cuestión de gobierno. Con ingentes cantidades de conocimientos almacenadas digitalmente en bases de datos, ¿quién decide qué conocimiento merece la pena conservar (qué es conocimiento legítimo) y quién tiene acceso a esas bases de datos? Lyotard decide que el problema radica en las corporaciones multinacionales. Pone como ejemplo un mundo hipotético en el que a una corporación —IBM— se le autorizara a ocupar una franja en el campo orbital de la Tierra para los satélites de comunicaciones y/o almacenar bancos de datos. Las preguntas que plantea Lyotard son: «¿Quién tendrá acceso a ellos? ¿Quién decidirá qué canales o datos se prohíben? ¿El Estado? ¿O el Estado no será más que un usuario entre otros?».

La obra de Lyotard se caracteriza por su oposición constante a los universales, las metanarraciones y la generalidad. Es un crítico irreductible de muchas de las declaraciones «universalistas» de la Ilustración, y varias de sus obras socavan los principios que generaron tales declaraciones. Es bien conocido que en *La condición posmoderna* sostenía que nuestra era (con su información generada por ordenador) está marcada por una «incredulidad hacia las metanarraciones». Lyotard las considera imponentes teorías y filosofías del mundo a gran escala, tales como el progreso de la historia, la «cognoscibilidad» científica de todo y la posibilidad de la tan buscada libertad absoluta. Lyotard sostiene que hemos dejado de creer que estas narraciones son capaces de representarnos e incluirnos a todos. El mundo ahora está más atento a la diferencia, la diversidad y la incompatibilidad de nuestras aspiraciones, creencias y deseos, y por ello la posmodernidad se caracteriza por una abundancia de micronarraciones (teorías pequeñas y relativas). Para ilustrar este concepto, Lyotard se basa en la noción de los juegos de lenguaje de Wittgenstein, reinterpretándola.

Para Lyotard, el término «juegos de lenguaje» (que a veces también denomina «regímenes de frases») denota la multiplicidad de comunidades de significado, los innumerables e inconmensurables sistemas distintos en que los significados se producen y en cuyo seno se crean reglas para su circulación. A partir de ahí Lyotard intenta desarrollar una teoría posmoderna de la justicia.

Se ha criticado que la atomización de los seres humanos implícita en las nociones de micronarración y de juegos de lenguaje sugiere un colapso de la ética. La razón de esto es que con mucha frecuencia se ha pensado que la universalidad es una condición para que algo sea un principio ético: «No robarás» es un principio ético de una manera en que «no robarás a Toby» no lo es. Esta última frase es demasiado particular para ser un principio ético. Después de todo, ¿qué tiene Toby de especial? El enunciado solo se considera ético si descansa en una declaración universal («no robarás a nadie»).

No obstante, Lyotard sostiene que los universales no son sostenibles en un mundo que ha perdido la fe en las metanarraciones, por lo que parece que la ética es imposible. La justicia y la injusticia solo pueden ser términos dentro de los juegos de lenguaje, y desaparece la universalidad de la ética. A pesar de todo, Lyotard infiere que, de hecho, en la posmodernidad se mantienen las nociones de justicia e injusticia. La nueva definición de injusticia estriba en utilizar las reglas del lenguaje de un «régimen de frases» y aplicarlas a otro. El comportamiento ético consiste en permanecer alerta precisamente a la amenaza de esta injusticia, en prestar atención a las cosas en su particularidad y no encerrarlas en una conceptualidad abstracta. A Lyotard le fascina el hecho de que la mente no siempre puede organizar el mundo de forma racional. Para él, algunos objetos no pueden ser trasladados a conceptos de forma ajustada. Cree que generalidades como los «conceptos» no prestan la debida atención a la particularidad de las cosas.

Hay quien sostiene que las teorías de Lyotard son contradictorias, porque *La condición posmoderna* ofrece su propia gran narración con la historia de la decadencia de las metanarraciones. Por el contrario, sus partidarios sostienen que la narración de Lyotard en *La condición posmoderna* solo anuncia la decadencia de unas pocas «narraciones de legitimación» caducas, no del saber narrativo mismo. No es contradictorio decir que una declaración sobre las narraciones es en sí misma una narración, lo mismo que cuando Lyotard afirma que «cada enunciado [en su uso de los 'juegos de lenguaje'] debe considerarse un 'movimiento' en un juego», su declaración es, a su vez, un «movimiento» en un juego de lenguaje.

Lectura rápida

Existimos en un estado de crisis en el que nos damos cuenta de que la imaginación y la razón no son adecuadas la una para la otra. Estamos presenciando la tensión de la mente en los límites de sí misma y en los límites de su conceptualización. Nuestros conocimientos están divididos en diminutos fragmentos de creencias. Nos hemos vuelto cínicos en cuanto al valor de este conocimiento, pero al mismo tiempo nos alarma su proliferación y control. Estamos rotos.

Historia de la sexualidad, 1976

Michel Foucault

«Era esencial que el estado estuviera informado sobre el sexo de sus ciudadanos y el uso que hacían de él, pero también que cada individuo fuera capaz del uso hecho de él. Entre el estado y el individuo, el sexo se convirtió en un problema, en un problema público nada menos...»

A Michel Foucault se le conoce especialmente por sus estudios críticos de varias instituciones sociales, en particular la psiquiatría, la medicina, los parámetros de los marcos temporales educacionales y el sistema carcelario. Buena parte de su trabajo se centra en el poder y en la relación entre poder y conocimiento. Sus ideas relativas al «discurso» en relación con la historia del pensamiento occidental han sido objeto de numerosos debates. Con frecuencia se alude a la obra de Foucault en disciplinas tan distintas como arte, historia, antropología, arqueología, comunicación audiovisual y estudios culturales.

A finales de los años setenta el activismo político en Francia se había debilitado y muchos militantes de izquierda se habían desilusionado. Un grupo de jóvenes maoístas que abandonaron sus convicciones para convertirse en los llamados Nuevos Filósofos citaban a Foucault como su principal influencia, un papel sobre el que el propio Foucault tenía sentimientos encontrados. Fue durante esa época cuando Foucault se embarcó en su proyecto de seis volúmenes *Historia de la sexualidad*, que se vio interrumpido por su muerte. El primer volumen, *La voluntad de saber*, se publicó en 1976. Tras ocho años, aparecieron el segundo y el tercero, que sorprendieron a sus lectores por su estilo un tanto tradicional, su tema (textos grecolatinos clásicos) y enfoque, en particular, la cuestión del conocimiento y el poder, un concepto al que no había prestado atención con anterioridad.

El primer volumen, *La voluntad de saber*, se centraba sobre todo en los dos últimos siglos y en el funcionamiento de la sexualidad como herramienta analítica para examinar el poder, que Foucault relacionaba con la aparición de la ciencia de la sexualidad *(scientia sexualis)*. En este volumen ataca las «hipótesis represivas», la extendida idea de que, particularmente desde el siglo XIX, hemos «reprimido» nuestros sexuales naturales. Muestra que lo que consideramos «represión» de la sexualidad en realidad situaba la sexualidad en el centro de nuestra identidad, y dio lugar a una multiplicidad de discursos sobre el tema. Estos discursos abarcan desde la psiquiatría y el psicoanálisis hasta la filosofía, la antropología, la historia, la literatura y la medicina. Fue en este volumen en el que empezó a examinar distintas obras con su teoría de «el conocimiento es poder». Para Foucault, buena parte de nuestra identidad está relacionada con la sexualidad y durante siglos muchas personas han utilizado la confesión como herramienta para abrirse a deseos reprimidos. Sostiene que en los siglos XVIII y XIX se producen las transformaciones que facilitaron que la práctica confesional pasara del sacerdote al psicoanalista.

Foucault tiende a dirigir su análisis al «enunciado» o declaración (del francés *énoncé*), que considera la unidad básica del discurso y que ha sido ignorada hasta entonces. El enunciado tiene un significado especial para él: ese algo que hace significativos proposiciones, declaraciones o actos de habla.

De acuerdo con él, los enunciados no son proposiciones, declaraciones ni actos de habla. Más bien, los enunciados crean un sistema de reglas que determinan qué es significativo y dichas reglas son las precondiciones para que proposiciones, declaraciones y actos de habla tengan significado. Los enunciados también son «acontecimientos». Dependiendo de si cumple o no las reglas de significado, una frase correcta gramaticalmente puede carecer de significado y, al contrario, una frase incorrecta puede tenerlo. Los enunciados dependen de las condiciones en las que surgen y existen en un campo discursivo. El objeto del análisis de Foucault son grandes conjuntos de enunciados, llamados formaciones discursivas.

Es importante señalar que Foucault hace hincapié en que su análisis no es más que una táctica posible y que no trata de desplazar otras formas de analizar el discurso o de mostrar que no son válidas. Foucault problematiza la relación con la verdad, así como las cuestiones relativas al significado. En vez de buscar un significado más profundo bajo el discurso o la fuente de significado en algún tema trascendental, Foucault se centra en analizar las condiciones discursivas y prácticas para la existencia de la verdad y del significado. Esto no significa que rechace la verdad y el significado, sino que estos dependen de los medios discursivos y prácticos históricos de producción de la verdad y el significado. Esta posición le permite alejarse de una perspectiva antropológica, rechazando *a priori* los conceptos de la naturaleza humana, y centrarse en el papel de las prácticas discursivas en la constitución de la subjetividad. A fin de mostrar los principios de la producción del significado y la verdad en distintas formaciones discursivas expone cómo las pretensiones de verdad surgen en distintas épocas a partir de lo que se dice y escribe durante dichos periodos. En *Historia de la sexualidad* examina el Renacimiento, la Ilustración y el siglo xx en particular.

Los dos volúmenes siguientes, *El uso de los placeres* y *El cuidado de sí*, abordan el papel del sexo en la antigüedad grecolatina. Ambos se publicaron en 1984, el año en que murió Foucault. En sus conferencias de 1979-1980 extendió su análisis del gobierno a su «sentido más amplio de técnicas y procedimientos diseñados para dirigir el comportamiento de las personas», lo que implicó un nuevo tratamiento del examen de conciencia y de la confesión en la literatura cristiana primitiva. Estos temas de la literatura cristiana cobran gran importancia en esos libros, junto con su estudio de la literatura grecolatina, y le interesaron hasta el final de su vida. No obstante, su prematura muerte de sida en 1984 dejó la obra incompleta y nunca se llegó a publicar el cuarto volumen que había planeado sobre el cristianismo.

Foucault siempre mantuvo que creía en la libertad humana y que su filosofía era fundamentalmente optimista, pues estaba convencido de que siempre se podía hacer algo positivo, por sombría que fuera la situación. También cabría añadir que su obra se propone refutar la postura de que la Razón (o la racionalidad) es la única forma de garantizar la verdad y la validez de los sistemas éticos. Por tanto, criticar la Razón no es rechazar todas las nociones de verdad y ética, como han sostenido algunos críticos.

Lectura rápida

El conocimiento es poder. Todos los medios de la práctica confesional, desde los sacerdotes, las órdenes religiosas, la educación, el psicoanálisis y la psicoterapia, sirven para mantener una cultura de represión. Las políticas educativas y el estado los refuerzan y actúan sobre nuestra autoidentidad.

Poderes de la perversión, 1982

Julia Kristeva

«Aquello que designamos como lo 'femenino', lejos de ser una esencia
originaria, se aclarará como un 'otro' sin nombre
con el que se enfrenta la experiencia subjetiva cuando no se detiene
en la apariencia de su identidad.»

Julia Kristeva es una filósofa, crítica literaria, psicoanalista, feminista y, más recientemente, novelista francobúlgara. Ha vivido en Francia desde mediados de los sesenta. Tras la publicación de su primer libro, *Semiótica,* en 1969 adquirió influencia en el análisis crítico y en la teoría cultural. Se considera que sus obras ocupan un lugar importante en el pensamiento posestructuralista. En 1965 entró en el grupo Tel Quel, en el que colaboró activamente, centrándose en la política del lenguaje. Asistió a los seminarios de Lacan sobre psicoanálisis y completó su formación en este campo en 1979. En cierto sentido, su obra busca adaptar el enfoque psicoanalista a las críticas posestructuralistas.

Sus numerosos libros, ensayos y publicaciones, aunque se consideran académicamente importantes, pueden ser difíciles de comprender con sus nociones de *intertextualidad, semiótica* y *lo abyecto.* Para explicarlo brevemente, Kristeva utiliza el término intertextualidad para designar la transposición de uno o más sistemas de signos a otro, acompañada por una nueva articulación de la posición enunciativa y denotativa. Dicho más sencillamente, es una interpretación fluida del significado en la que un significado se liga a otro que puede modificar o incluso negar su significado anterior.

No hay que confundir el uso del término semiótica, tal y como lo utiliza Kristeva, con la disciplina de la semiótica, como la entiende Ferdinand de Saussure. Para Kristeva, la semiótica está estrechamente relacionada con el estadio infantil (pre-espejo) en la obra de Jacques Lacan y Sigmund Freud (en Freud, la fase preedípica). Se trata de un estadio previo al lenguaje, una fuerza emocional ligada a nuestros instintos que existe en las fisuras y en la prosodia (ritmos del lenguaje) más que en el significado directo de las palabras. En este sentido, la semiótica se opone a lo simbólico, que se refiere a una correspondencia más directa entre palabras y significado.

En *Poderes de la perversión,* Kristeva se centra en dos ámbitos: el «cuerpo» y «lo abyecto». Las feministas vinculan históricamente el cuerpo con lo femenino, con la mujer, y lo describen denigrado, débil, inmoral, sucio o decadente. En todos sus escritos Kristeva ha teorizado la conexión entre mente y cuerpo, cultura y naturaleza, psique y soma, materia y representación, y señala que los impulsos del cuerpo se liberan en la representación y que la lógica de la significación ya opera en el cuerpo material. Sostiene que toda significación comprende la distinción entre lo «semiótico» y lo «simbólico». El elemento semiótico es el impulso corporal que se libera en la significación (el proceso del significado).

Lo semiótico está asociado con los ritmos, los tonos y el movimiento de las prácticas del significado. Como la liberación de los impulsos, también está asociado con el cuerpo materno, la primera fuente de ritmos, tonos y movimientos de cada ser humano, pues todos hemos habitado ese cuerpo (en el interior de nuestras madres). El elemento simbólico está asociado a la gramática y la estructura de la significación (el lenguaje y el significado). Es este elemento lo que hace posible la referencia. Por ejemplo, las palabras tienen un sentido referencial debido a la estructura simbólica del lenguaje. Sin lo simbólico, toda significación sería ruido o incoherencia. Pero sin el elemento semiótico toda significación estaría vacía y no tendría relevancia para nuestra vida. Esto significa que, para Kristeva, solo la combinación de lo semiótico y lo simbólico crea la significación.

En *Poderes de la perversión* Kristeva sostiene que lo mismo que nuestros impulsos corporales se descargan en la significación, la lógica de esta opera en la existencia material del cuerpo. Kristeva sugiere que las operaciones de identificación y diferenciación necesarias para la significación están prefiguradas en las emisiones corporales, de la comida en particular. El cuerpo materno regula estas identificaciones y diferenciaciones antes del nacimiento y la madre se ocupa de esta regulación durante la infancia. Kristeva propone la existencia de una regulación o ley materna que prefigura la ley paterna, que, según los psicoanalistas freudianos, es necesaria para la significación.

De forma que, bajo toda esta jerga un tanto oscura, básicamente lo que Kristeva está diciendo (en parte contra Lacan y Freud) es que hay una fase anterior al lenguaje en la que el significado es femenino y no masculino.

Para Freud, en un momento de la fase edípica, el niño reconoce su yo, lo que se considera necesario para la adquisición del lenguaje. (De forma parecida, la teoría del estadio del espejo de Lacan sostiene que, una vez que el niño se reconoce en el espejo, se da cuenta de que es distinto de los objetos que le rodean y solo después de esto penetra en el mundo del lenguaje.) De acuerdo con ambas teorías, el niño debe alejarse de la madre y percibirse como algo distinto para llegar al autorreconocimiento. Por tanto, para Kristeva, la regulación o la gramática y las leyes del lenguaje ya operan al nivel de la materia antes de esta fase.

Kristeva busca contrarrestar los estereotipos que reducen la maternidad a la naturaleza insistiendo en que el cuerpo materno opera entre la naturaleza y la cultura. La madre nunca deja de ser ante todo un sujeto que habla. Kristeva utiliza el cuerpo materno con su dos-en-uno —el «otro» que alberga en su seno— como modelo de todas las relaciones subjetivas. Lo mismo que el cuerpo materno, todos somos lo que Kristeva denomina «sujeto en proceso». En tanto que sujetos en proceso siempre estamos negociando con el otro en nuestro interior, esto es, el regreso de lo reprimido. Como el cuerpo materno, nunca somos por completo sujetos de nuestra experiencia.

En *Poderes de la perversión* Kristeva desarrolla su idea de lo abyecto, que le resulta útil para diagnosticar la dinámica de la opresión de las mujeres. Describe la abyección como una operación de la psique a través de la cual se constituyen la identidad subjetiva y la de grupo, con la exclusión de todo lo que amenaza nuestros límites (o los de nuestro grupo); en otras palabras, todo lo que amenaza nuestro sentido del yo. Según Kristeva, la principal amenaza para el sujeto joven, en desarrollo, es su dependencia del cuerpo materno. A partir de esta idea concluye que la abyección está relacionada de forma fundamental con la función materna. Para llegar a ser sujetos (en la cultura patriarcal), debemos apartarnos del cuerpo materno (el ámbito de lo abyecto). Esto crea una paradoja, pues las mujeres no pueden rechazar el cuerpo materno con el que se identifican como mujeres. Por lo tanto, desarrollan lo que Kristeva denomina una sexualidad depresiva.

Kristeva sostiene que la abyección equivocada es una causa de la opresión de las mujeres porque se las ha reducido a la función maternal en las culturas patriarcales. Concluye que, si es necesario apartarse de la función maternal para convertirse en sujeto, y las mujeres, la maternidad y la feminidad han sido reducidas a la función maternal, entonces, dentro del patriarcado, las mujeres, la maternidad y la feminidad son «apartadas» junto con la función maternal. Para Kristeva, la conexión entre lo social y el sujeto no es que se representen mutuamente, sino que siguen la misma lógica: la supervivencia del grupo y del sujeto. Hacia el final del libro, compara la antropología y la psicología y afirma que las sociedades se construyen de la misma manera en que cada individuo excluye a la madre rechazada (abyecta) con objeto de formar su identidad. A una escala más amplia las culturas excluyen lo maternal y lo femenino y así es como empiezan a existir.

Lectura rápida

La mujer está «apartada» de la cultura histórica. No obstante, comprende más cosas que los hombres porque ha experimentado ser «sí misma» y «el otro»: ha sido el otro dentro del útero y fuera (en el nacimiento y en la sociedad), mientras se convertía en «sí misma», y tiene la capacidad de crear a otro (ser separado) en su seno.

El intercambio simbólico y la muerte, 1983

Jean Baudrillard

> «*El final de la historia también es el final de los basureros de la historia. Ya no hay basureros a los que arrojar las viejas ideologías, los viejos regímenes, los viejos valores... La historia misma se ha convertido en un basurero. Se ha convertido en su propio basurero, lo mismo que el planeta también se está convirtiendo en su propio basurero.*»

Jean Baudrillard es un teórico social conocido sobre todo por sus análisis de los modos de mediación y comunicación tecnológica, aunque el ámbito de sus obras abarca temas mucho más diversos, desde el consumismo, las relaciones de género y la interpretación social de la historia hasta trabajos más periodísticos sobre el sida, la clonación, el caso Rushdie, la (primera) Guerra del Golfo (no «la continuación de la política por otros medios», sino «la continuación de la ausencia de la política por otros medios»), y el atentado del World Trade Center (el «acontecimiento absoluto»). Tiene muchos críticos y sus ideas pueden parecer un tanto extravagantes.

Baudrillard tiene afinidades con el posestructuralismo en el sentido de que sus argumentos se basan en la noción de que los sistemas de significados solo son comprensibles en su interrelación. No obstante, a diferencia de Foucault, de quien es muy crítico, Baudrillard ha desarrollado teorías basadas no en el poder y el conocimiento sino en torno a las nociones de seducción, simulación e «hiperrealidad», el término con el que se le asocia más frecuentemente. Estas nociones tienen en común el principio de que el significado es autorreferencial (entendido, según la semiótica estructuralista, en términos de ausencia, por lo que «perro» significa «perro», no por lo que diga la palabra, sino porque no dice «gato», «cabra», «árbol», etc.). Baudrillard utiliza este principio para argumentar que, en nuestra sociedad global actual, la comunicación tecnológica ha creado una proliferación excesiva de significado. Debido a esto, la autorreferencialidad del significado ha fomentado no una aldea global, sino un mundo en el que el significado ha sido borrado y la sociedad reducida a una masa opaca donde lo real se limita a los signos autorreferenciales de su existencia. Se ha vuelto hiperreal.

Influido por la obra de Georges Bataille, en particular por *Las visiones del exceso,* Baudrillard escribe sobre la erosión del significado a través de su exceso. Para él, en la sociedad posmoderna digital hay un exceso de referencias que en último término vuelven sobre sí mismas. Baudrillard no intenta comprender el mundo en términos del deseo del sujeto de conocer el mundo de forma coherente, ni de la interpolación del poder dentro de la subjetividad (como en el caso de Foucault), sino del objeto y su poder para seducir o simular. En consecuencia, y especialmente en sus últimos textos, Baudrillard se ha «retirado» de su propia escritura empleando una dinámica poética e irónica en sus libros.

En términos de la posición política de Baudrillard, cada vez más opone la lógica semiótica (la del intercambio de significados, signos y mercancías) a la del ámbito simbólico, que se convierte en una lógica de intercambio de dones, en potlatch (la práctica de la destrucción suntuaria), y a través de esta analiza el principio del Mal (y qué significa invocar el principio del Mal). En sus últimos textos esto le ha llevado a caracterizar el mundo en términos de una oposición binaria de culturas simbólicas (basadas en el intercambio de dones) y el mundo «globalizado» en expansión constante, basado en el intercambio de signos y mercancías, un mundo que no responde a la lógica simbólica.

Durante la década de 1980 Baudrillard se alejó de las teorías basadas en la economía, a favor de planteamientos de mediación y comunicación de masas. La más conocida de esas obras es *El intercambio simbólico y la muerte*. Aquí fue más allá de la semiología formal de Roland Barthes y de Saussure para considerar las implicaciones de una versión de semiología estructural, concebida históricamente y, por tanto, no formal. Es conocida su afirmación de que las sociedades occidentales han sufrido una «precesión de simulacros» («el simulacro no es aquello que oculta la verdad; es la verdad que oculta que no hay tal»).

Su uso del término «simulacro» es comparable al de la palabra «ídolo». Dicha precesión, según Baudrillard, adoptó la forma de «órdenes de simulacros» de la era del original a la falsificación, lo manufacturado, la copia mecánica, hasta los «simulacros de tercer orden», en virtud de los cuales la copia ha sustituido al original. Baudrillard sostenía que en la sociedad actual, lo mismo que la copia simulada ocupa el lugar del original, el mapa precede al territorio. Siguiendo esta línea de razonamiento, es la «hiperrealidad» lo que caracteriza nuestra época, donde lo real ha sido anulado o sustituido por los «signos» de su existencia. Se ha criticado a Baudrillard por esta «estrategia fatal» de intentar llevar sus teorías sobre la sociedad más allá de sí mismas, por así decirlo. En este libro el desafío filosófico que se plantea Baudrillard no es «por qué hay algo en vez de nada», sino «por qué no hay nada en vez de algo».

Baudrillard también mantenía que el fin de la historia, como objetivo teleológico, siempre ha sido una ilusión creada por la voluntad de progreso, civilización y unificación racional propia de la modernidad. Y esta ilusión a todos los efectos desapareció a finales del siglo xx, pues la «rapidez» con la que la sociedad avanzaba «desestabilizó» su propia progresión lineal. La historia, por así decirlo, fue rebasada por su propia impresionante realización. Esta manera de ver la historia muestra las afinidades de Baudrillard con la filosofía posmoderna de Jean-François Lyotard, pues expresa la idea de que la sociedad —en particular, la sociedad occidental— ha «abandonado» las grandes narraciones (o, en el término de Lyotard, las metanarraciones) de la historia. Baudrillard sostiene, además, que si bien puede haberse producido este «abandono», el mundo global —de acuerdo con su espectacular concepción de sí mismo— está condenado a «representar» este final ilusorio de una forma extrema. El mundo global está representando el final del final del final... *ad infinitum*. Así, Baudrillard sostiene que la sociedad occidental está sujeta a la restricción política de medios que están justificados por fines que no existen.

La escritura de Baudrillard y su postura rotunda, e incluso arrogante, han suscitado críticas acerbas que en los estudios sociales contemporáneos solo son comparables a las recibidas por Jacques Lacan. La obra de Christopher Norris *Uncritical Theory: Postmodernism, Intellectuals and the Gulf War* rechaza sin ambages su teoría de los medios y su posición sobre «lo real». También hay quien sostiene que la posición de Baudrillard sobre el análisis semiótico del significado hace insostenible su propio planteamiento sobre el intercambio simbólico. Estas opiniones negativas aluden a la crítica común de las obras posestructuralistas (que puede aplicarse igualmente a Baudrillard, Foucault o Gilles Deleuze) de que situar la interrelación como la base de la subjetividad niega la agencia humana de la que necesariamente surgen las estructuras sociales. El más severo de sus críticos le acusa de ofrecer una forma de irracionalismo que niega la realidad.

Lectura rápida

El espectáculo del fin del mundo es una ilusión que gira y se representa continuamente. No puede decirse de nada que sea «un fin para un medio». Fines inexistentes justifican la restricción de los medios. No existe nada. Todo son simulacros y estos pueden considerarse como «la verdad que oculta que no hay tal». Así que tampoco existe la verdad. Ni el significado, ni los medios para alcanzar fines. Ni siquiera basureros a los que echar esa «nada».